郝建文 编撰

# 戰國中山三器銘文

張守中題

文物出版社

**图书在版编目（CIP）数据**

战国中山三器铭文 / 郝建文编撰. --北京：文物出版社，2020. 8（2024. 4 重印）

ISBN 978 - 7 - 5010 - 6724 - 4

Ⅰ. ①战… Ⅱ. ①郝… Ⅲ. ①青铜器（考古）- 金文 - 研究 - 河北 - 战国时代 Ⅳ. ①K877. 34

中国版本图书馆 CIP 数据核字（2020）第 119549 号

## 战国中山三器铭文

编　　撰：郝建文

书名题签：张守中

责任编辑：蔡　敏　崔叶舟
封面设计：程星涛
责任印制：王　芳

出版发行：文物出版社
社　　址：北京市东城区东直门内北小街 2 号楼
邮　　编：100007
网　　址：http：//www. wenwu. com
经　　销：新华书店
印　　刷：河北鹏润印刷有限公司
开　　本：889mm × 1194mm　1/12
印　　张：12
版　　次：2020 年 8 月第 1 版
印　　次：2024 年 4 月第 4 次印刷
书　　号：ISBN 978 - 7 - 5010 - 6724 - 4
定　　价：48. 00 元

# 出版说明

战国中山王墓出土的中山王方壶、中山王圆鼎和中山胤嗣圆壶，被人们称作「中山三器」。这三件器物均有长篇铭文，记载了中山国的历史，补充了文献中的缺佚。其中大鼎有四百六十九字，方壶有四百五十字，圆壶有一百八十二字，共计一千一百零一字（含重文，但不包括圆壶圈足部位铭文）。

铭文数量之多、文献历史价值之高、器物制作之精，颇受世人关注。其文字横平竖直，直线挺劲，弧线圆润遒逸，字形修长，古朴典雅，大气端庄，富有庙堂之气。其中，圆壶铭文，因前后刻工不同，风格也明显不同。

今以张守中先生捐赠给河北博物院《战国中山三器铭文拓片》（商承祚拓）和其《中山王器文字编》中拓本为素材，择其最清晰文字，并附上摹本，编撰成字帖，供广大书法爱好者使用。

编　者

二〇二〇年元月

# 目录

# 中山王㬰圓鼎

中山王㬰圓鼎　通高51.5、口径42、最大径65.8厘米，重60千克；刻銘四百六十九字，内有重文十字、合文二字。

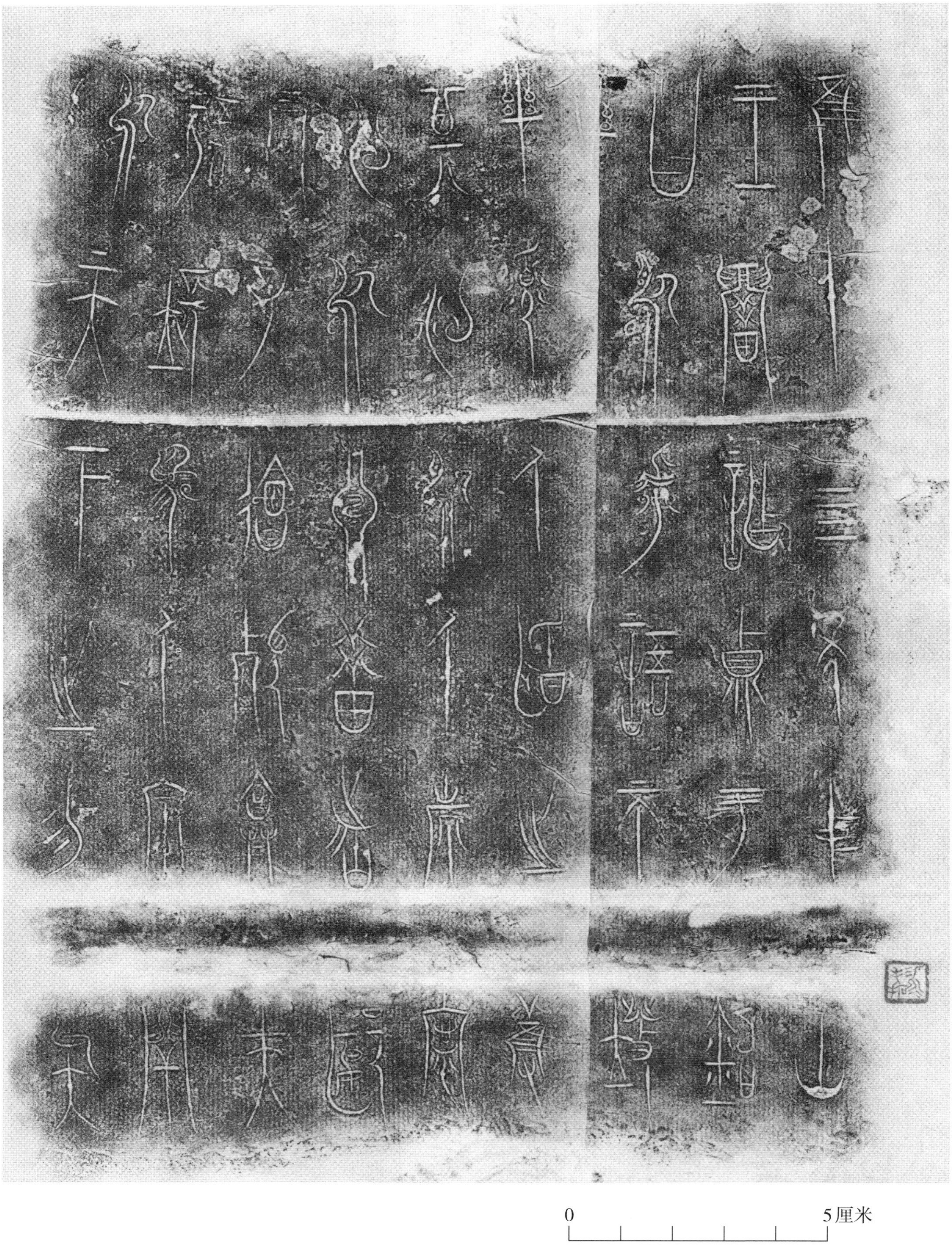
0
5厘米

# 圆鼎释文

隹（惟）十三（四）年，中山王礜詐（作）鼎于銘曰：於（嗚）虖（呼）！語不竣（廢）哉（哉）！寡（寡）人聒（聞）之，蒦其汋（溺）於人施（也），寧汋（溺）於㴊（淵）。昔者，郾（燕）君子徻（噲），觀（叡）弇夫㴸，㤅（長）爲人宔（主），閈於天下之勿矣（疑），猷粯（迷）惑於子之，而亡（亡）其邦，爲天下㱩（戮），而皇（況）才（在）於尐（少）君虖（呼）？昔者盧（吾）先考成王，曩（早）棄羣臣，寡（寡）人學（幼）蓮（童）未甬（通）智，隹（惟）俌（傅）佫（姆）氏（是）从（從）。天陞（降）休命于朕邦，又（有）氒（厥）忠臣賈，克巡（順）克卑（俾），亡（無）不逵（率）仁。敬巡（順）天悳（德），㠯（以）猹（左）右寡（寡）人，速（使）智（知）袿（社）稷（稷）之賃（任），臣宔（主）之宜（義），夙夜不解（懈），㠯（以）譱（善）道（導）寡（寡）人。含（今）舍（余）方壯，智（知）天若否，侖（論）其悳（德），眚（省）其行，亡（無）不巡（順）道，考厇（宅）隹（惟）型。於（嗚）虖（呼），折（慎）哉（哉）！袿（社）稷（稷）其庶虖（呼）！氒（厥）業才（在）祇。寡（寡）人聒（聞）之，事尐（少）女（如）㤅（長），事愚女（如）智，此易言而難行施（也）。非恁（信）與忠，其隹（誰）能之，其隹（誰）能之？隹（惟）盧（吾）老賈，是克行之。於（嗚）虖（呼）！攸哉（哉）！天其有塦（㑁）于哉（茲）氒（厥）邦，氏（是）㠯（以）寡（寡）人医（委）賃（任）之邦，而去之遊，亡（無）窓（遽）煬（惕）之悬（慮）。昔者盧（吾）先祖（祖）逗（桓）王、卲（昭）考成王，身勤袿（社）稷（稷），行三（四）方，㠯（以）惪（憂）懋（勞）邦家。含（今）盧（吾）老賈，䜣（親）逵（率）參（三）軍之衆，㠯（以）征不宜（義）之邦，奮（奮）桴晨（振）鐸，闢啓䪢（封）彊（疆），方譻（數）百里，剌（列）城譻（數）十，克僑（敵）大邦。寡（寡）人庸其悳（德），嘉其力，氏（是）㠯（以）賜之氒（厥）命，隹（雖）有死辠（罪），及參（三）殜（世）亡（無）不若（赦），㠯（以）明其悳（德），庸其工（功），盧（吾）老賈奔走不耶（聽）命，寡（寡）人懼其忽然不可旻（得），憚憚僕（業）僕（業），忎（恐）隕袿（社）稷（稷）之光，氏（是）㠯（以）寡（寡）人許之，恳（謀）悬（慮）虐（皆）从（從），克有工（功）智施（也）。詒（辞）死辠（罪）之有若（赦），智（知）爲人臣之宜（義）施（也）。於（嗚）虖（呼），急（念）之哉（哉）！後人其庸庸之母（毋）忘尔邦。昔者吴人并雩（越），雩（越）人敀（修）敎（教）備恁（信），五年覆吴，克并之至于含（今）。尔母（毋）大而悇（肆），母（毋）富而喬（驕），母（毋）衆而囂，叟（鄰）邦難新（親），戕（仇）人才（在）彷（旁）。於（嗚）虖（呼），急（念）之哉（哉）！子子孫孫，永定保之，母（毋）竝（替）氒（厥）邦。

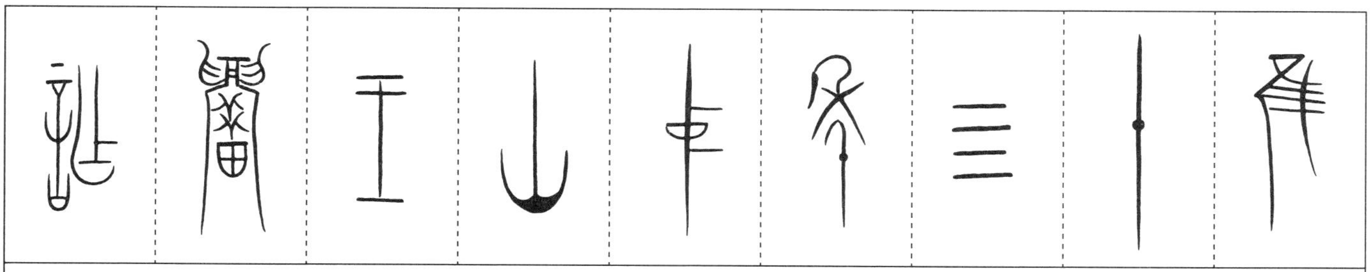

| | | | | | | | | |
|---|---|---|---|---|---|---|---|---|
| 詐（作） | 礜 | 王 | 山 | 中 | 年 | 亖（四） | 十 | 隹（惟） |

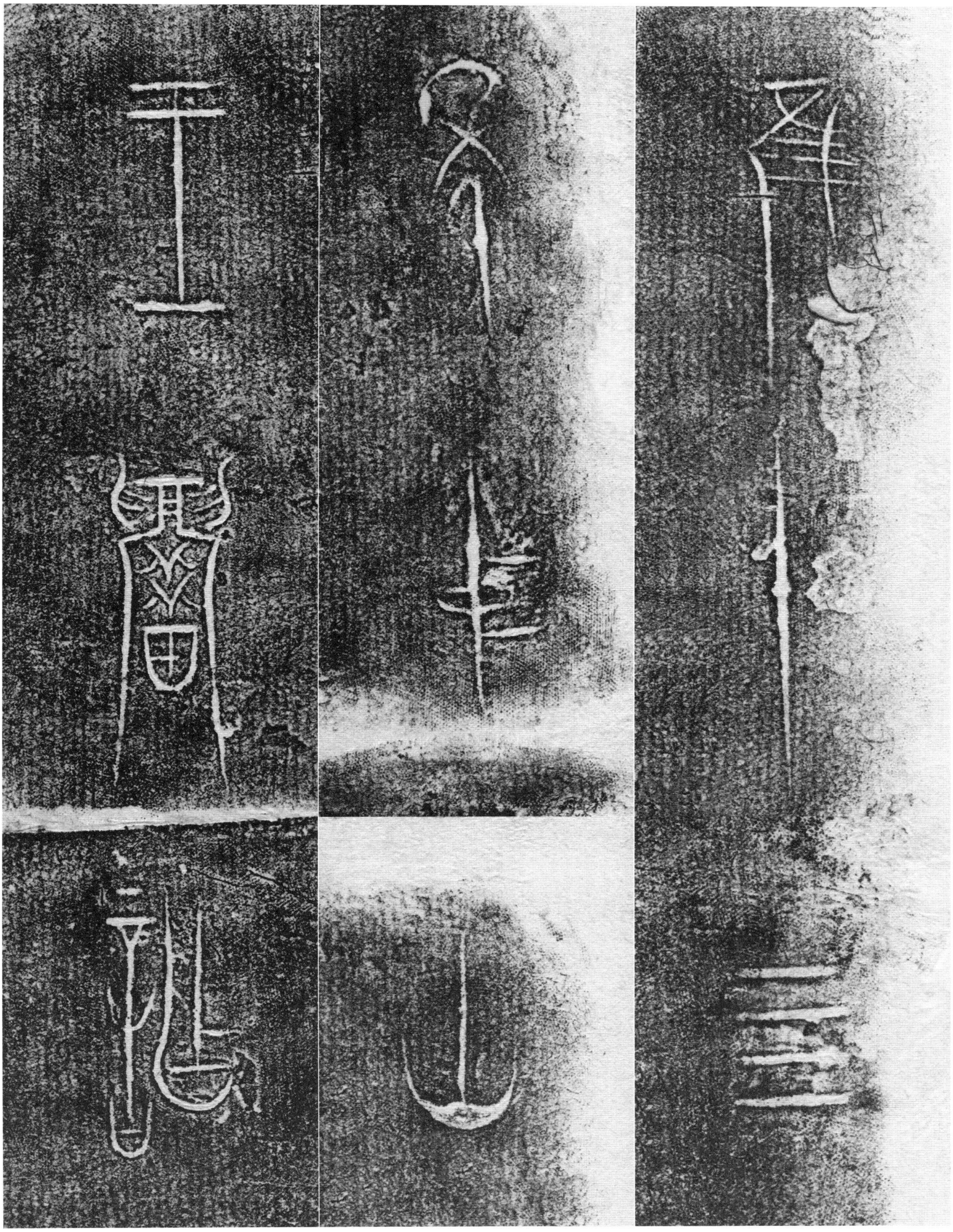

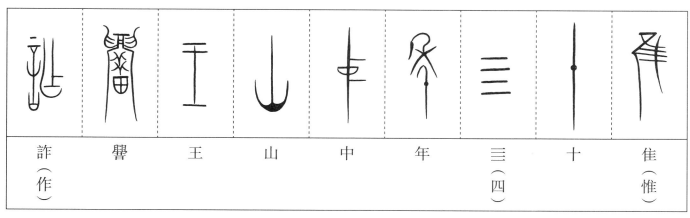

| | | | | | | | | |
|---|---|---|---|---|---|---|---|---|
| 鼎 | 于 | 銘 | 曰 | 於（嗚） | 虖（呼） | 語 | 不 | 蹳（廢） |

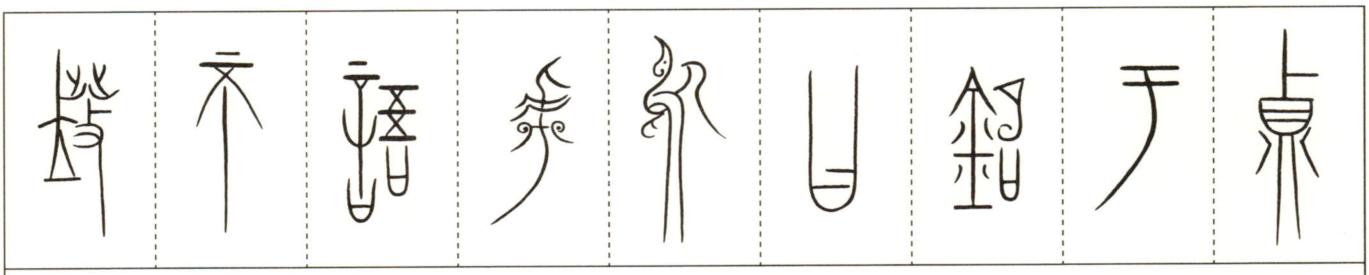

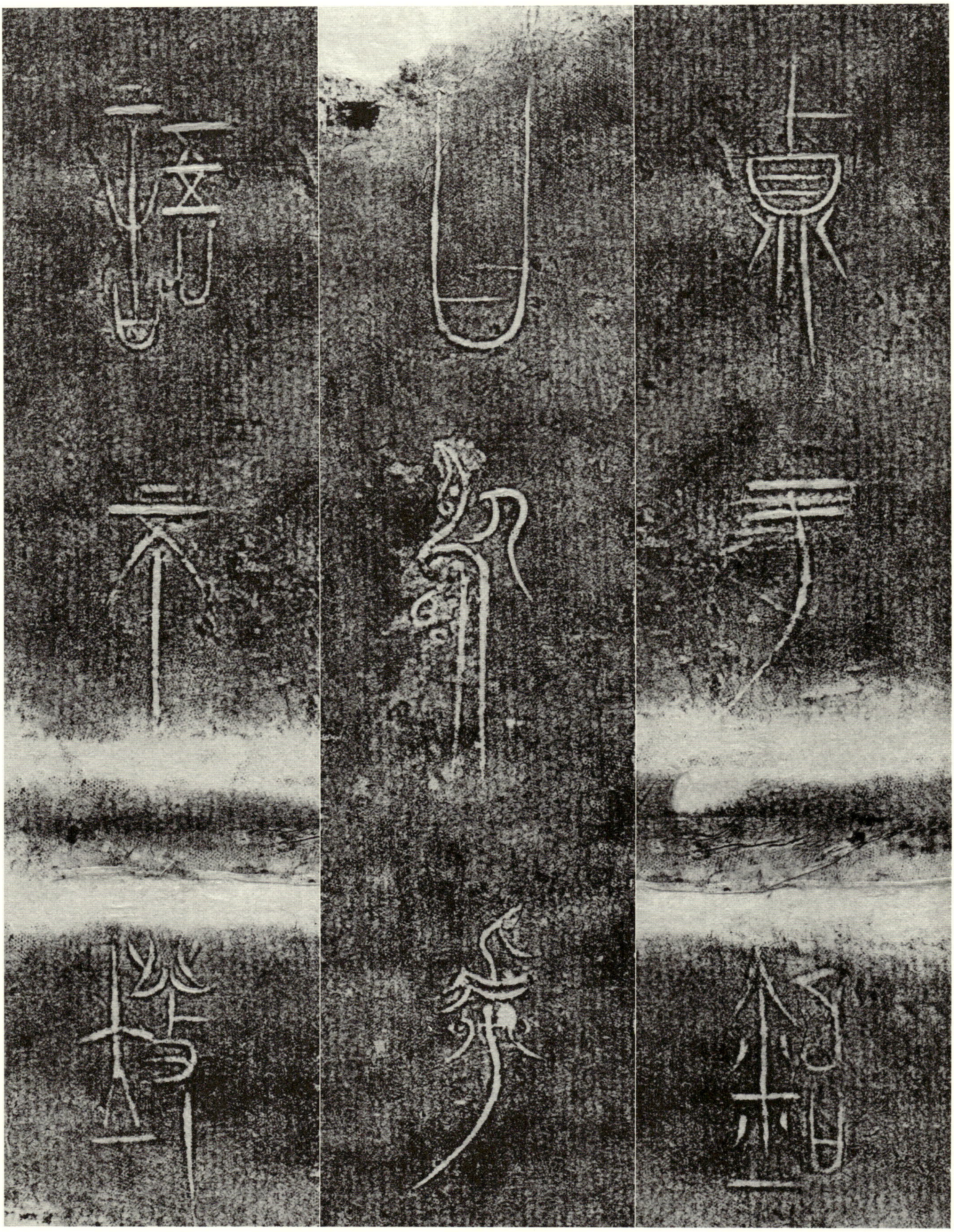

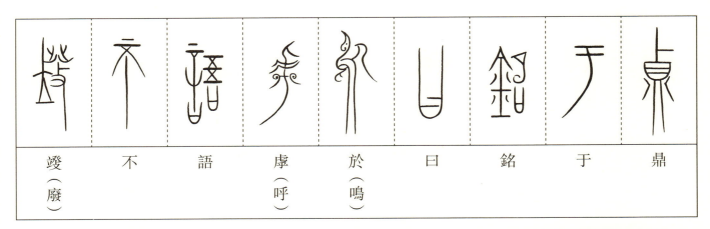

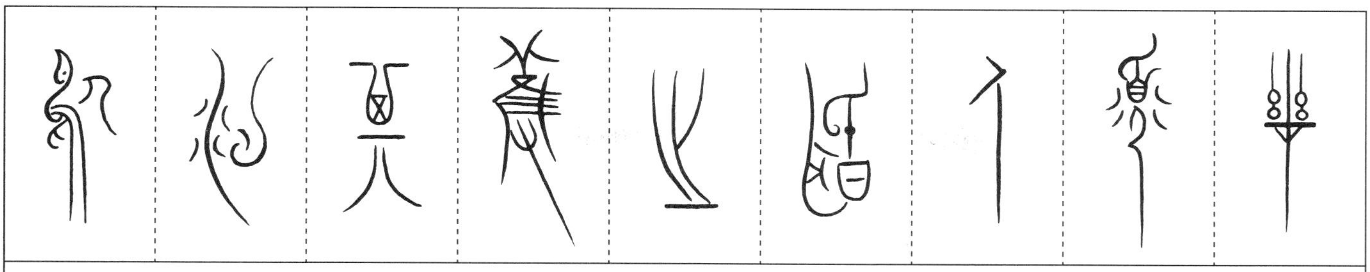

| | | | | | | | | |
|---|---|---|---|---|---|---|---|---|
| 於 | 汋（溺） | 其 | 蒦 | 之 | 昏（聞） | 人 | 須（寡） | [illegible]（哉） |

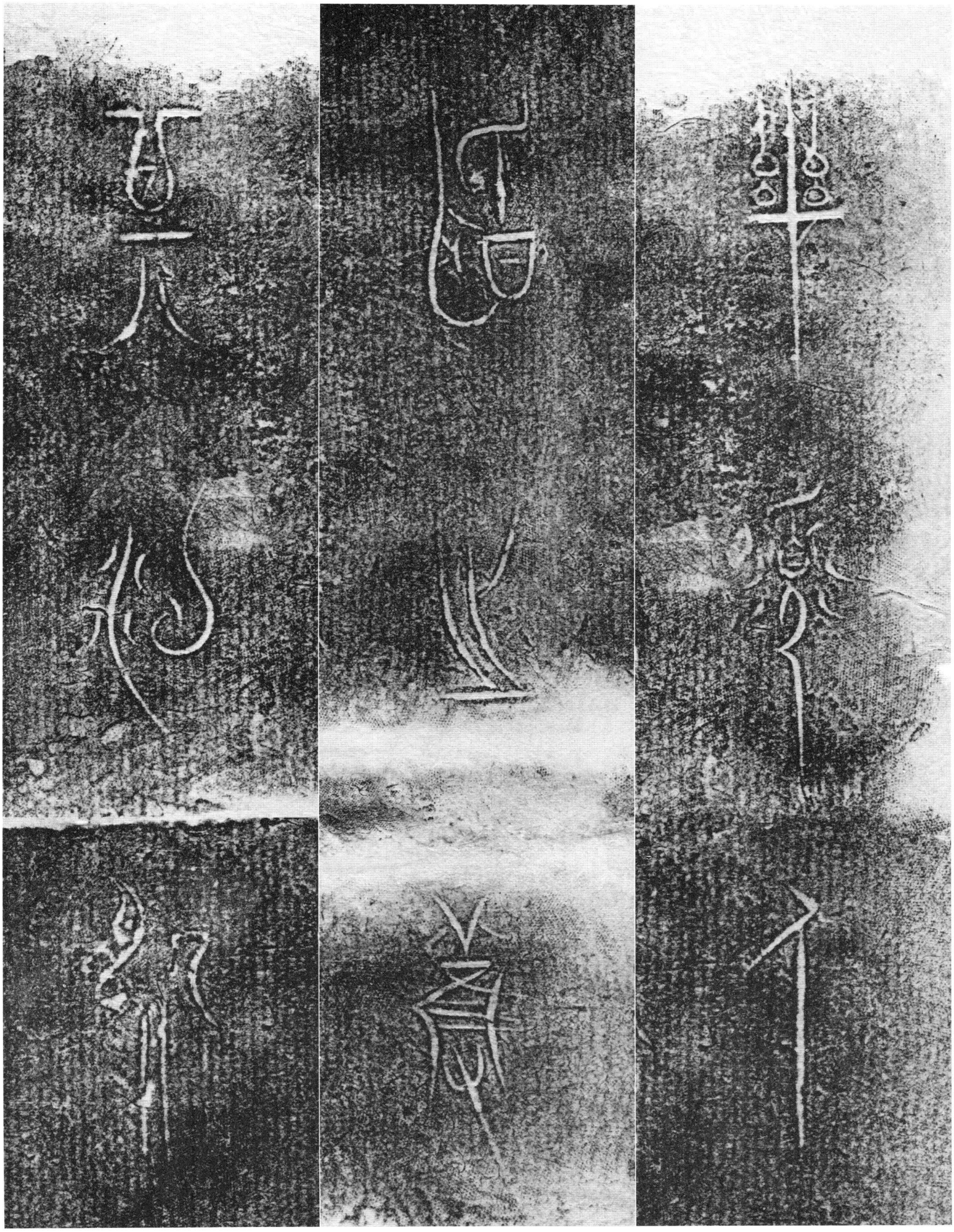

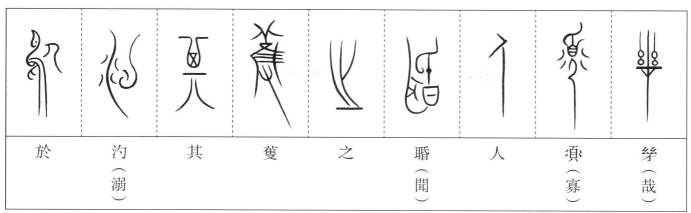

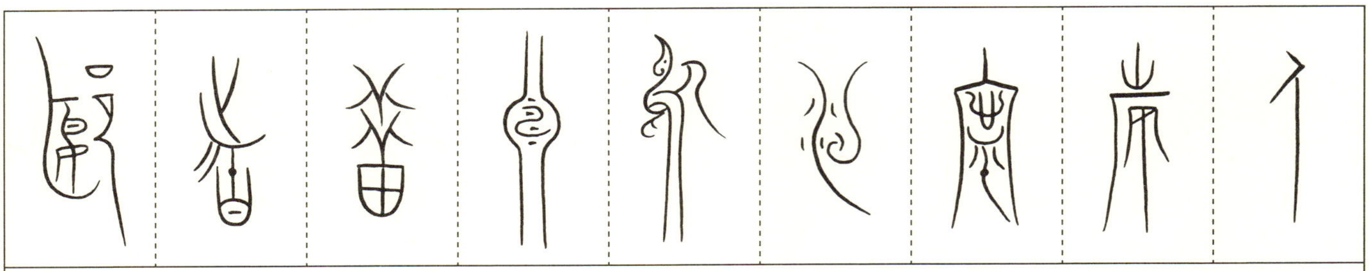

| | | | | | | | | |
|---|---|---|---|---|---|---|---|---|
| 郾（燕） | 者 | 昔 | 𣶒（淵） | 於 | 汋（溺） | 寧 | 施（也） | 人 |

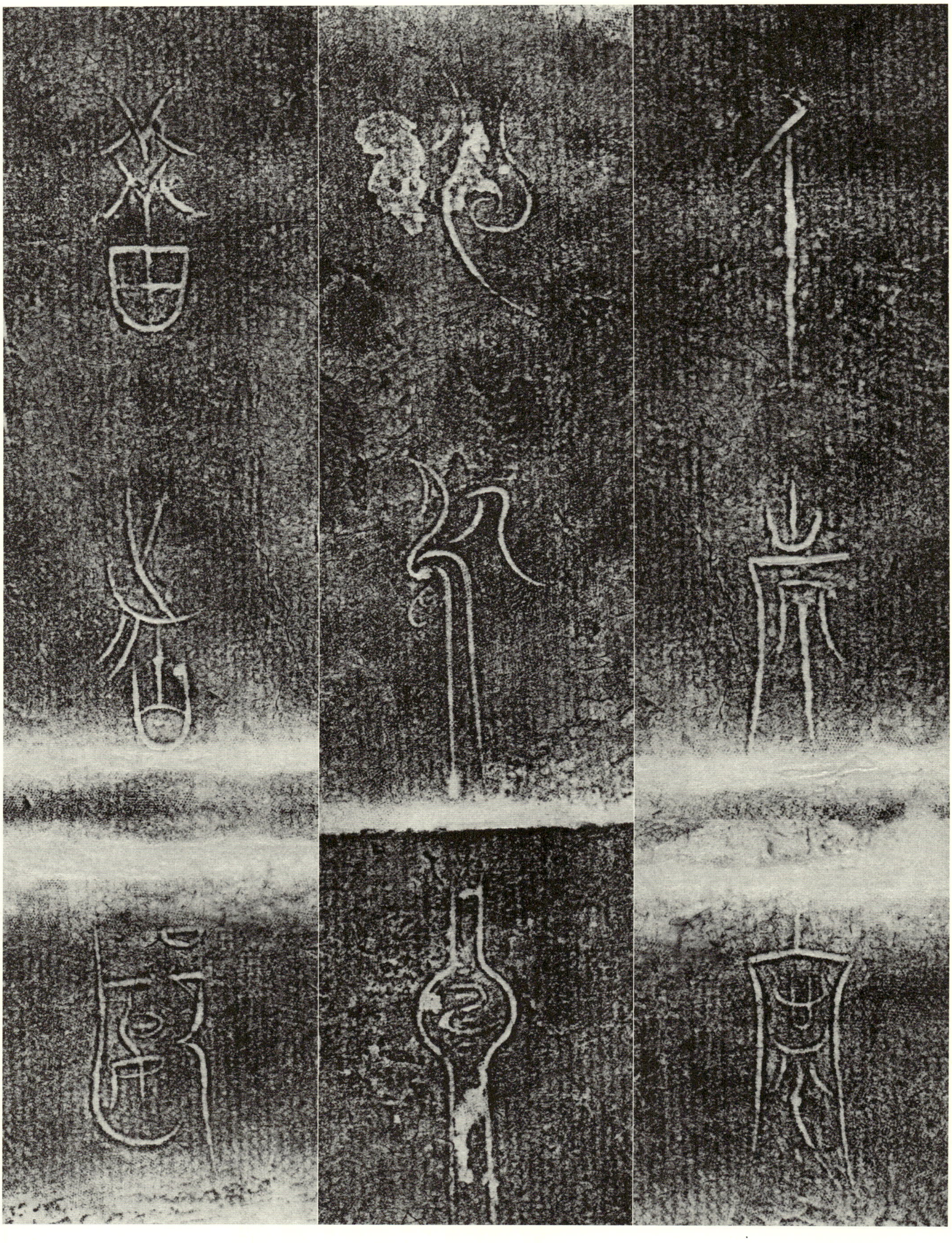

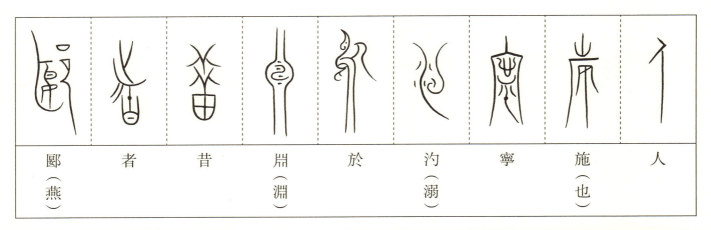

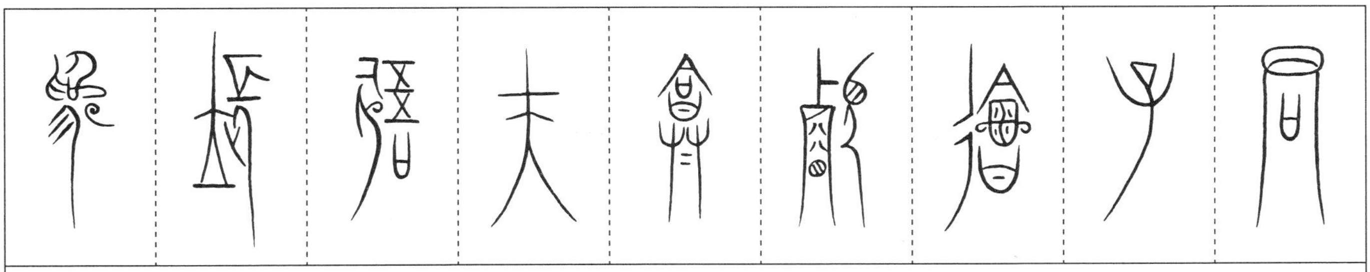

| | | | | | | | | |
|---|---|---|---|---|---|---|---|---|
| 爲 | 跊（長） | 猑 | 夫 | 弇 | 覰（叡） | 儈（噲） | 子 | 君 |

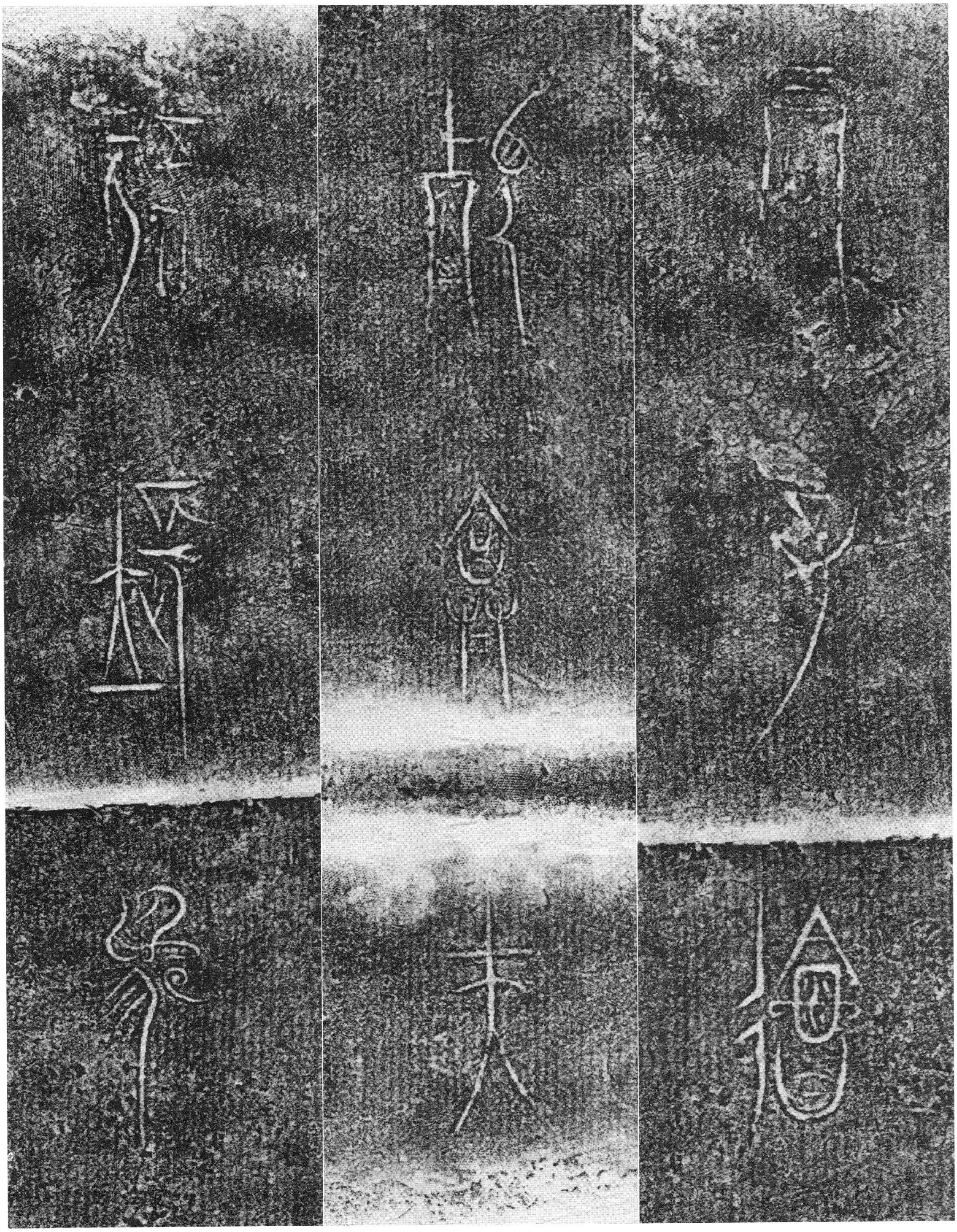

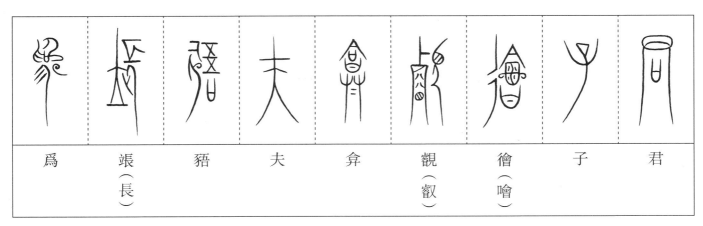

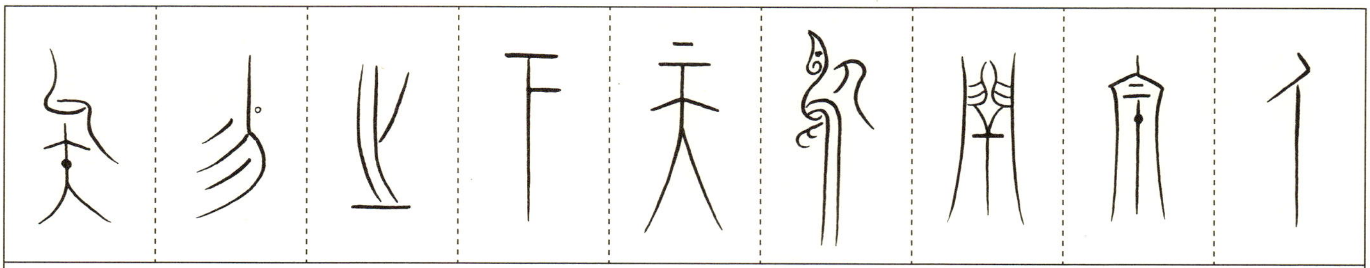

| | | | | | | | | |
|---|---|---|---|---|---|---|---|---|
| 矣（疑） | 勿 | 之 | 下 | 天 | 於 | 開 | 宔（主） | 人 |

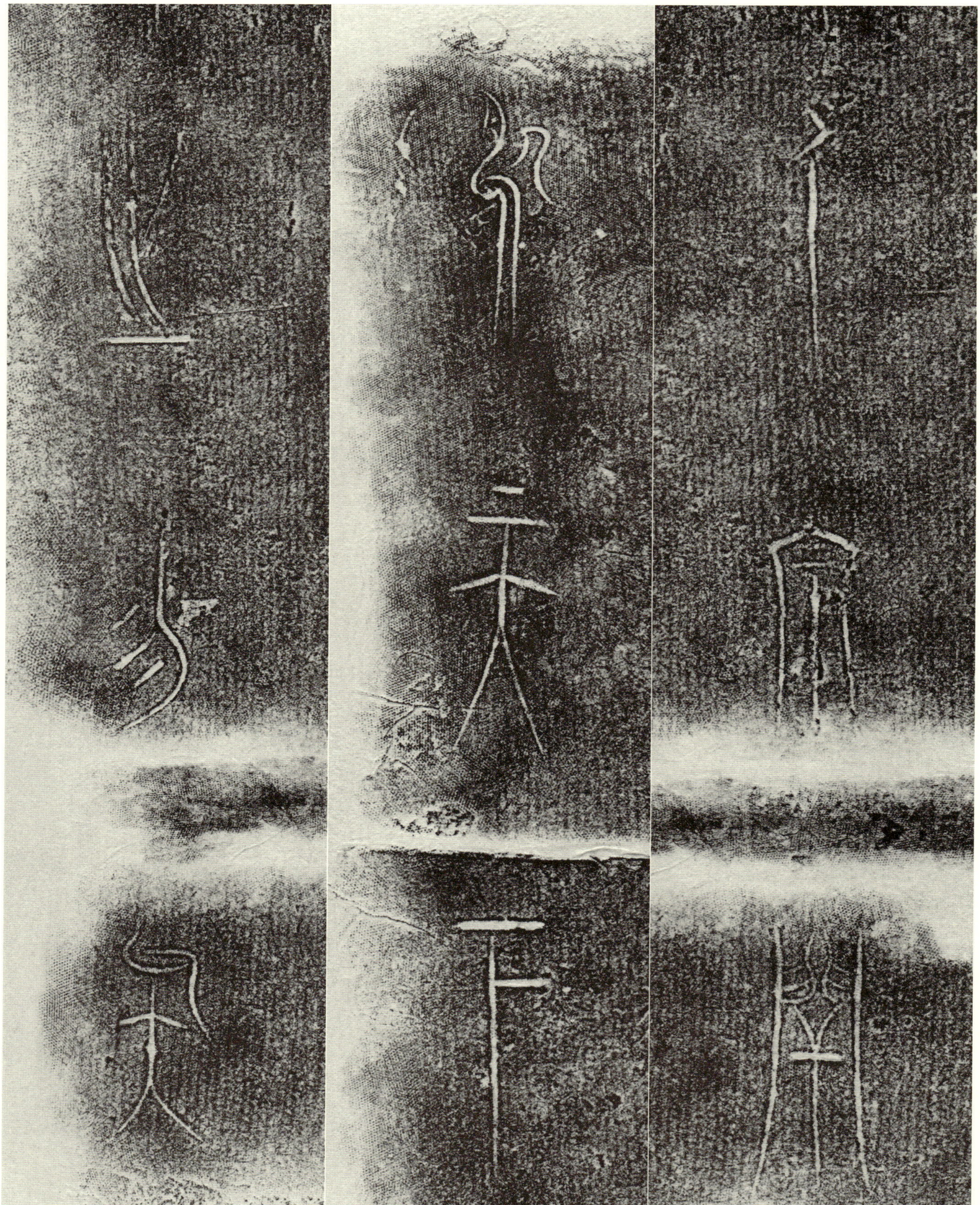

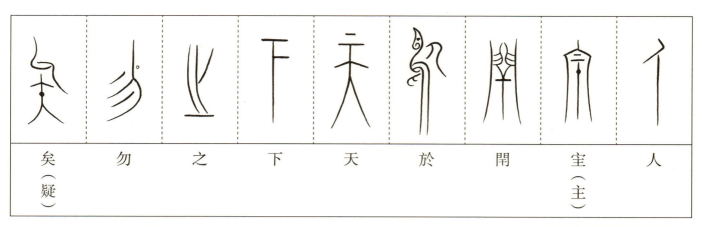

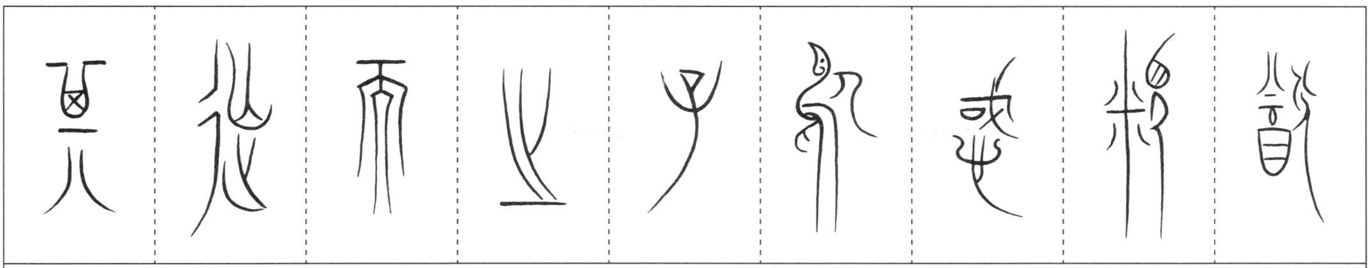

| | | | | | | | | |
|---|---|---|---|---|---|---|---|---|
| 其 | [辶亡]（亡） | 而 | 之 | 子 | 於 | 惑 | 粎（迷） | 猷 |

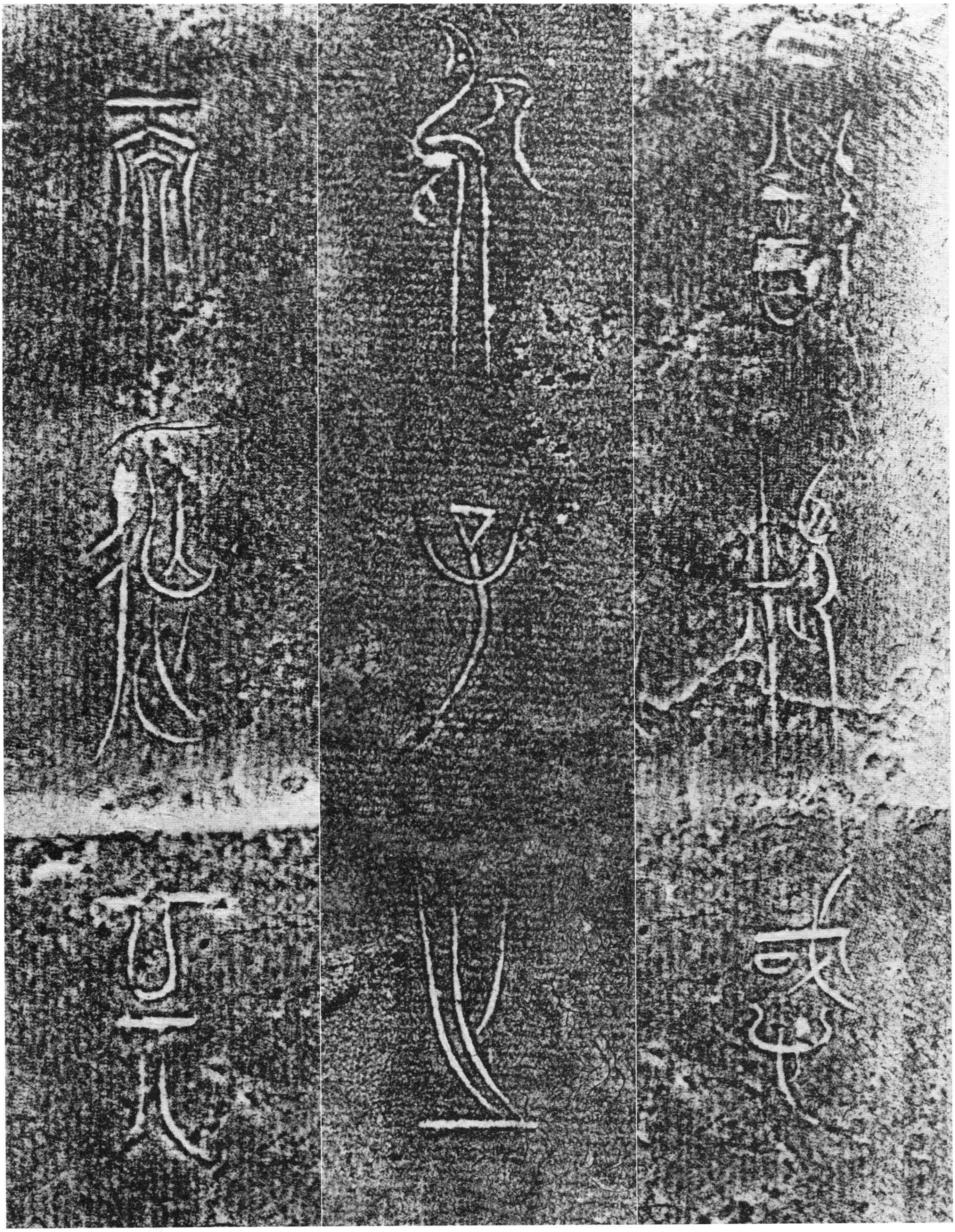

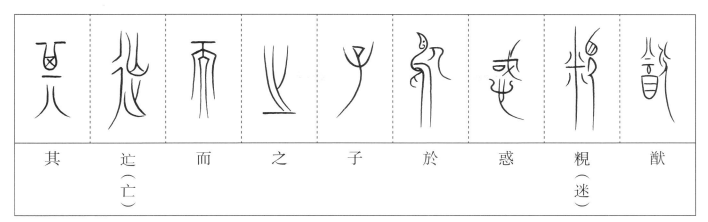

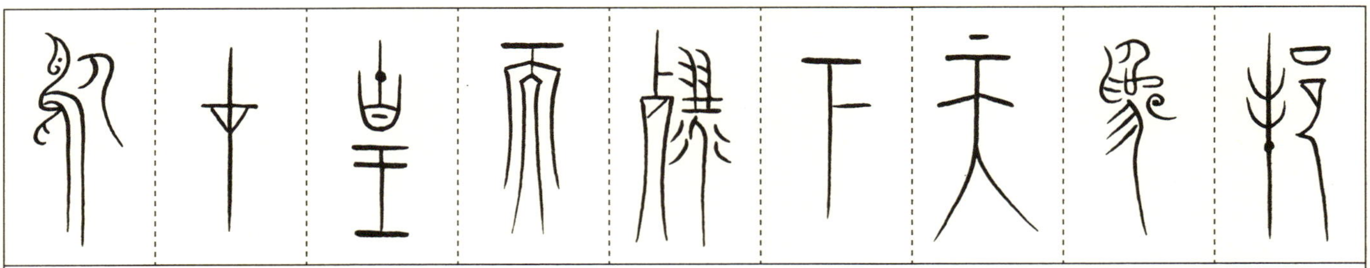

| | | | | | | | | |
|---|---|---|---|---|---|---|---|---|
| 於 | 才（在） | 皇（況） | 而 | ⿰歹翏（戮） | 下 | 天 | 爲 | 邦 |

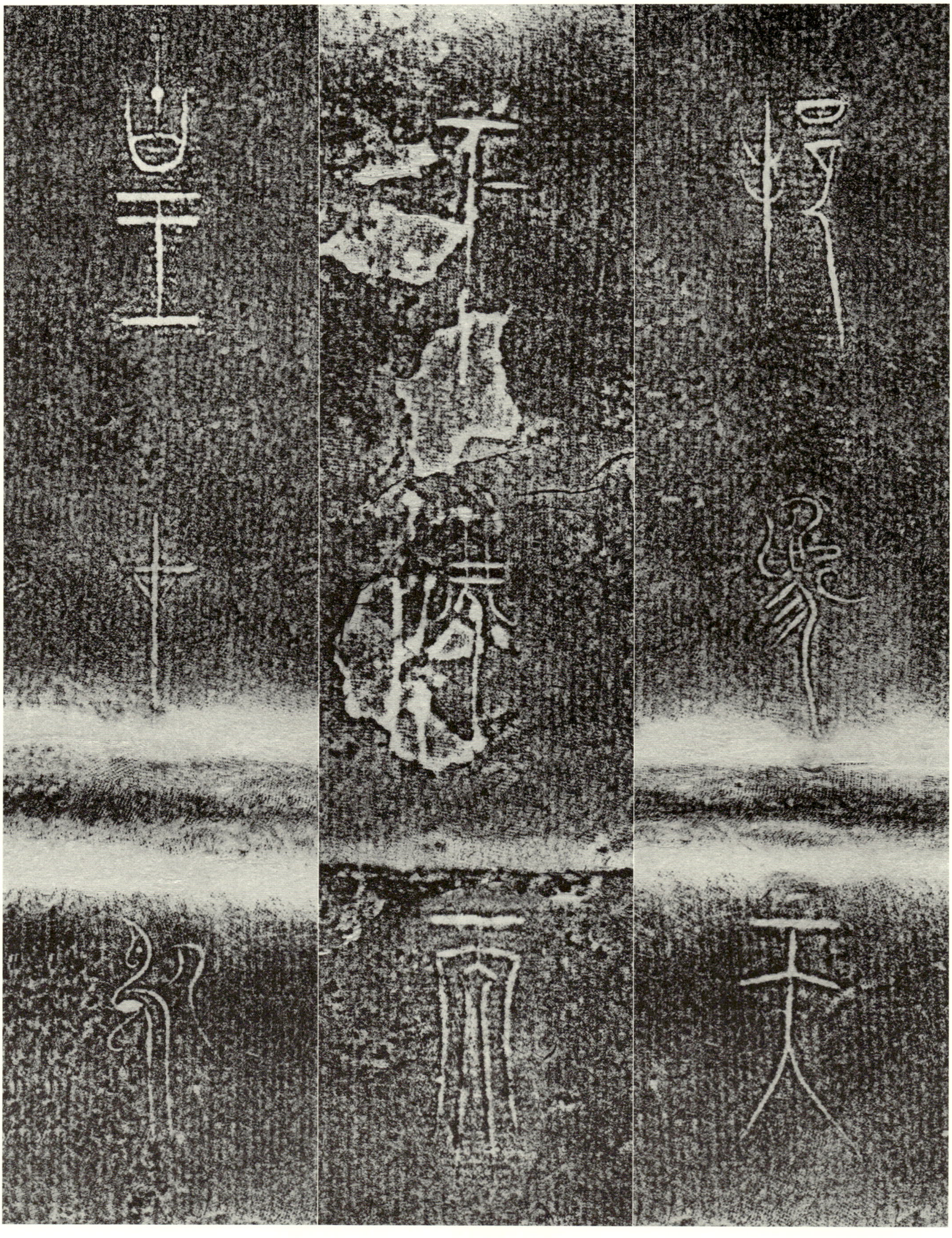

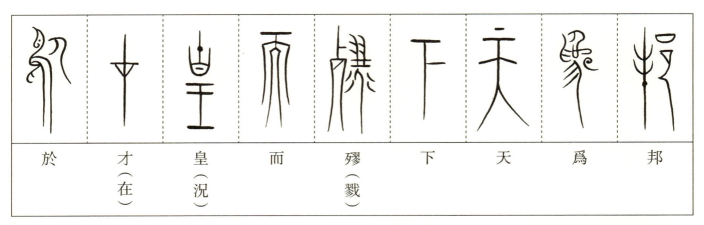

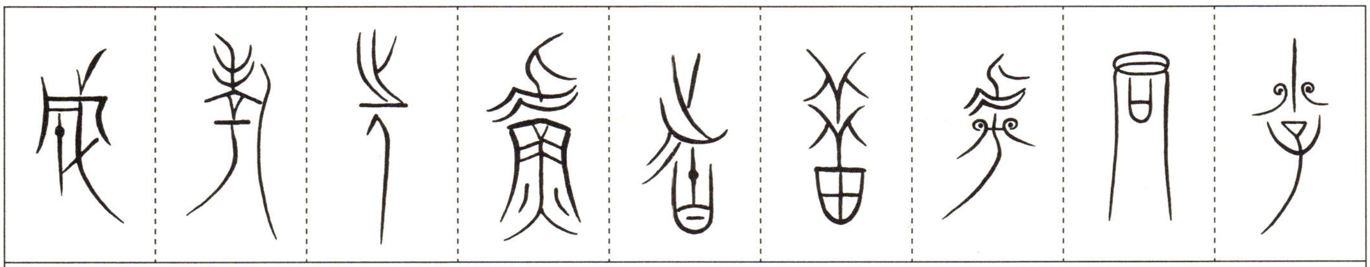

| | | | | | | | | |
|---|---|---|---|---|---|---|---|---|
| 成 | 考 | 先 | 盧（吾） | 者 | 昔 | 虖（呼） | 君 | 尐（少） |

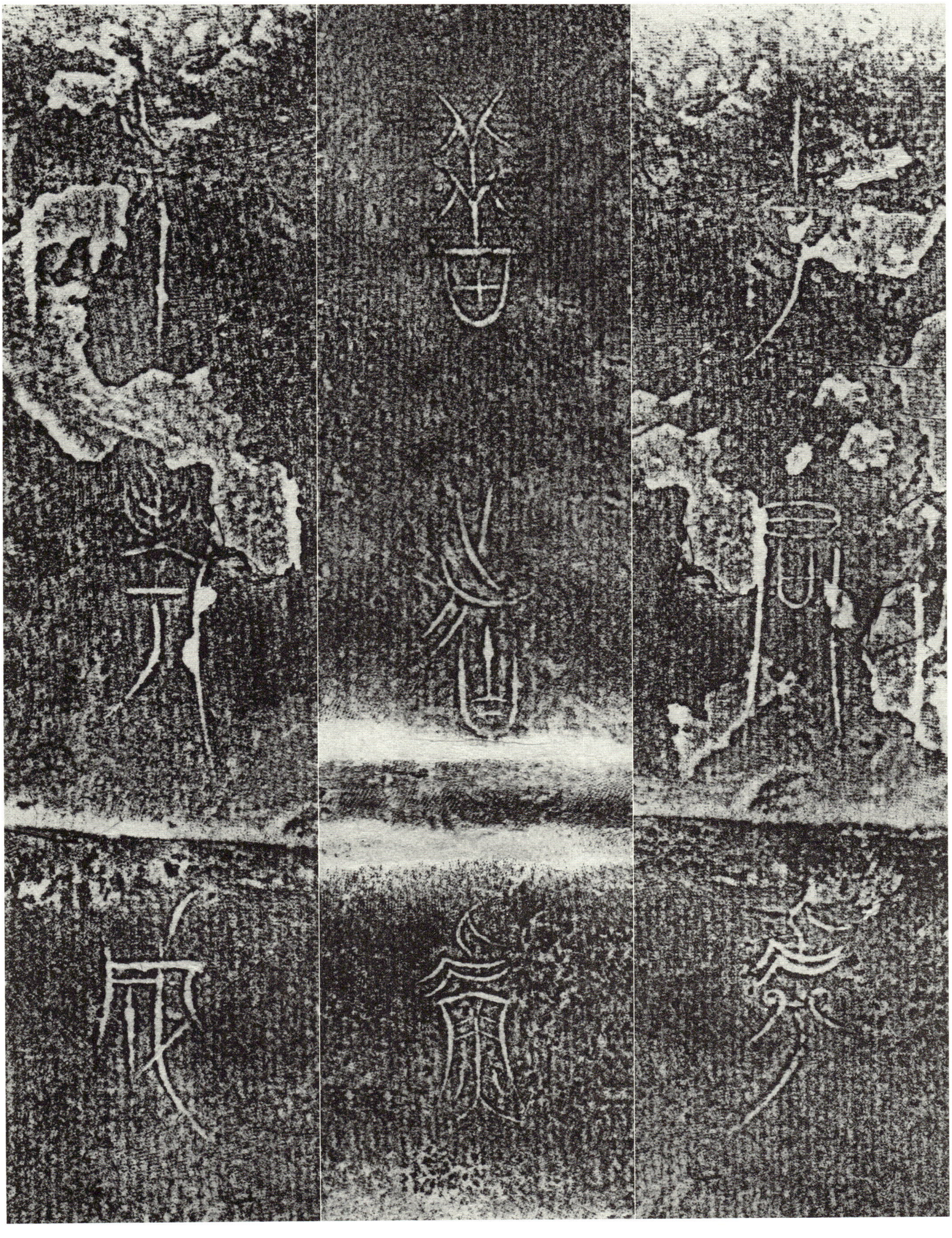

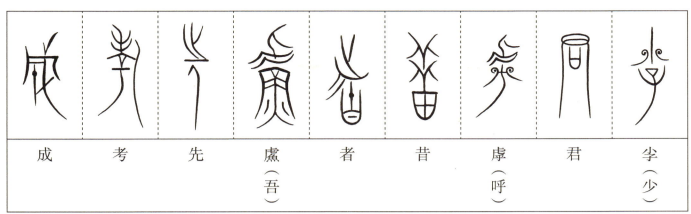

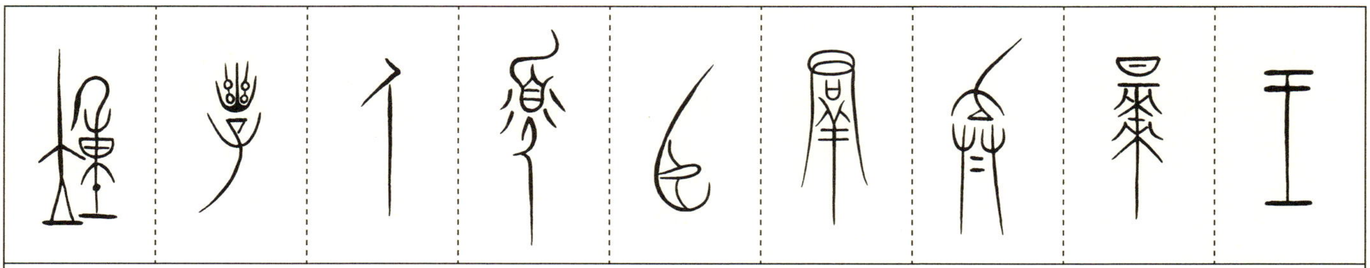

| | | | | | | | | |
|---|---|---|---|---|---|---|---|---|
| 潼（童） | 學（幼） | 人 | 須（寡） | 臣 | 羣 | 弃（棄） | 㬰（早） | 王 |

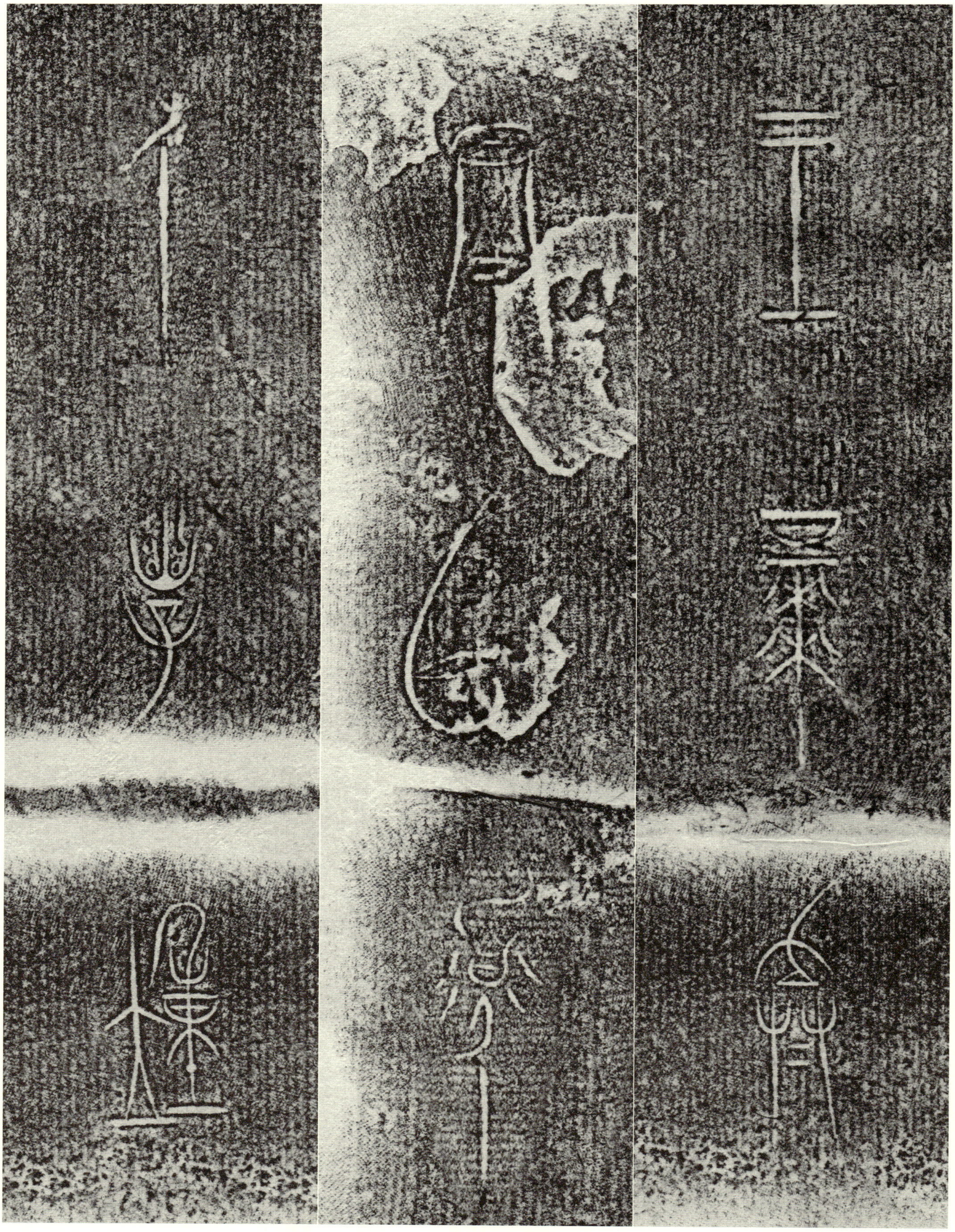

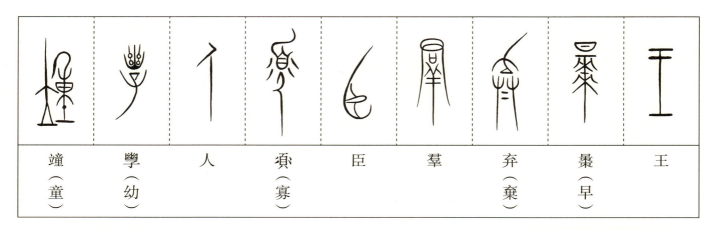

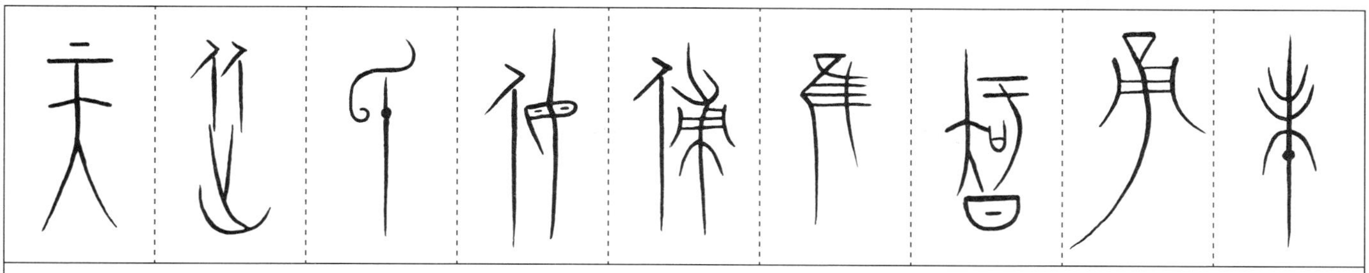

| | | | | | | | | |
|---|---|---|---|---|---|---|---|---|
| 天 | 𨑢（從） | 氏（是） | 侮（姆） | 俌（傅） | 隹（惟） | 智 | 甬（通） | 未 |

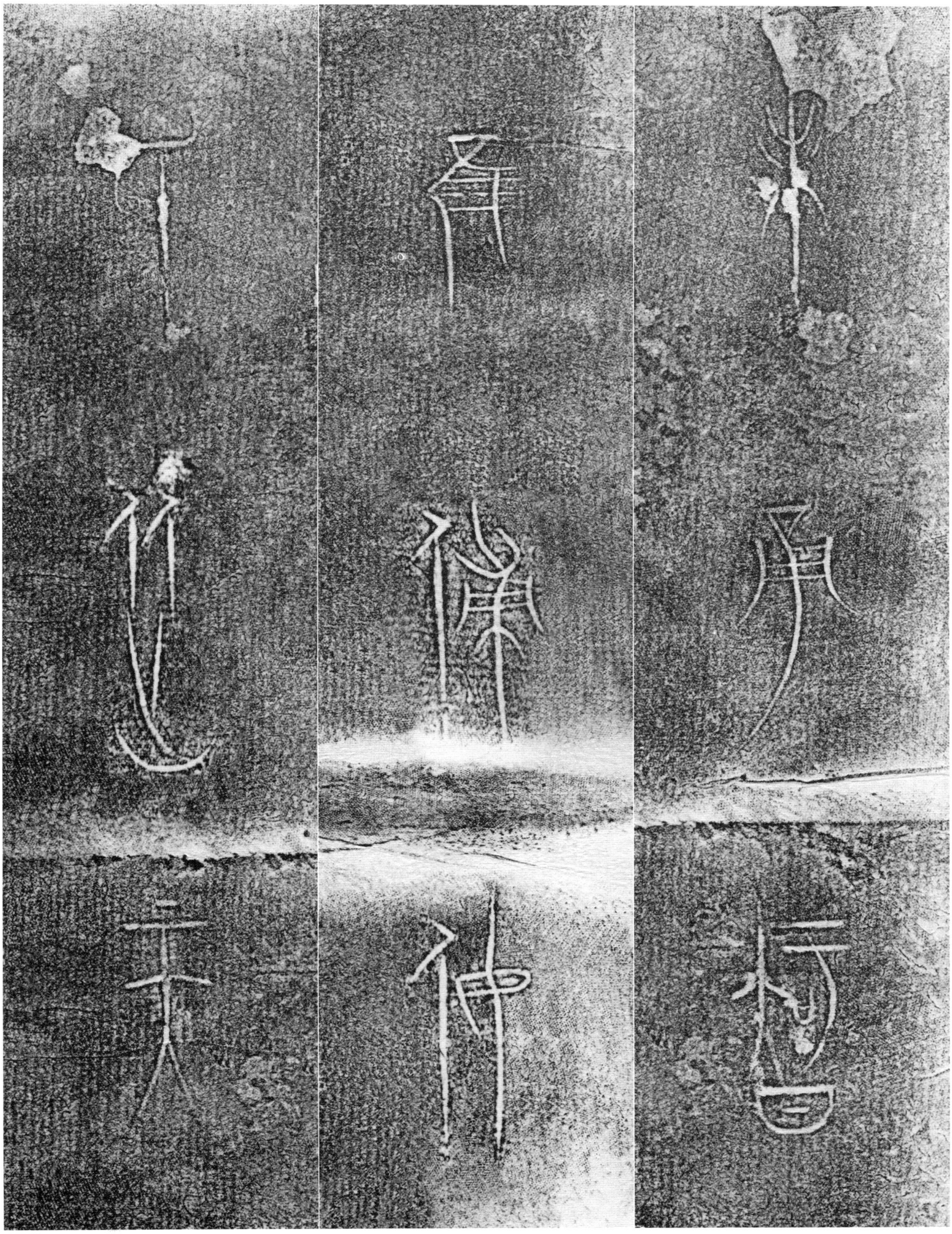

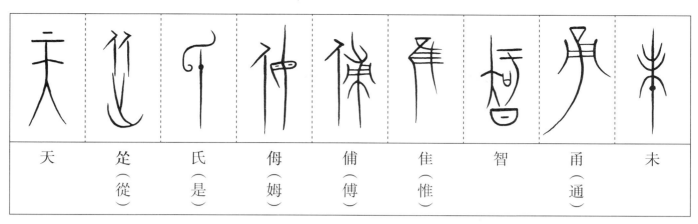

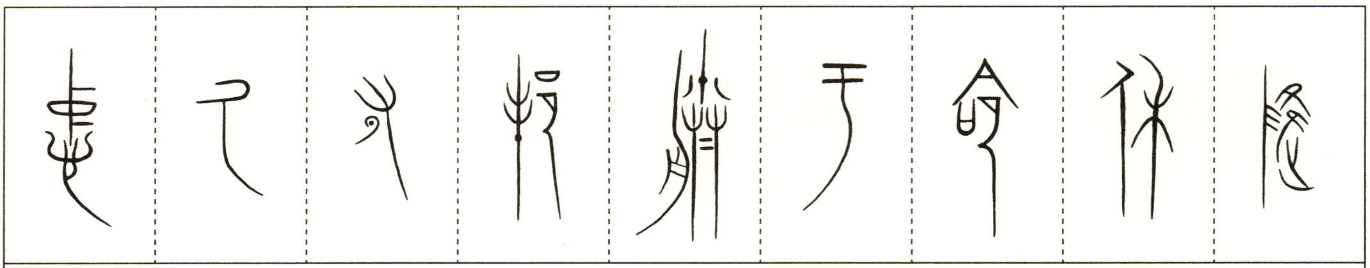

| 忠 | 氒（厥） | 又（有） | 邦 | 朕 | 于 | 命 | 休 | 隆（降） |
|---|---|---|---|---|---|---|---|---|

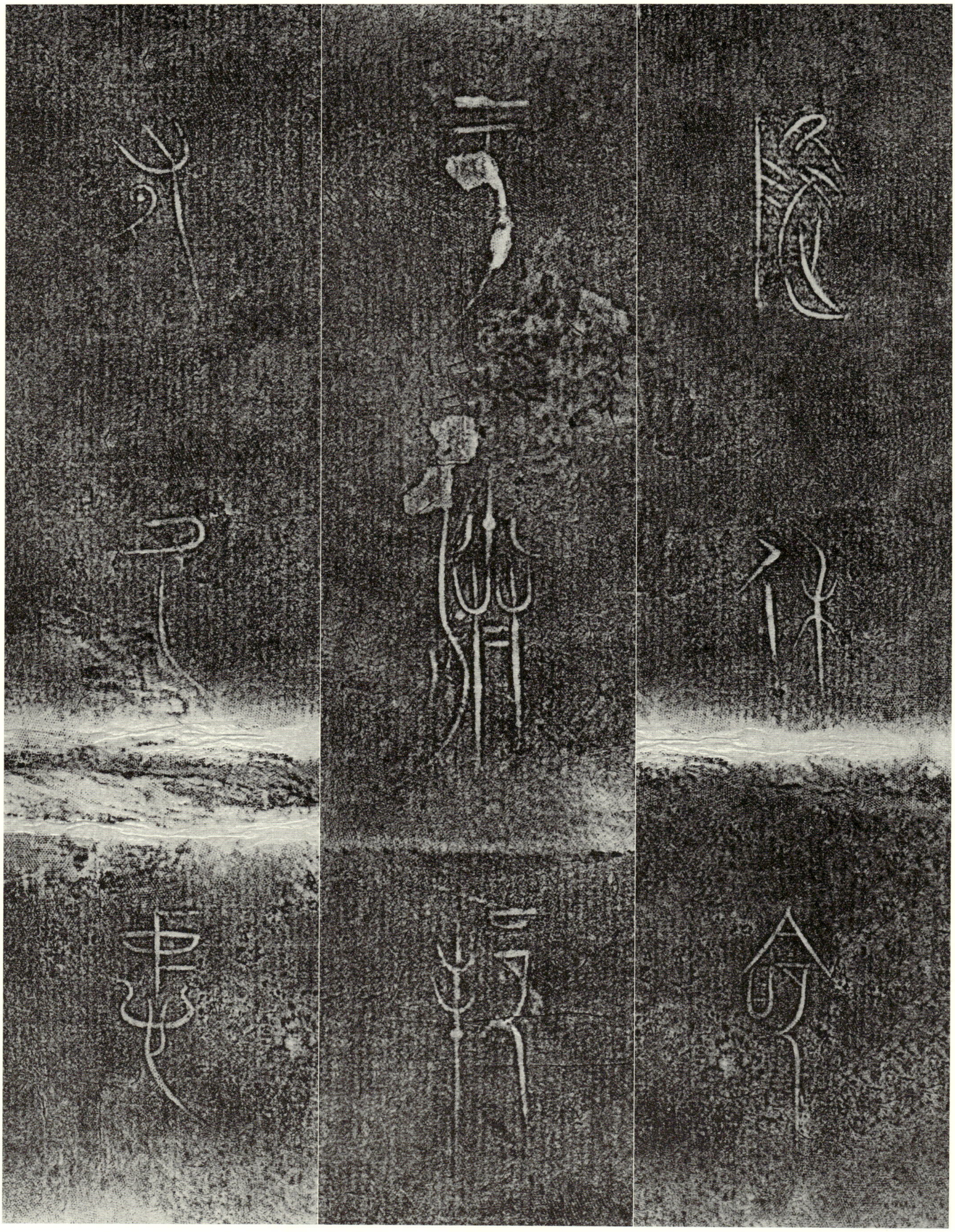

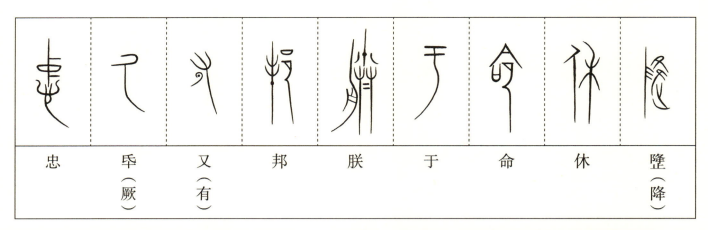

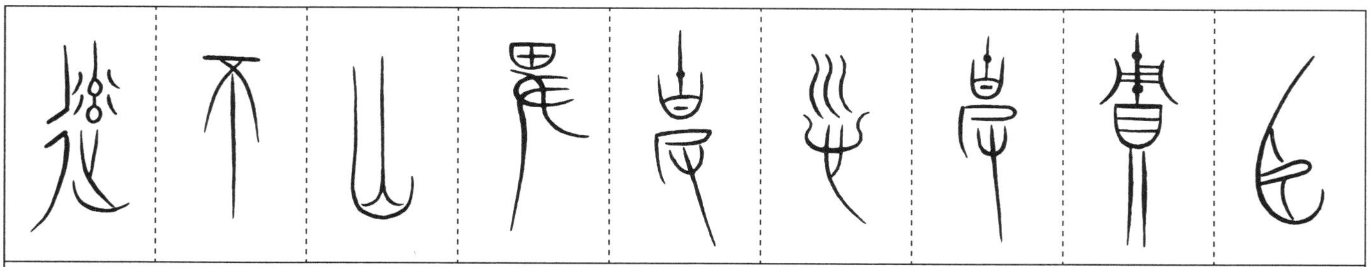

| | | | | | | | | |
|---|---|---|---|---|---|---|---|---|
| 達（率） | 不 | 亡（無） | 卑（俾） | 克 | 𢖻（順） | 克 | 賈 | 臣 |

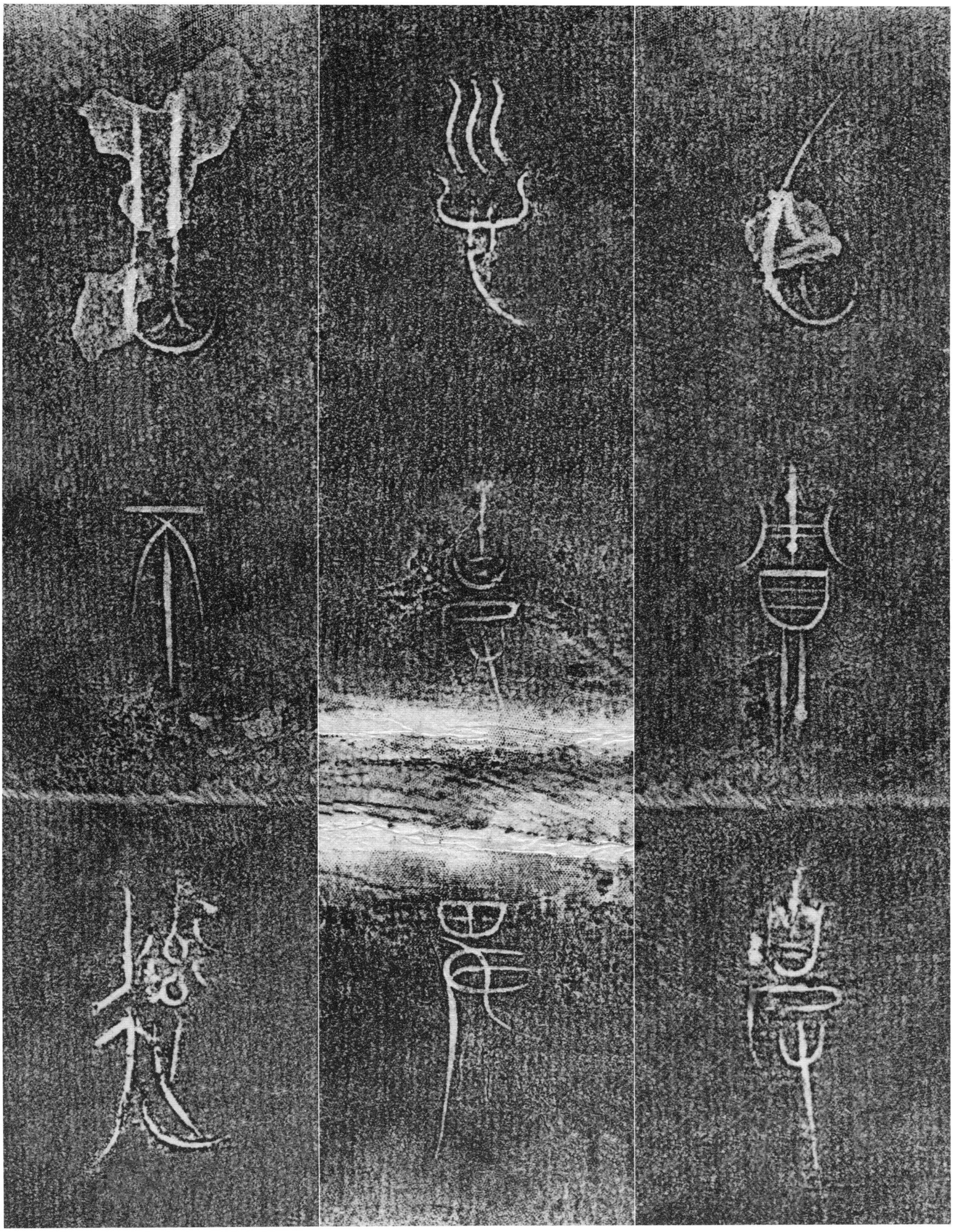

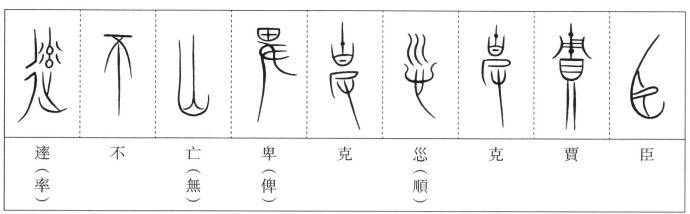

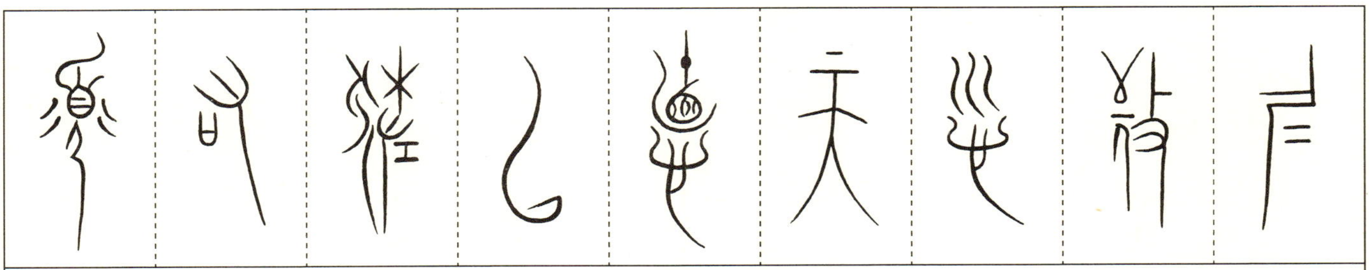

| | | | | | | | | |
|---|---|---|---|---|---|---|---|---|
| 頁（寡） | 右 | 㹈（左） | 㠯（以） | 悳（德） | 天 | 巛（順） | 敬 | 仁 |

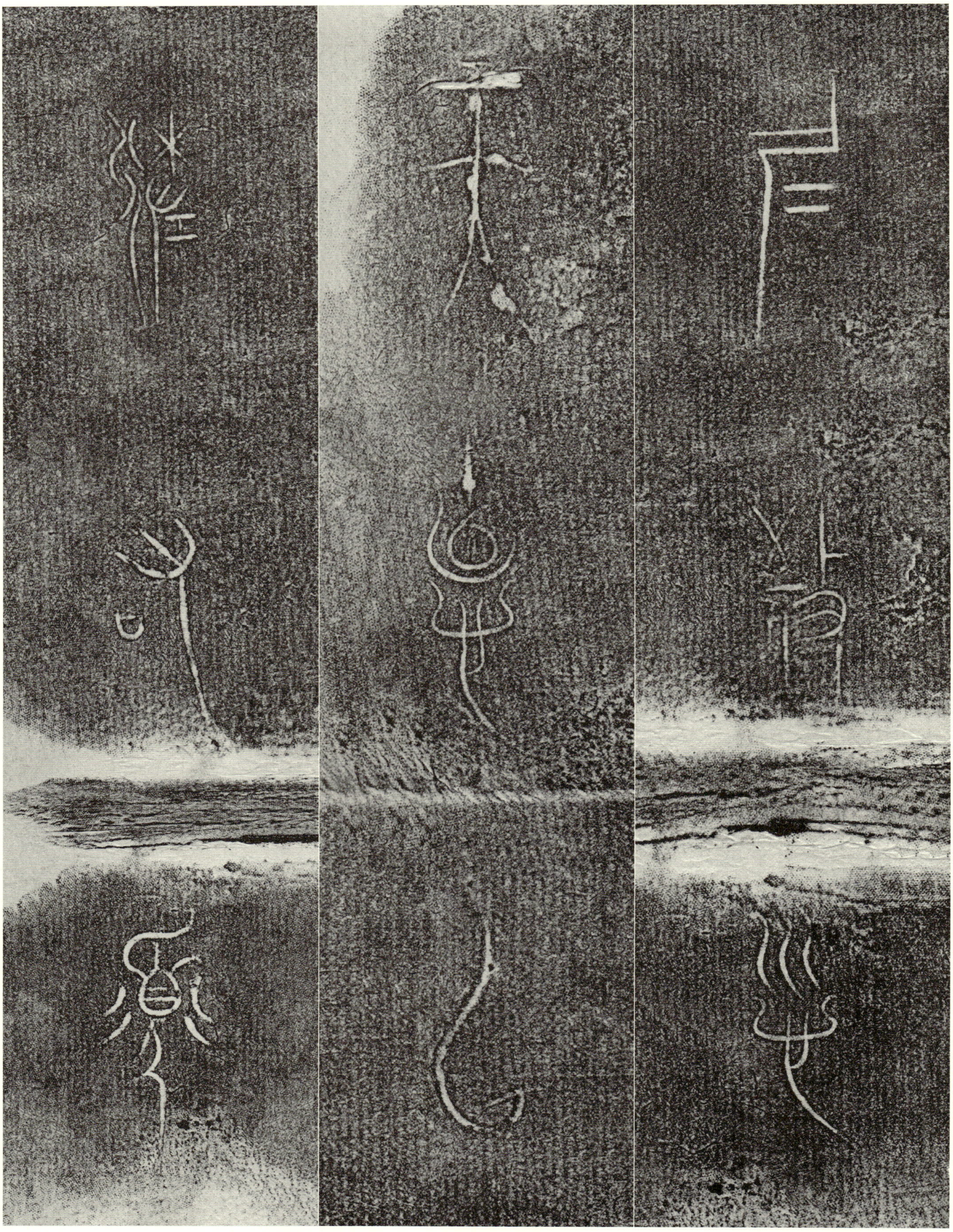

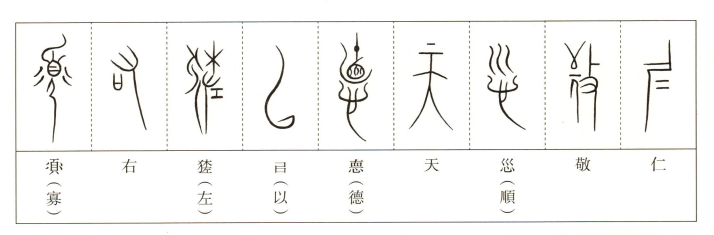

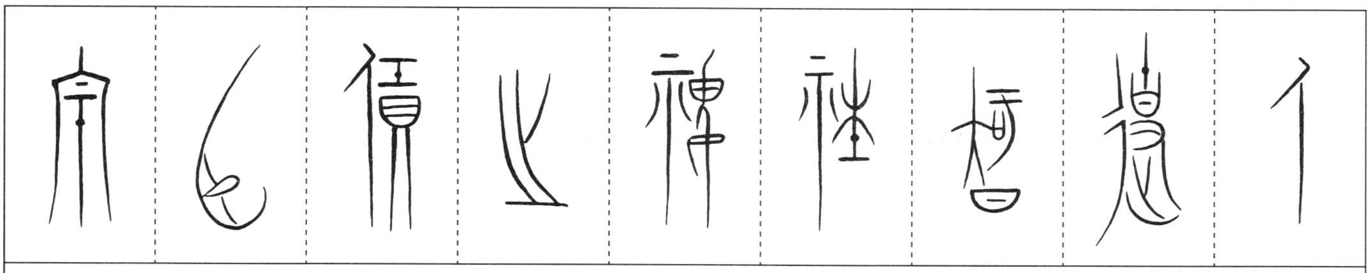

| | | | | | | | | |
|---|---|---|---|---|---|---|---|---|
| 宔（主） | 臣 | 賃（任） | 之 | 禝（稷） | 袿（社） | 智（知） | 𨔡（使） | 人 |

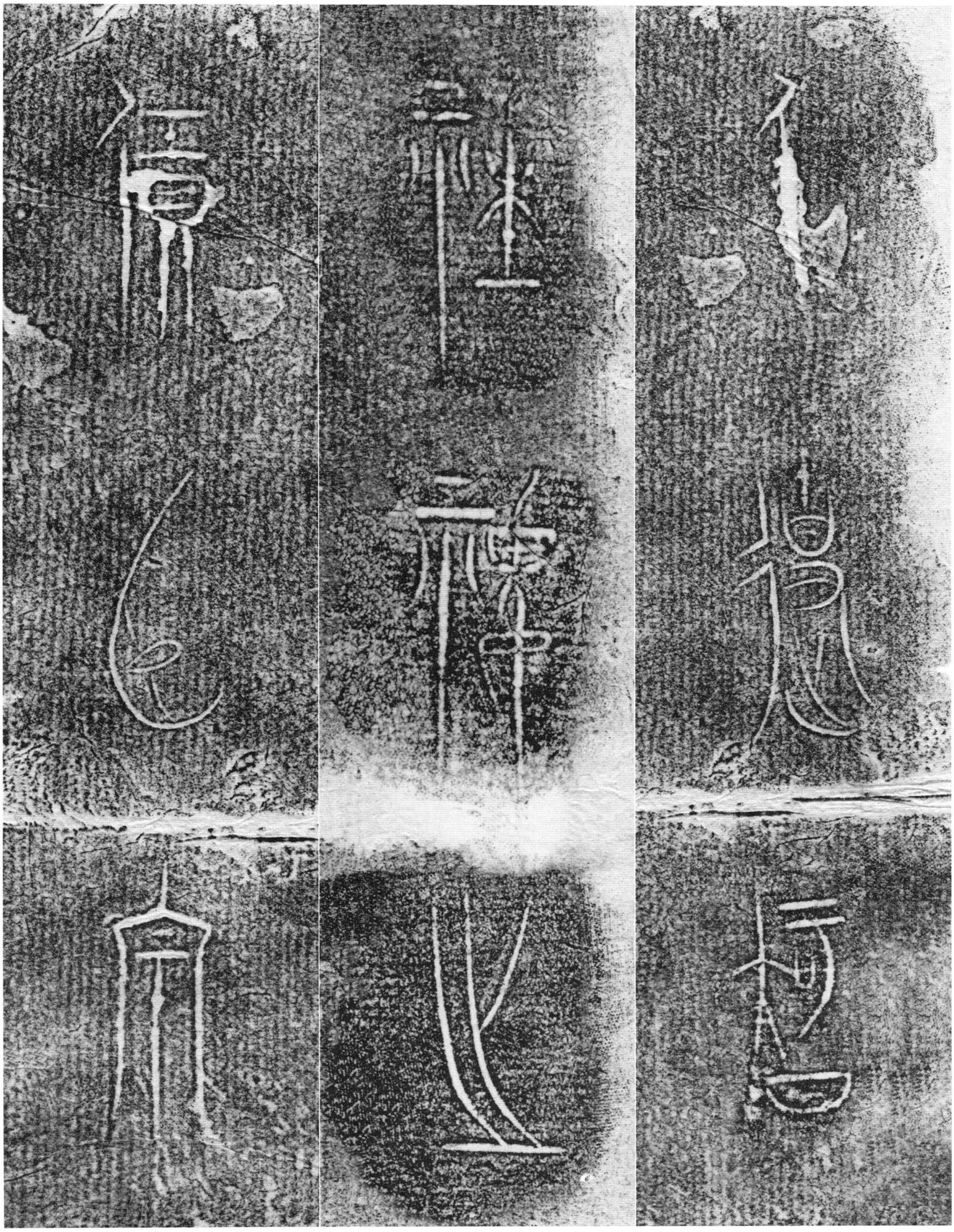

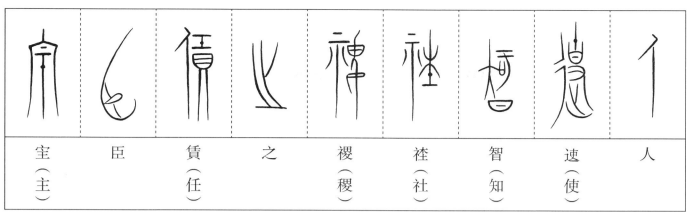

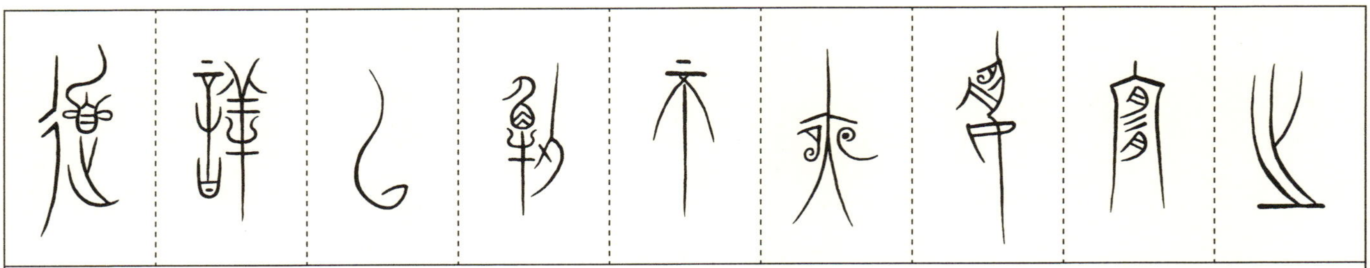

| | | | | | | | | |
|---|---|---|---|---|---|---|---|---|
| 道（導） | 詳（善） | 㠯（以） | 解（懈） | 不 | 夜 | 夙 | 宜（義） | 之 |

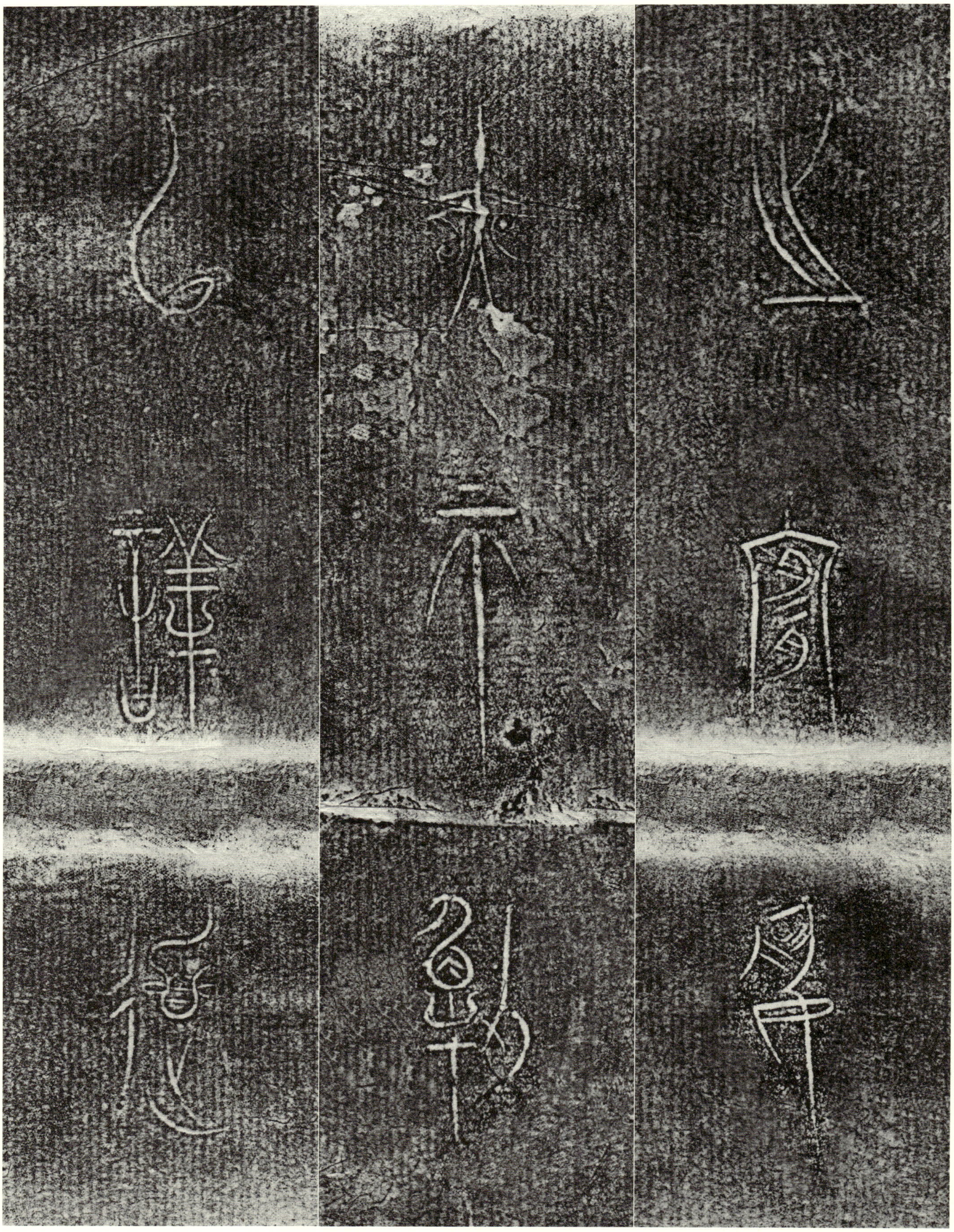

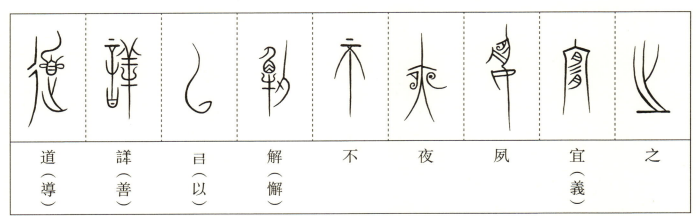

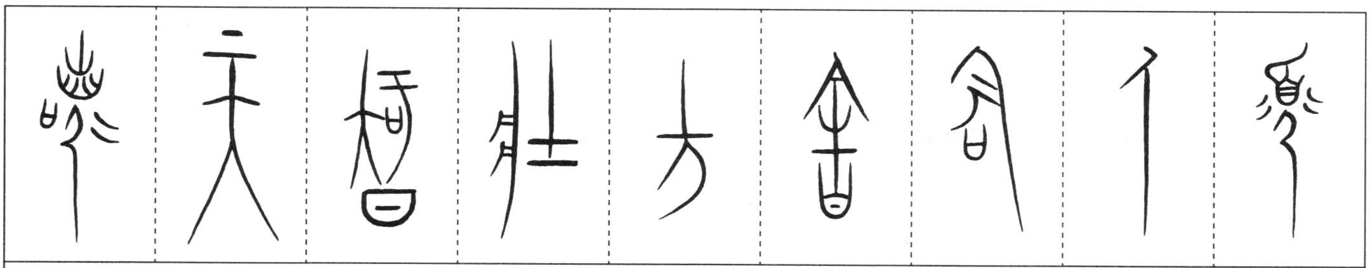

| | | | | | | | | |
|---|---|---|---|---|---|---|---|---|
| 若 | 天 | 智（知） | 壯 | 方 | 舍（余） | 含（今） | 人 | 頁（寡） |

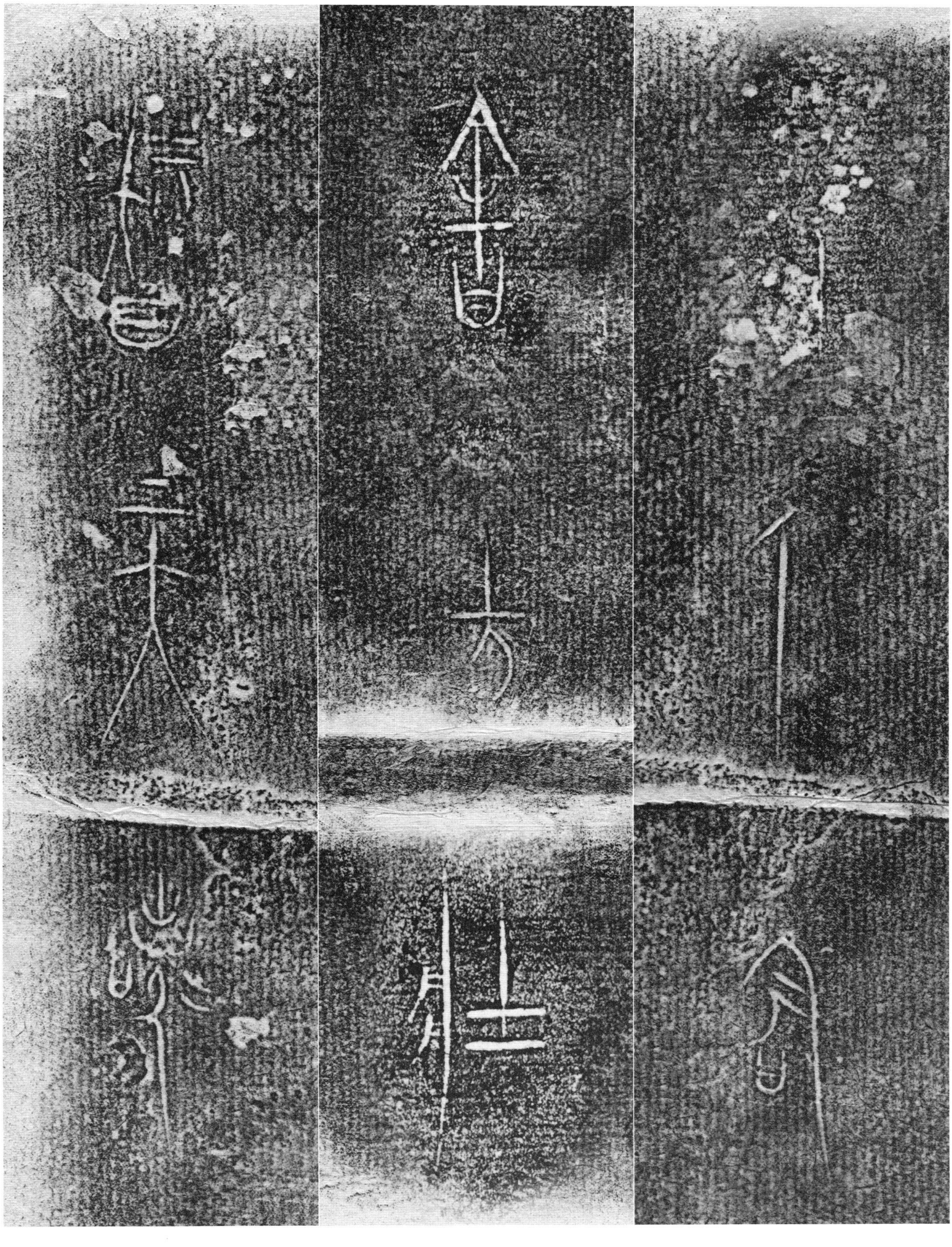

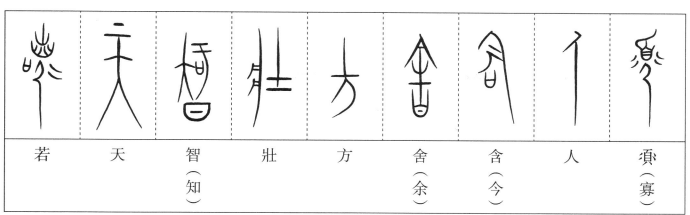

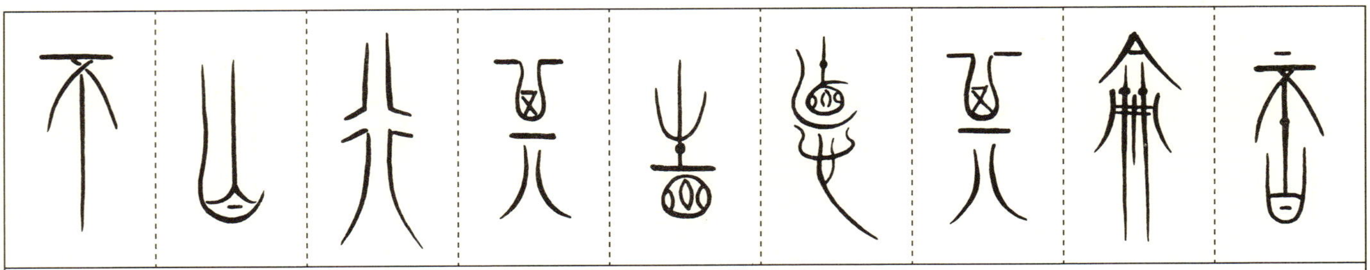

| | | | | | | | | |
|---|---|---|---|---|---|---|---|---|
| 不 | 亡（無） | 行 | 其 | 眚（省） | 悳（德） | 其 | 侖（論） | 否 |

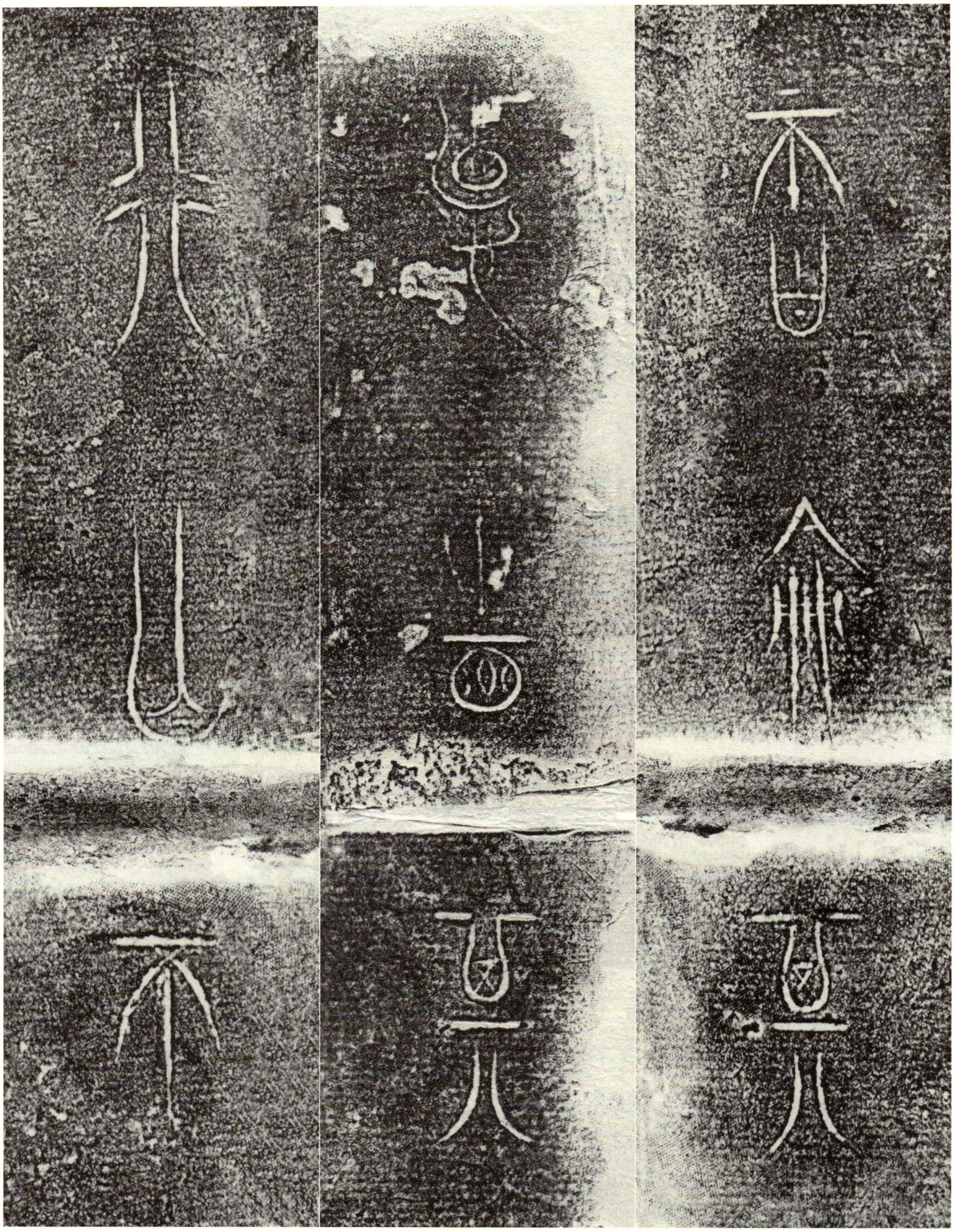

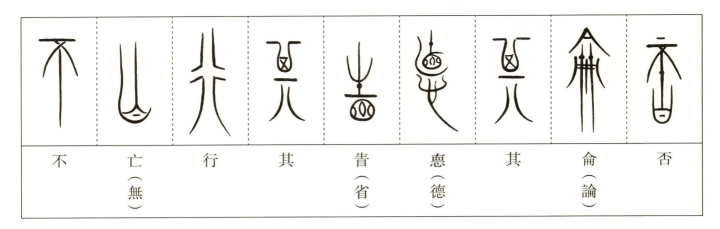

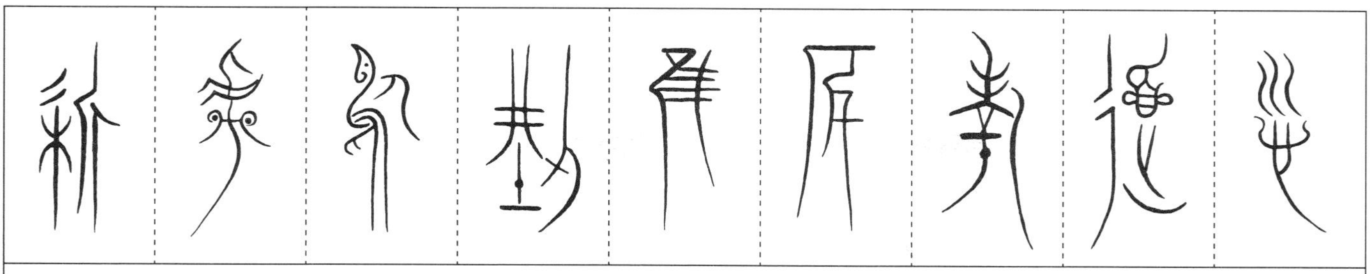

| 新（慎） | 虖（呼） | 於（嗚） | 型 | 隹（惟） | 厇（宅） | 考 | 道 | 巛（順） |
|---|---|---|---|---|---|---|---|---|

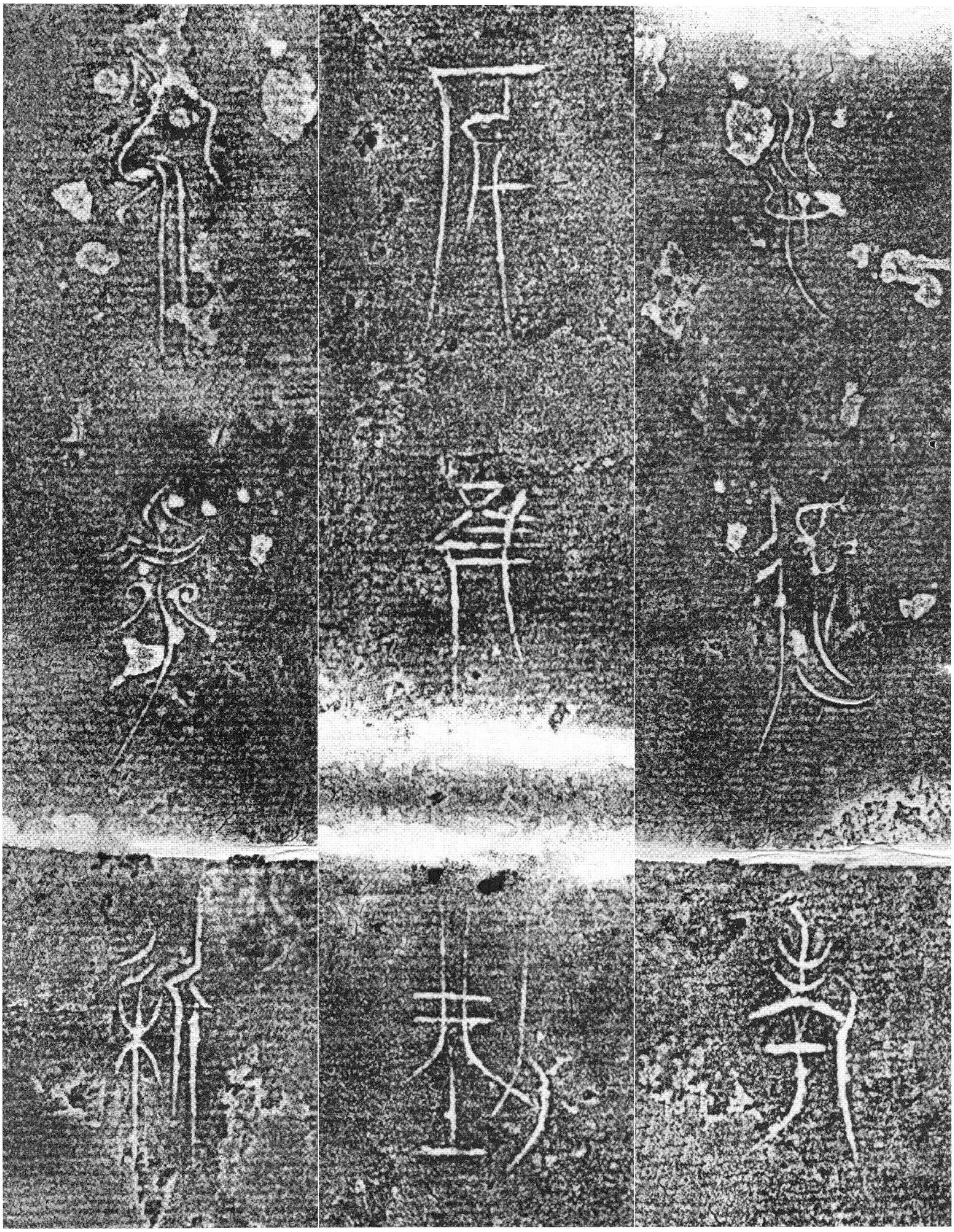

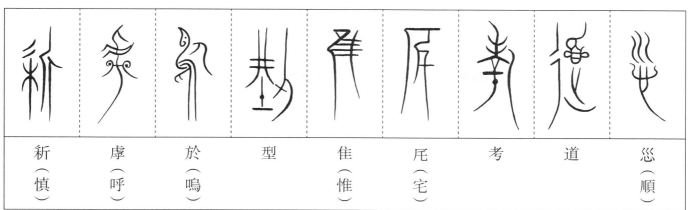

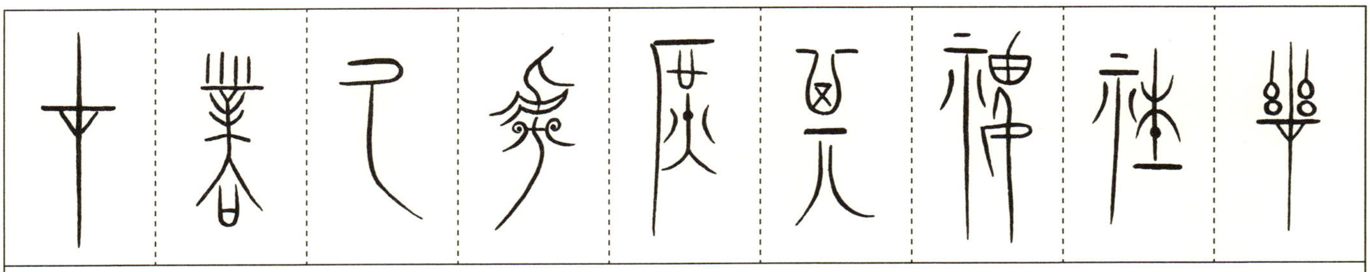

| | | | | | | | | |
|---|---|---|---|---|---|---|---|---|
| 才（在） | 業 | 氒（厥） | 虖（呼） | 庶 | 其 | 禝（稷） | 袿（社） | 孳（哉） |

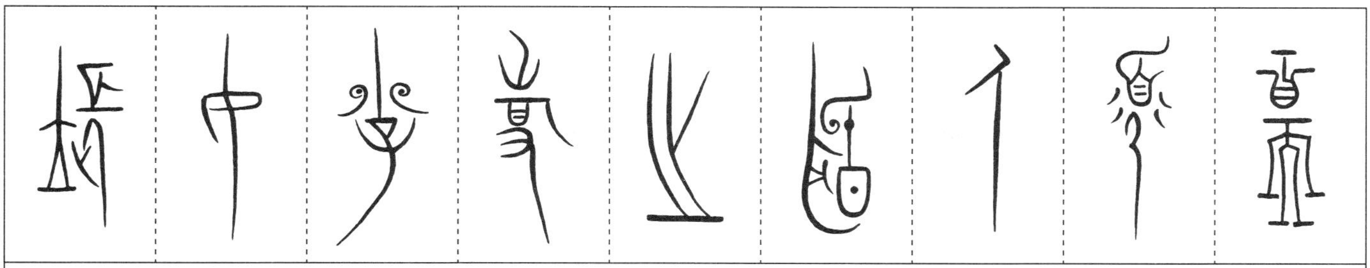

| | | | | | | | | |
|---|---|---|---|---|---|---|---|---|
| 祇 | 頁（寡） | 人 | 䎽（聞） | 之 | 事 | 尐（少） | 女（如） | 镸（長） |

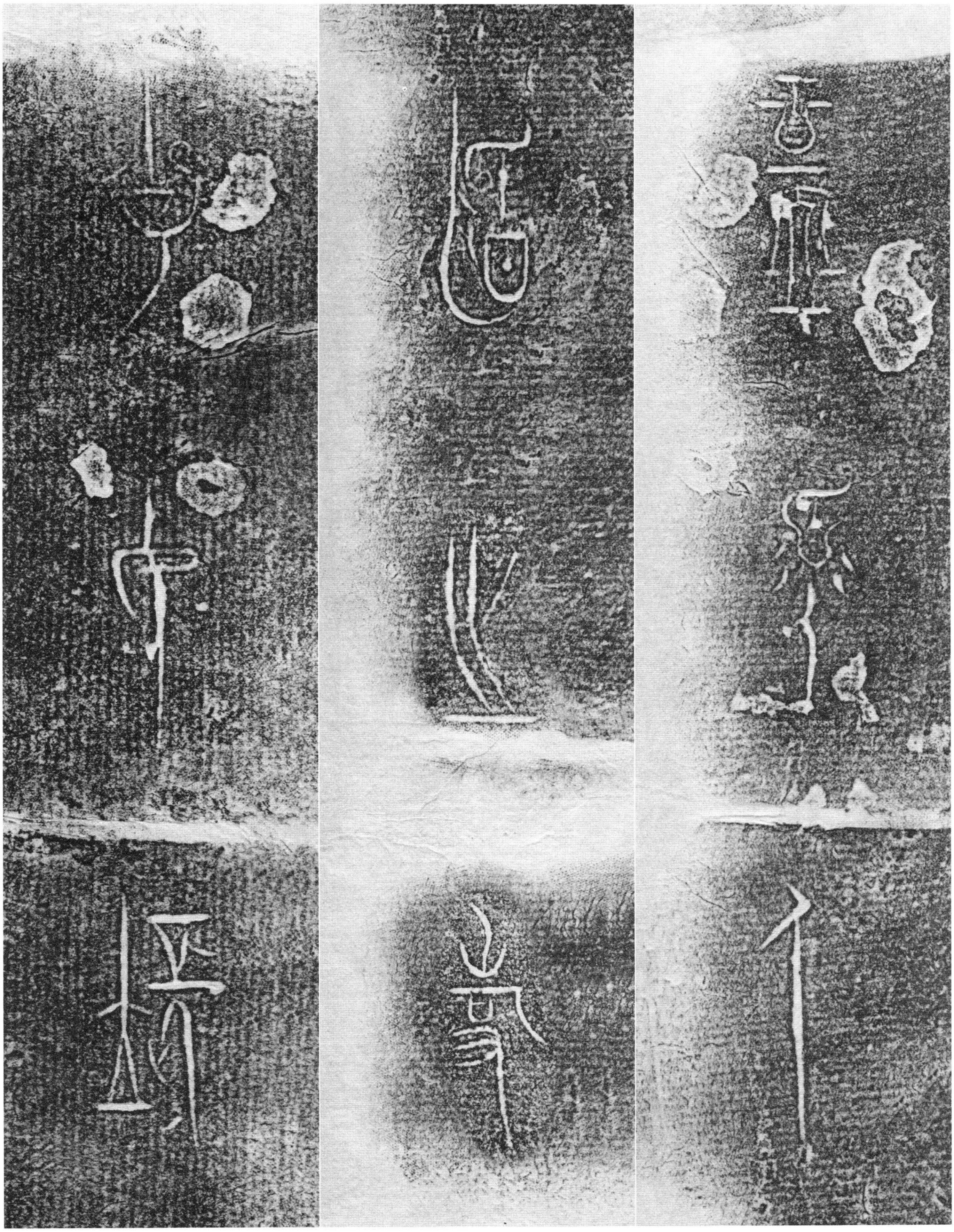

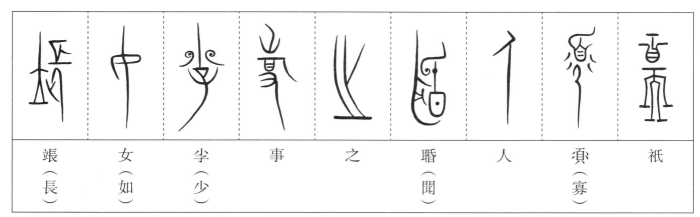

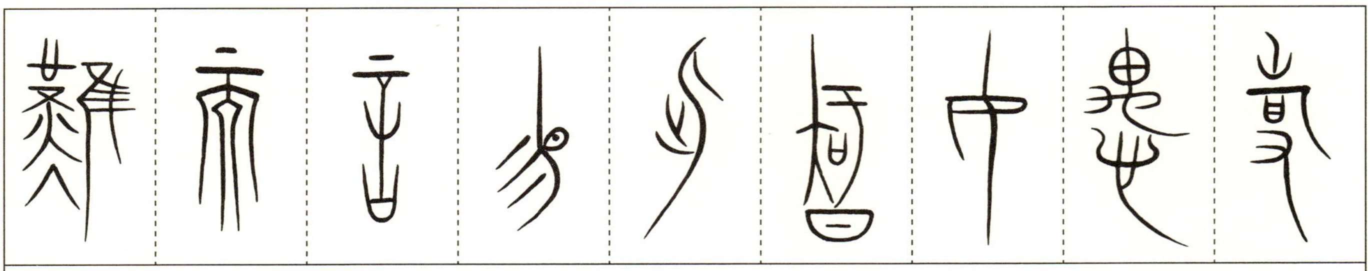

| | | | | | | | | |
|---|---|---|---|---|---|---|---|---|
| 難 | 而 | 言 | 易 | 此 | 智 | 女（如） | 愚 | 事 |

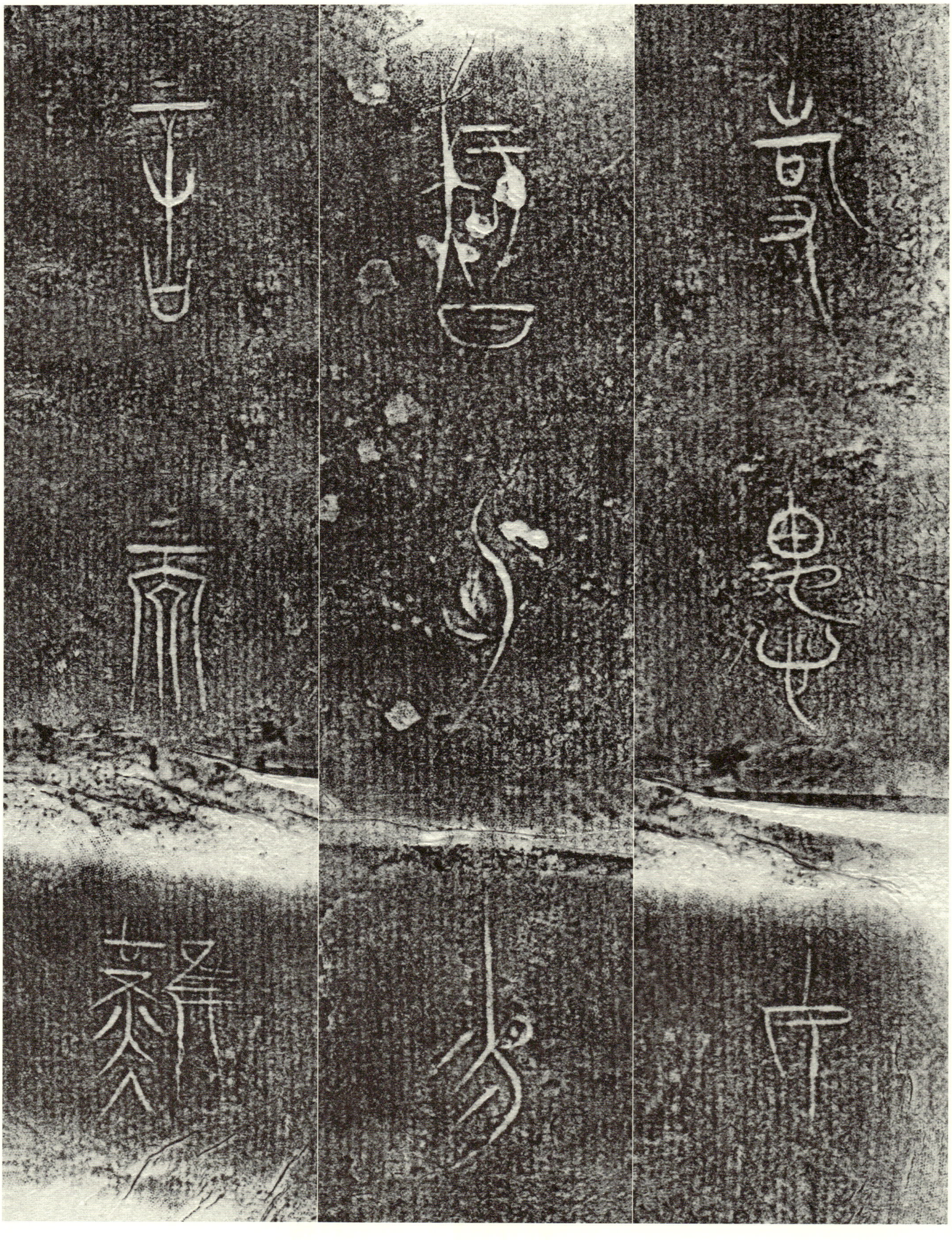

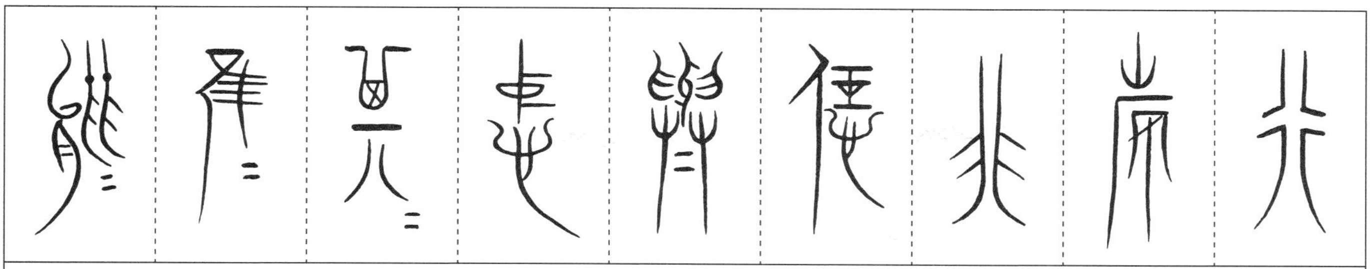

| | | | | | | | | |
|---|---|---|---|---|---|---|---|---|
| 能能 | 佳佳（誰）（誰） | 其其 | 忠 | 與 | 㐰（信） | 非 | 施（也） | 行 |

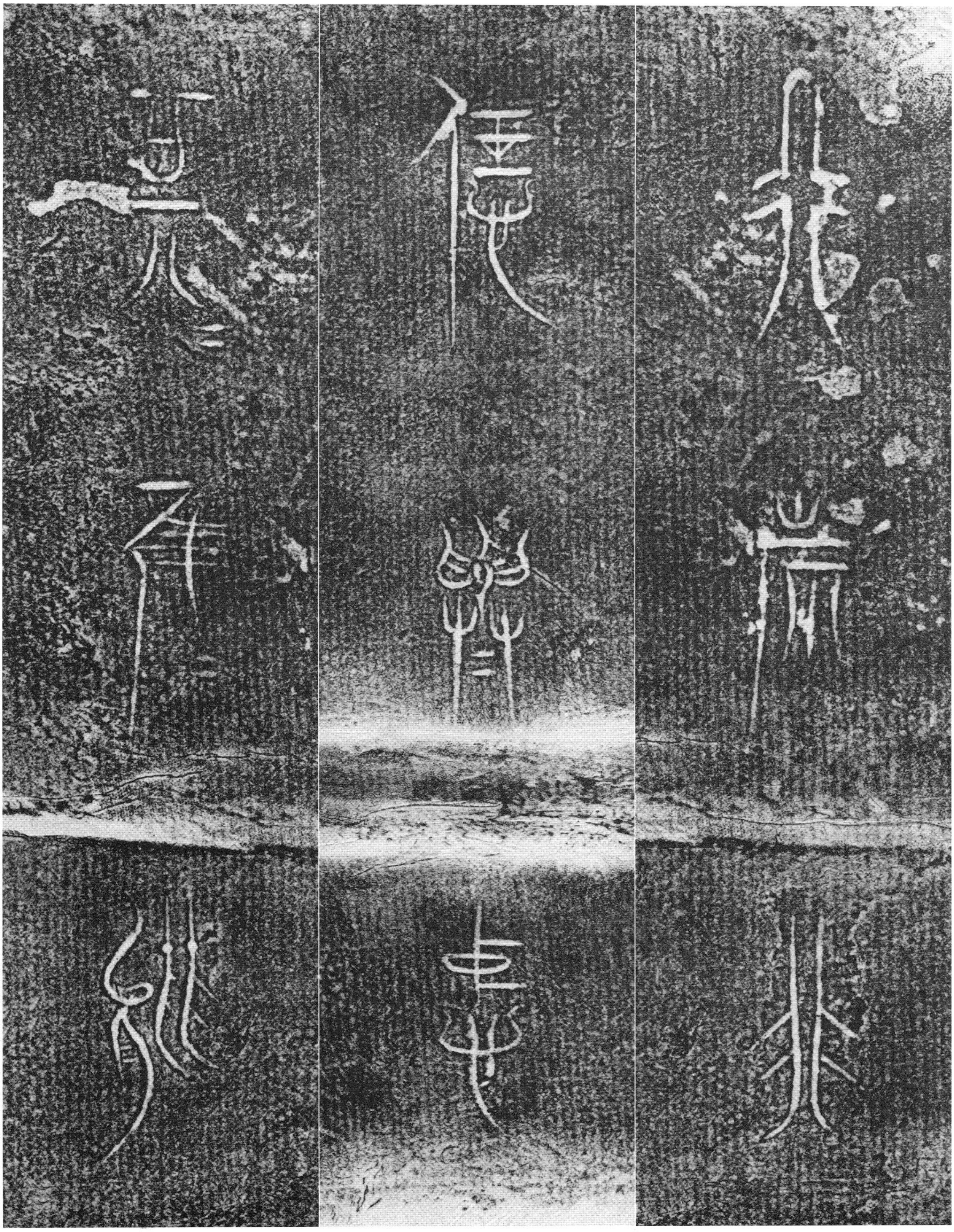

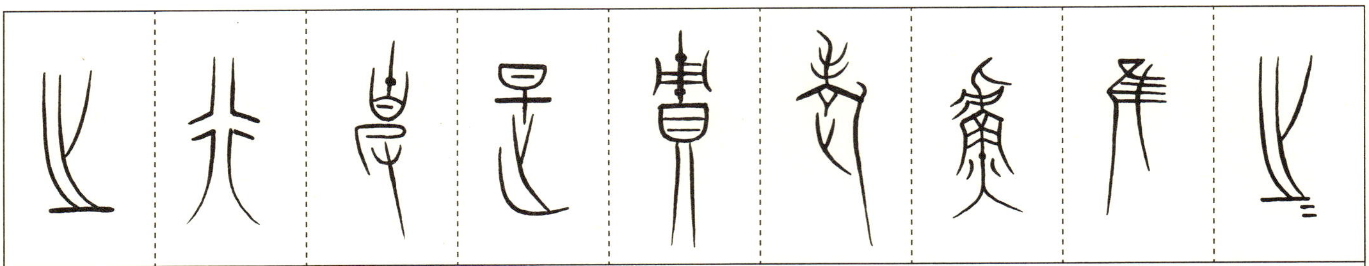

| | | | | | | | | |
|---|---|---|---|---|---|---|---|---|
| 之 | 行 | 克 | 是 | 賈 | 老 | 盧（吾） | 隹（惟） | 之之 |

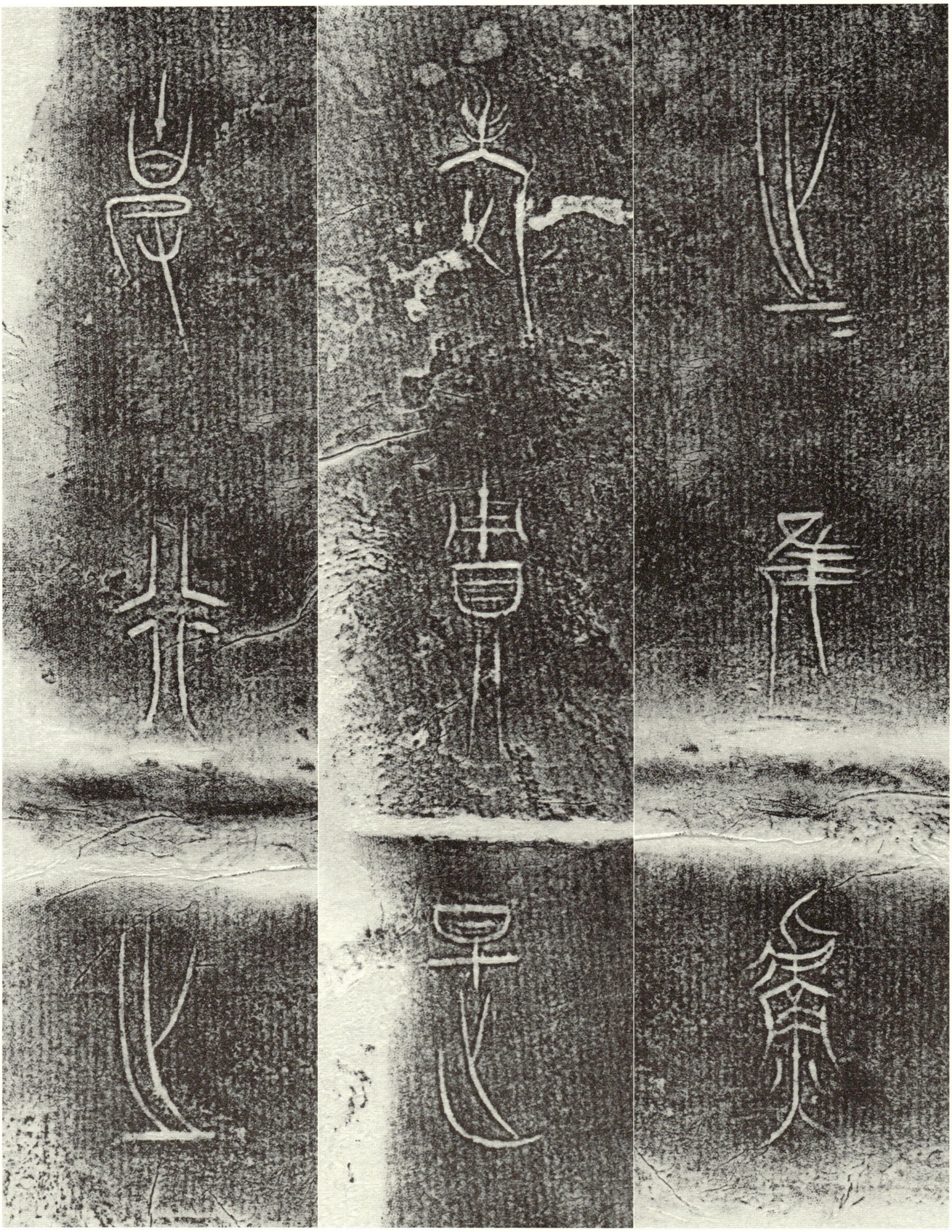

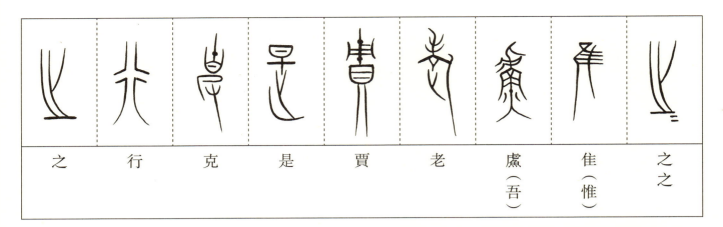

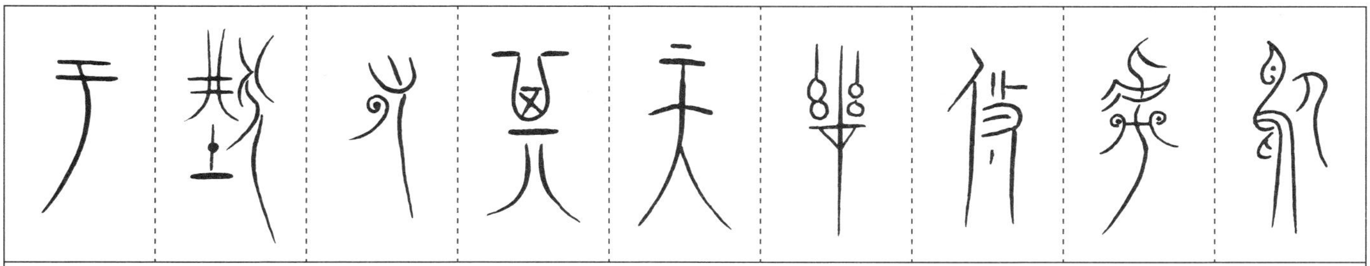

| | | | | | | | | |
|---|---|---|---|---|---|---|---|---|
| 于 | 堋（佣） | 有 | 其 | 天 | 𢦏（哉） | 攸 | 虖（呼） | 於（嗚） |

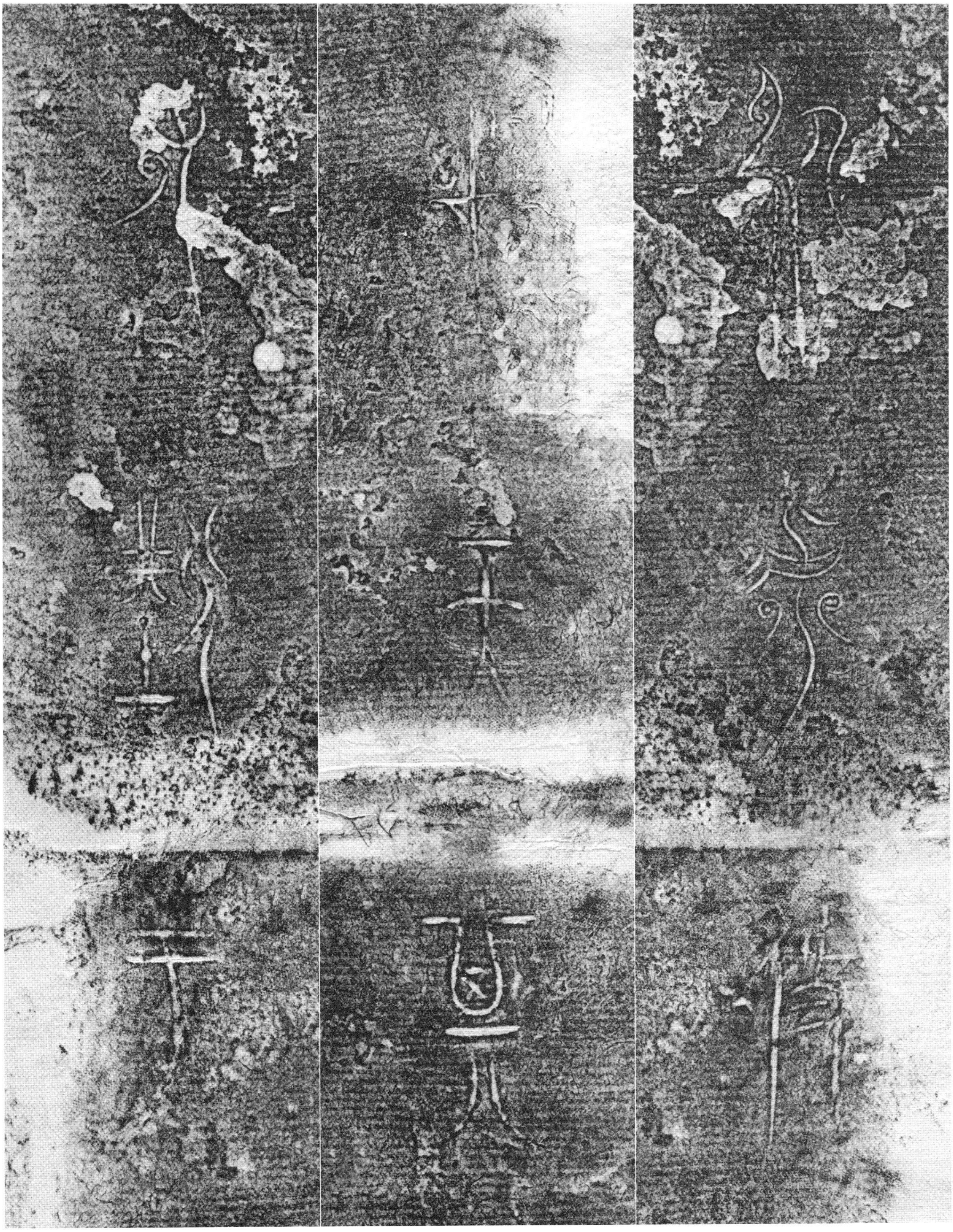

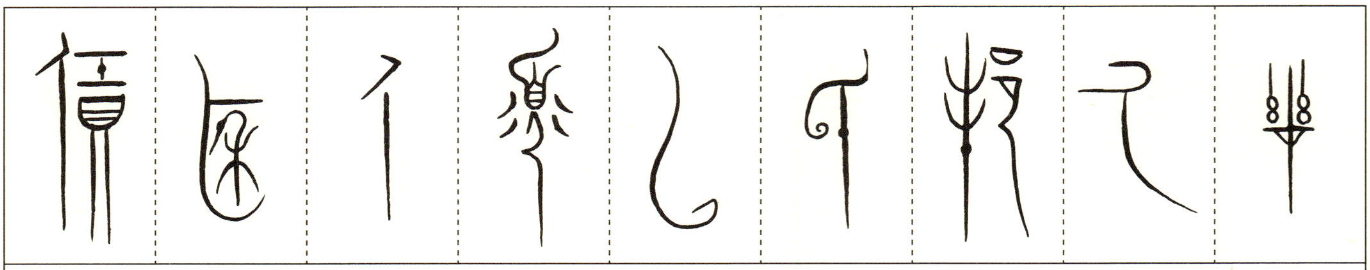

| | | | | | | | | |
|---|---|---|---|---|---|---|---|---|
| 賃（任） | 医（委） | 人 | 㝥（寡） | 㠯（以） | 氏（是） | 邦 | 氒（厥） | 𢆶（兹） |

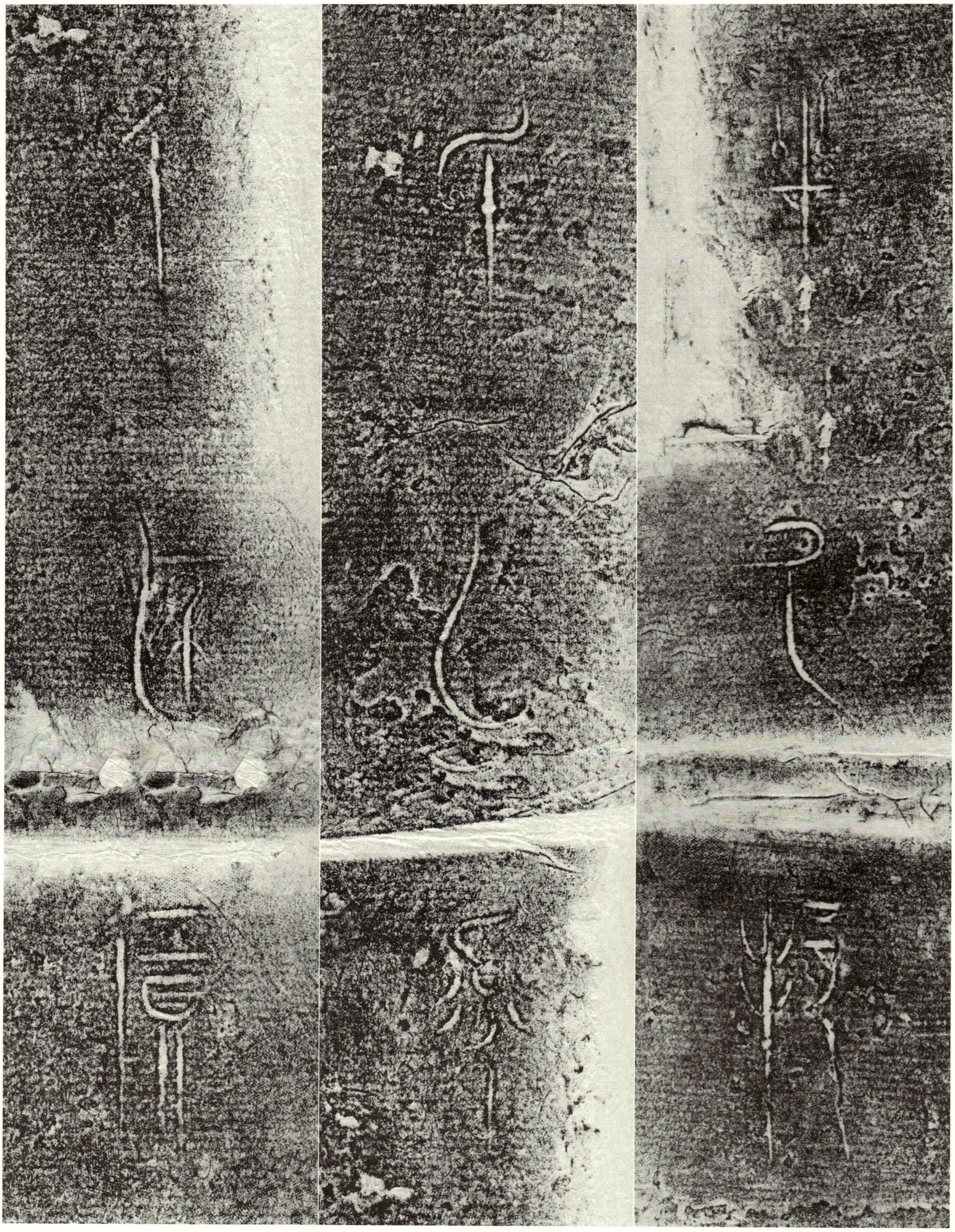

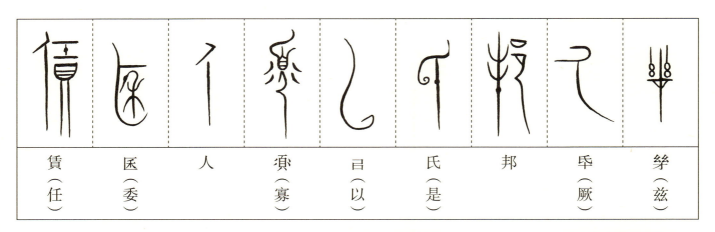

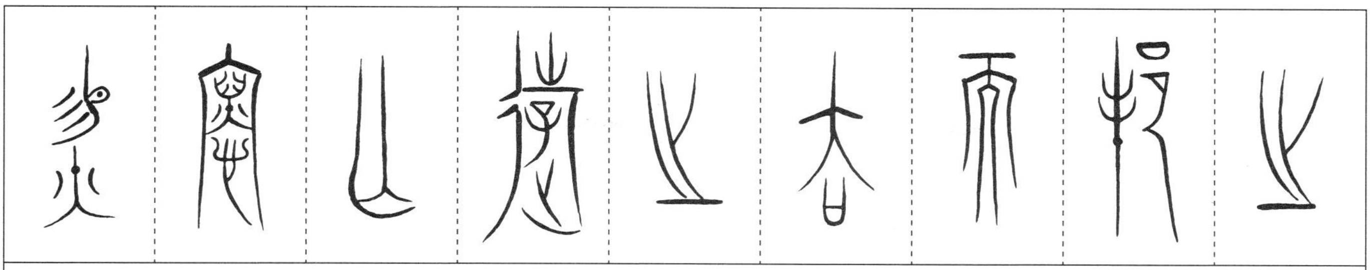

| | | | | | | | | |
|---|---|---|---|---|---|---|---|---|
| 煬（惕） | 窸（遽） | 亡（無） | 遊 | 之 | 去 | 而 | 邦 | 之 |

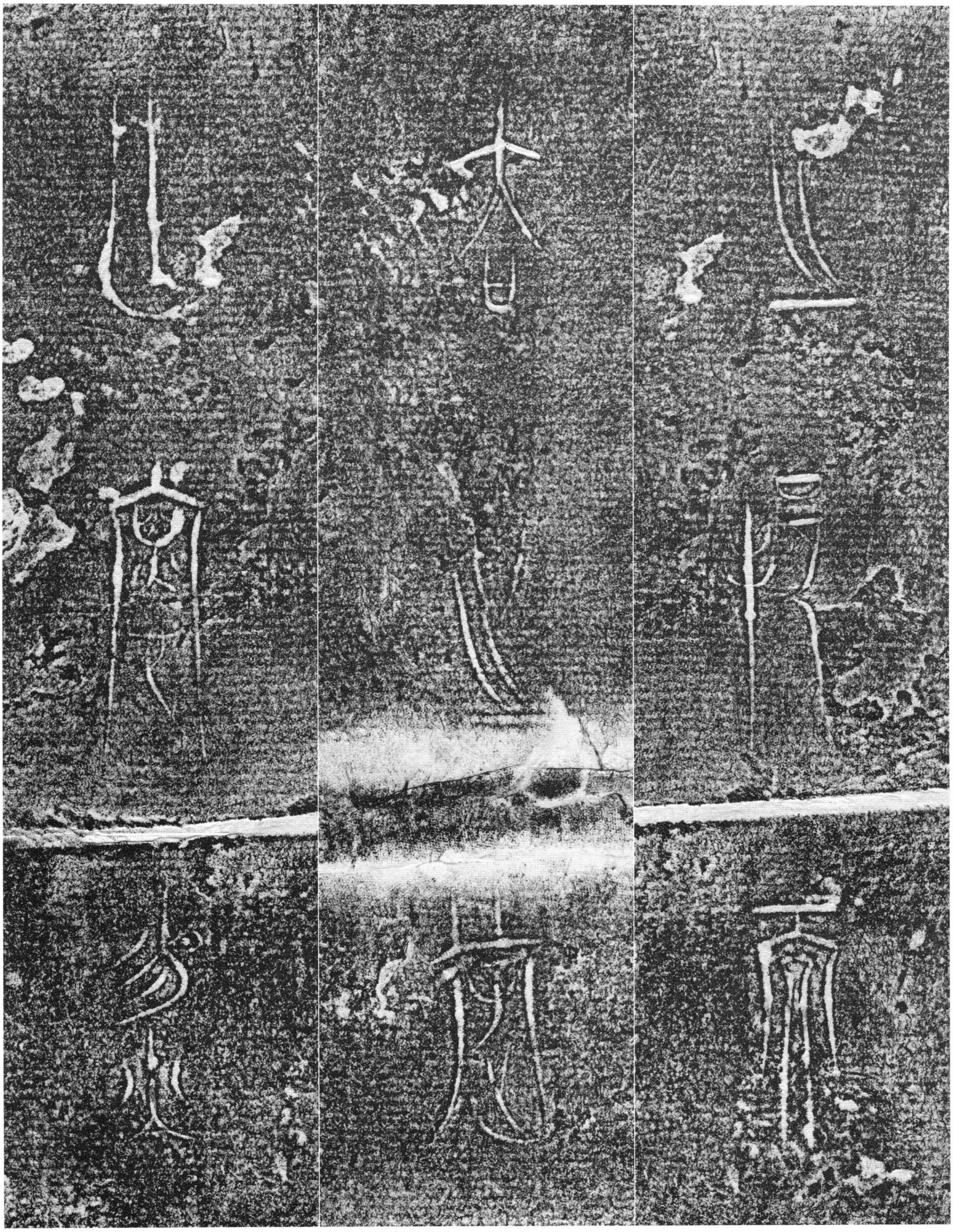

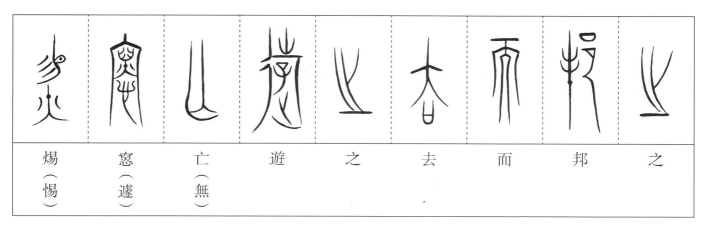

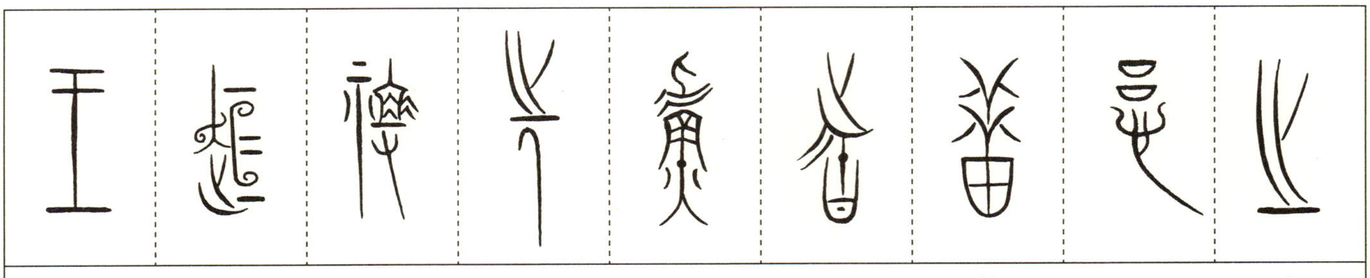

| 王 | 趄（桓） | 袓（祖） | 先 | 虘（吾） | 者 | 昔 | 忌（慮） | 之 |
|---|---|---|---|---|---|---|---|---|

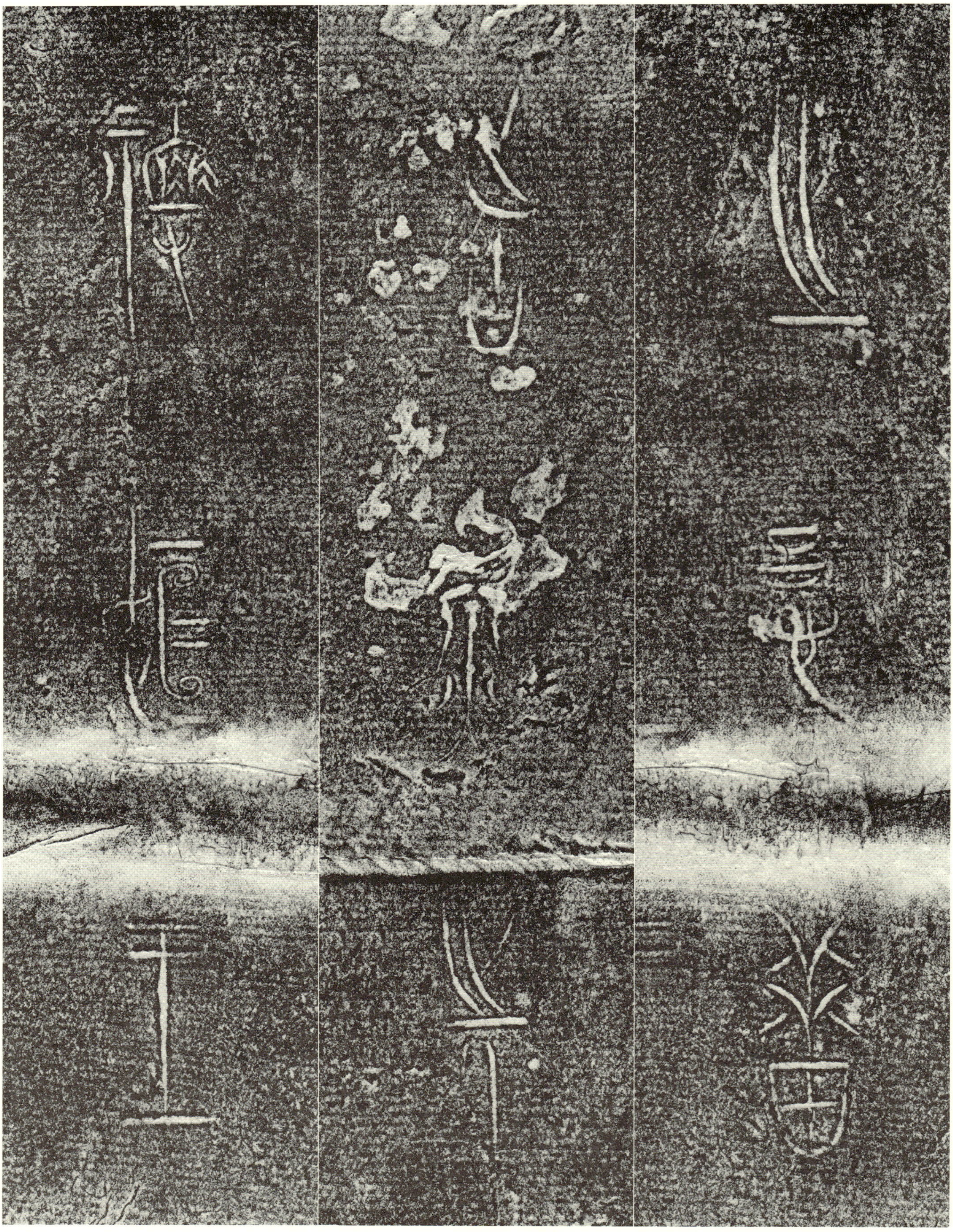

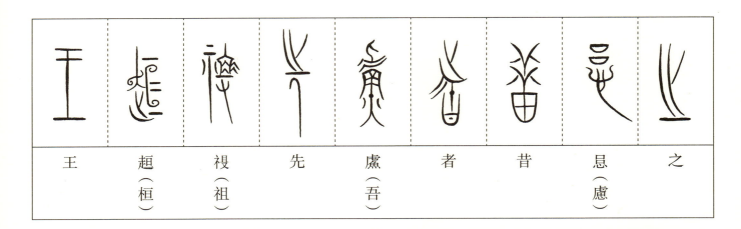

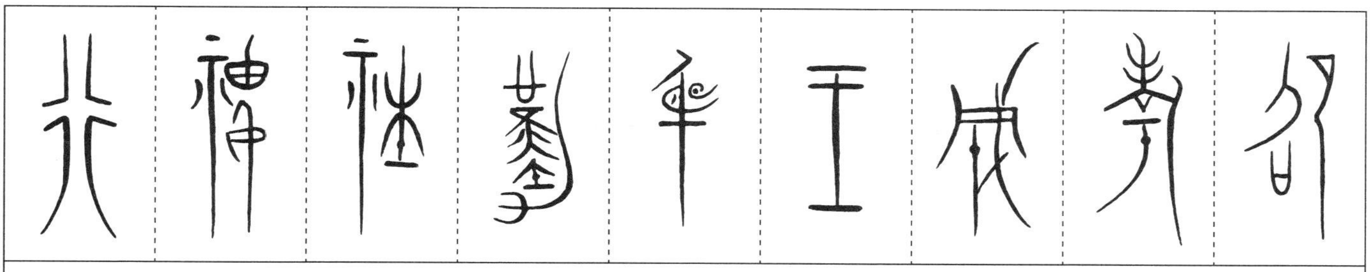

| | | | | | | | | |
|---|---|---|---|---|---|---|---|---|
| 行 | 禝（稷） | 袿（社） | 勤 | 身 | 王 | 成 | 考 | 卲（昭） |

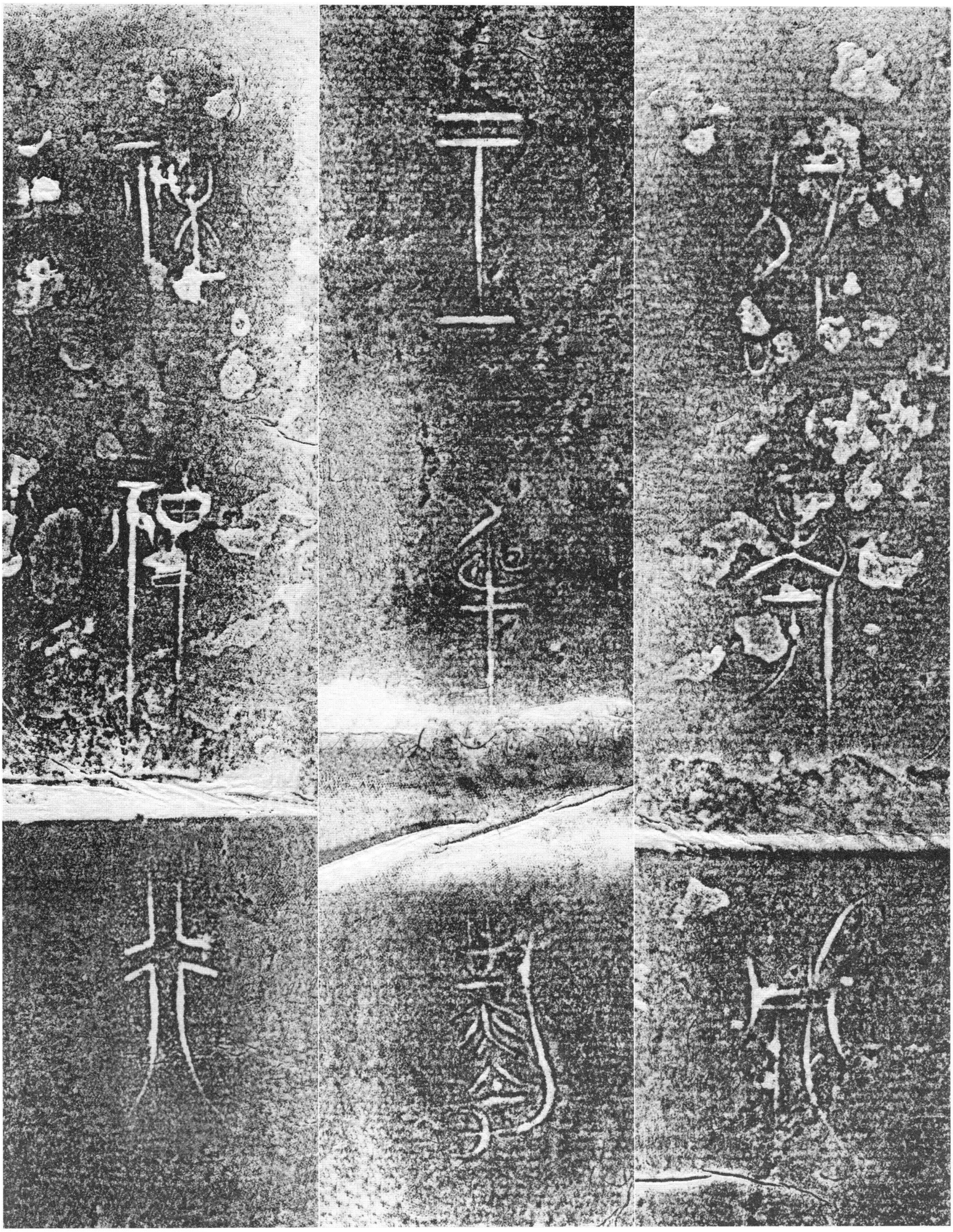

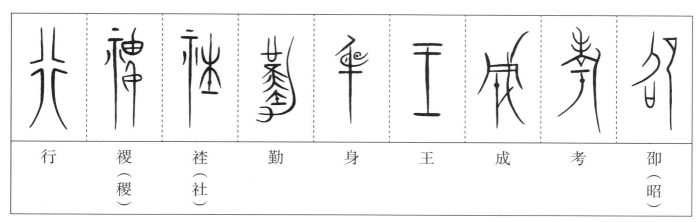

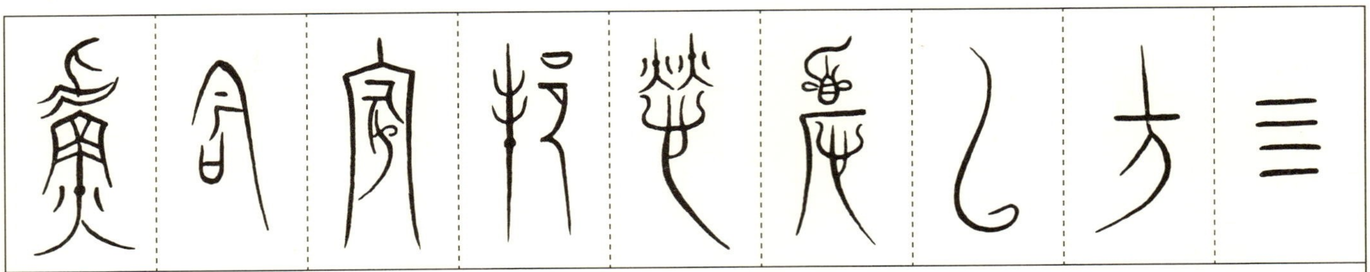

| 三（四） | 方 | 㠯（以） | 𢝊（憂） | ⿱炏心（勞） | 邦 | 家 | 含（今） | ⿸虍魚（吾） |
|---|---|---|---|---|---|---|---|---|

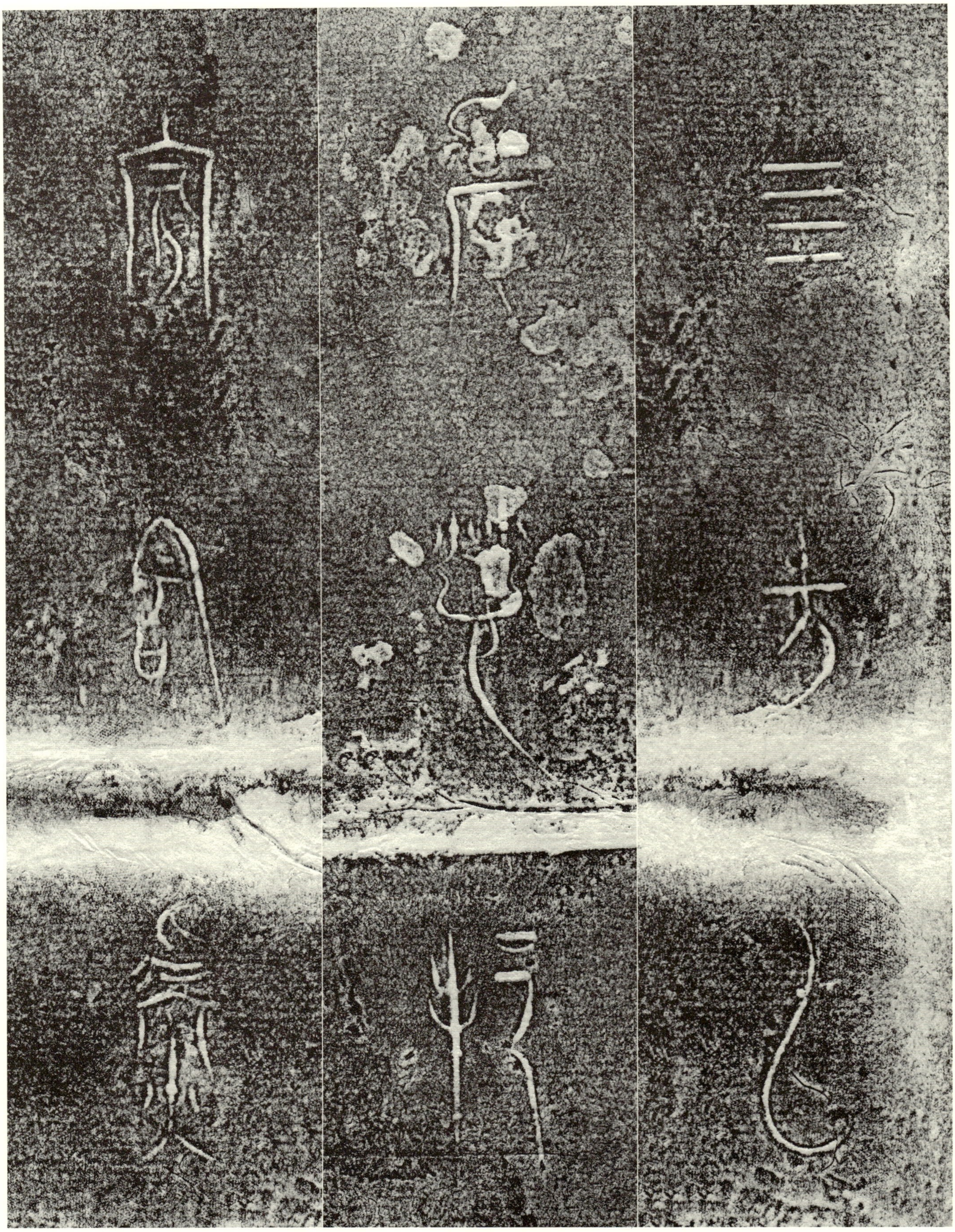

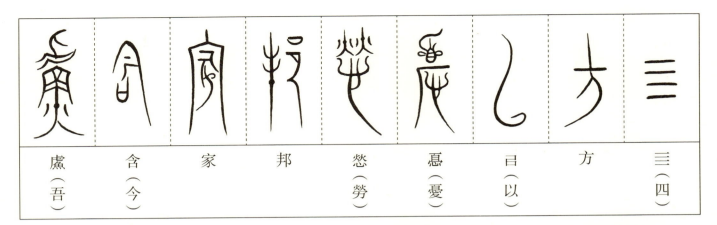

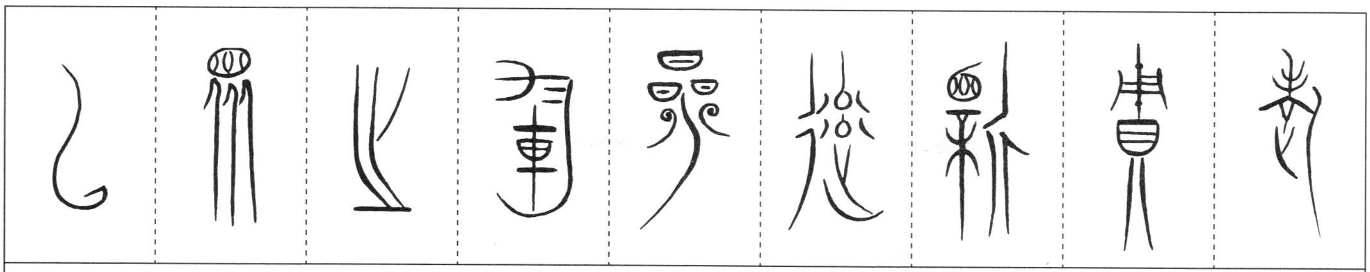

| | | | | | | | | |
|---|---|---|---|---|---|---|---|---|
| 老 | 賈 | 新（親） | 逵（卒） | 參（三） | 軍 | 之 | 眾 | 㠯（以） |

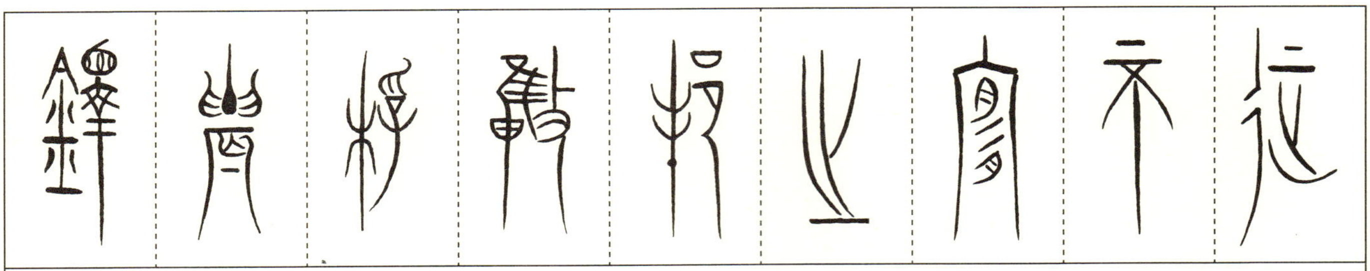

| 鐸 | 晨（振） | 桴 | 敼（奮） | 邦 | 之 | 宜（義） | 不 | 征 |
|---|---|---|---|---|---|---|---|---|

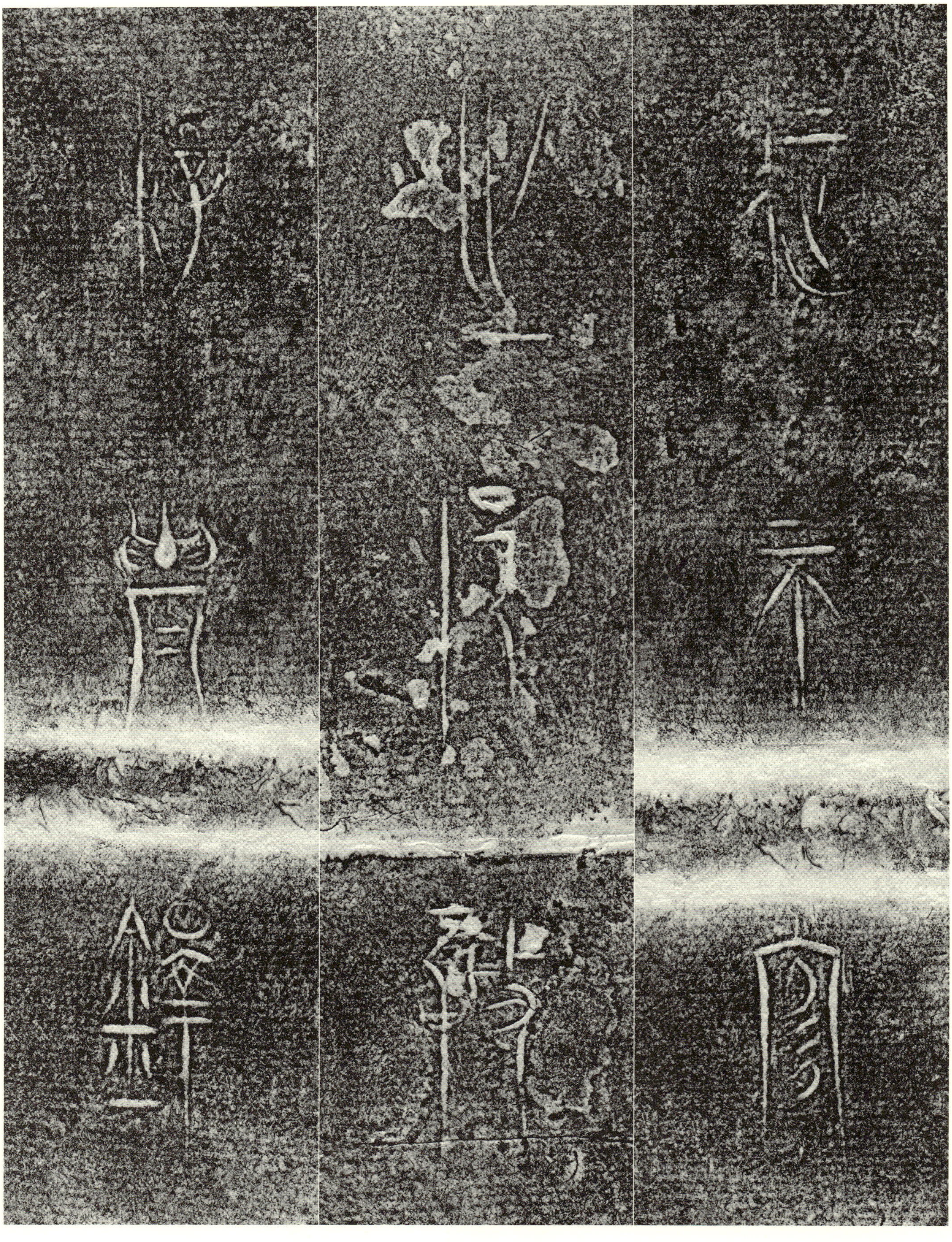

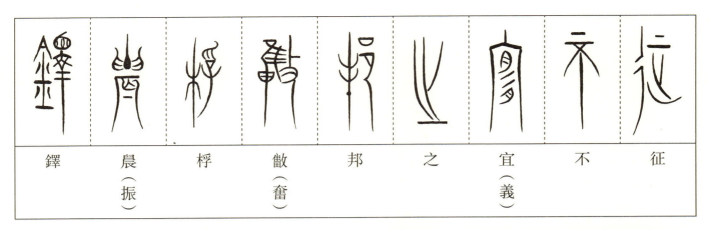

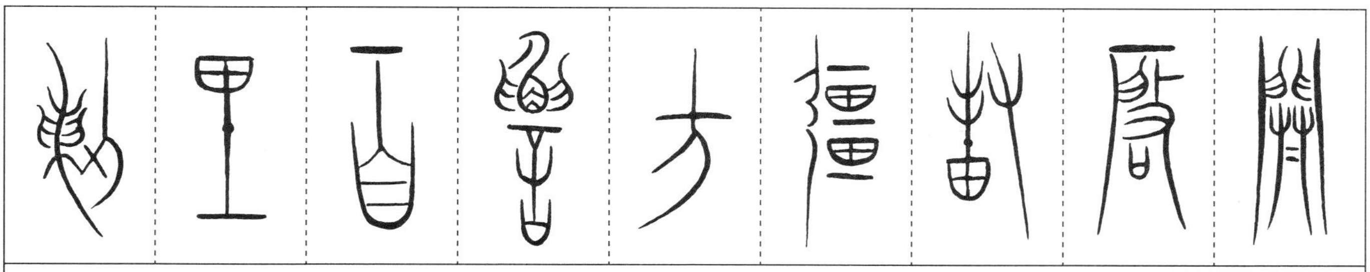

| | | | | | | | | |
|---|---|---|---|---|---|---|---|---|
| 剌（列） | 里 | 百 | 譽（數） | 方 | 彊（疆） | 𡉚（封） | 啓 | 闢 |

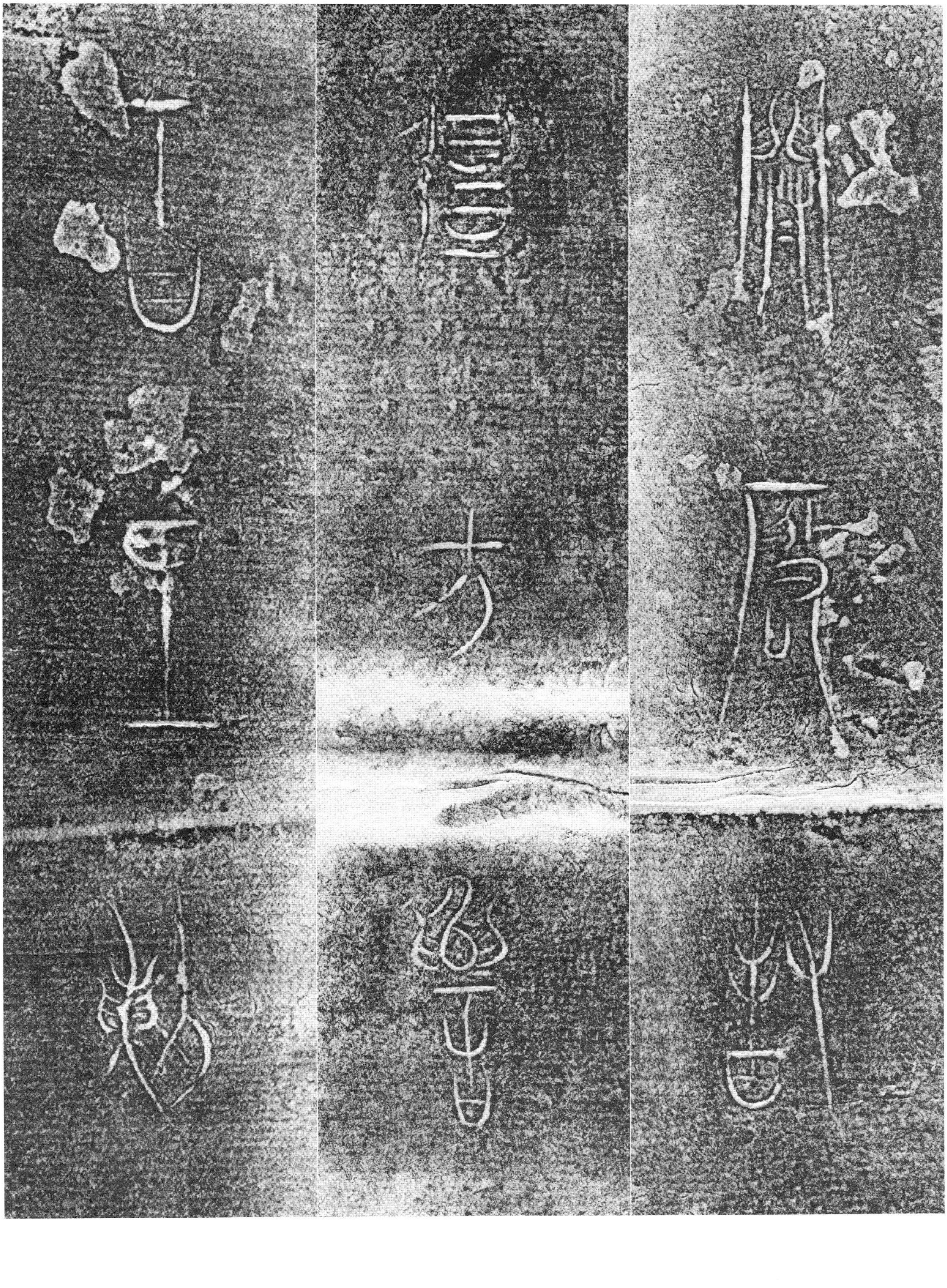

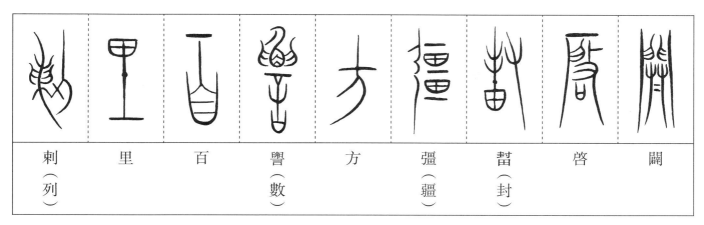

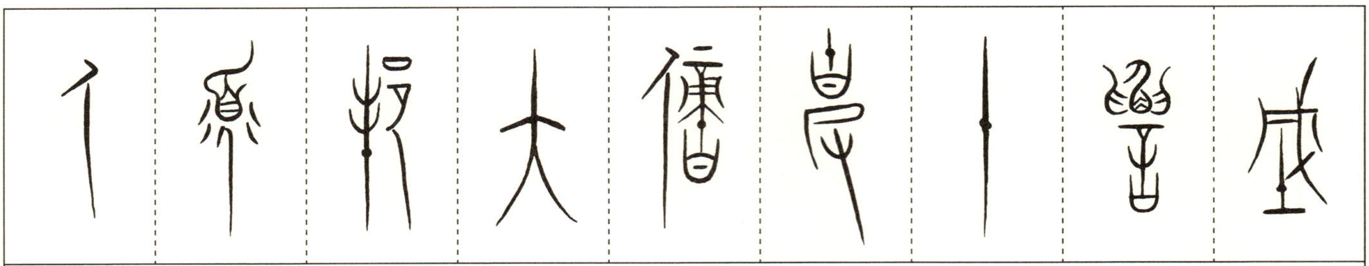

| | | | | | | | | |
|---|---|---|---|---|---|---|---|---|
| 人 | ⿰乂頁（寡） | 邦 | 大 | ⿰亻啇（敵） | 克 | 十 | ⿱婁言（數） | 城 |

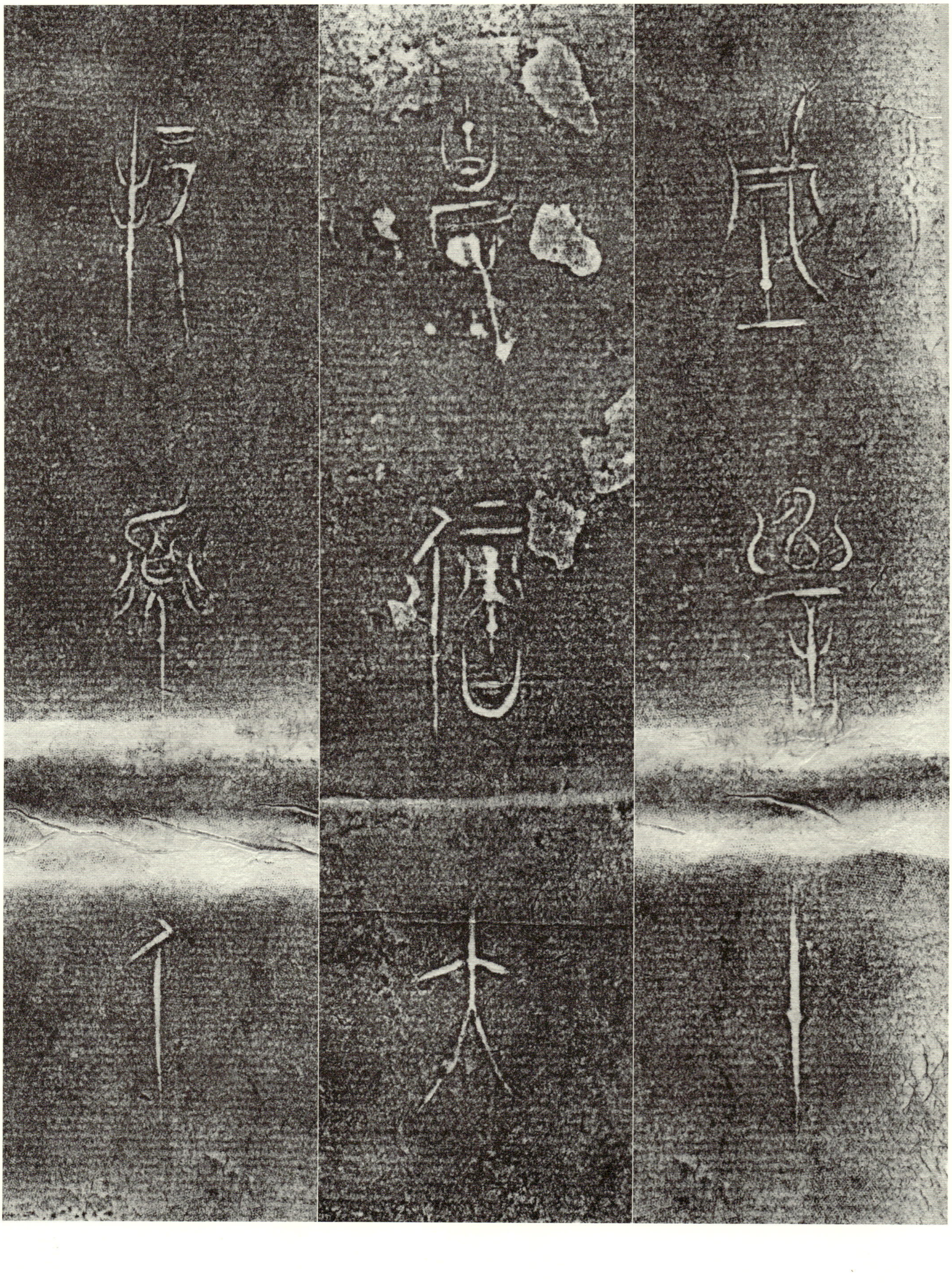

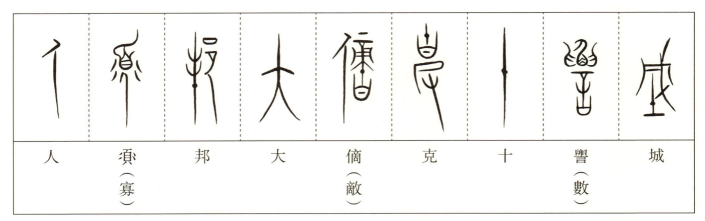

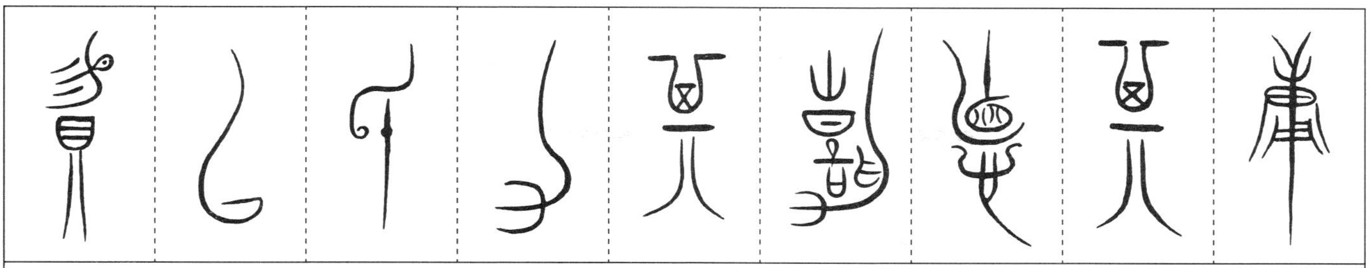

| | | | | | | | | |
|---|---|---|---|---|---|---|---|---|
| 賜 | 㠯（以） | 氏（是） | 力 | 其 | 嘉 | 悳（德） | 其 | 庸 |

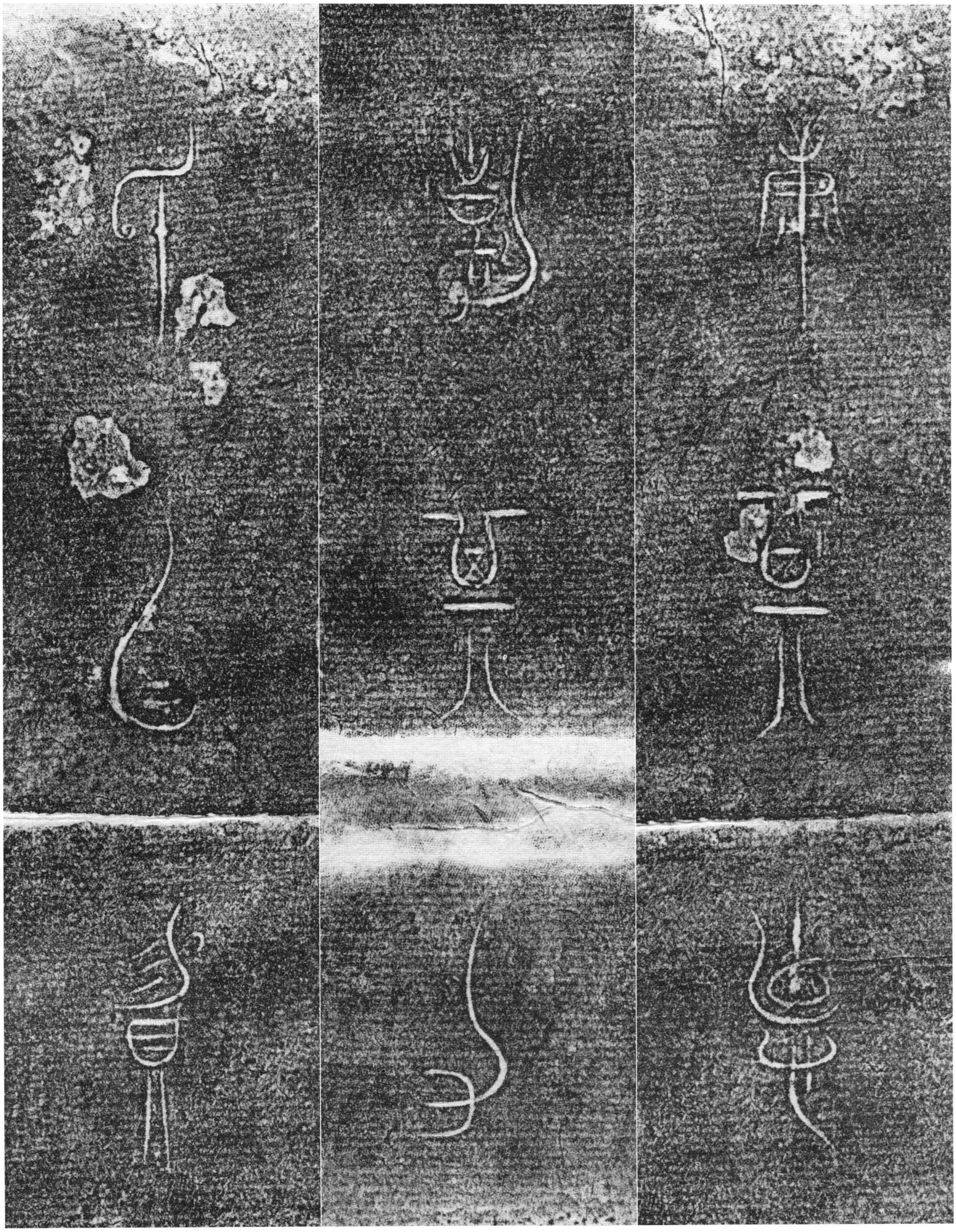

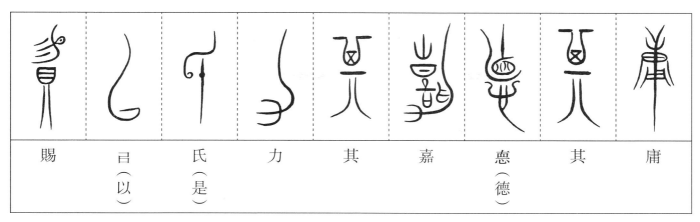

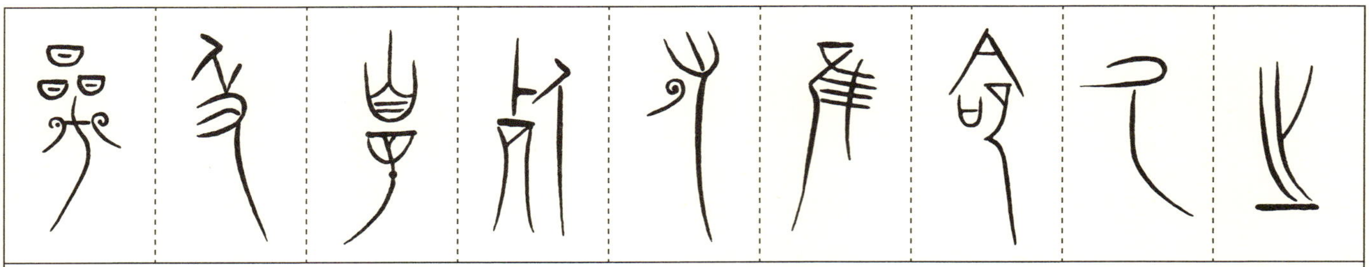

| | | | | | | | | |
|---|---|---|---|---|---|---|---|---|
| 參（三） | 及 | 辠（罪） | 死 | 有 | 隹（雖） | 命 | 氒（厥） | 之 |

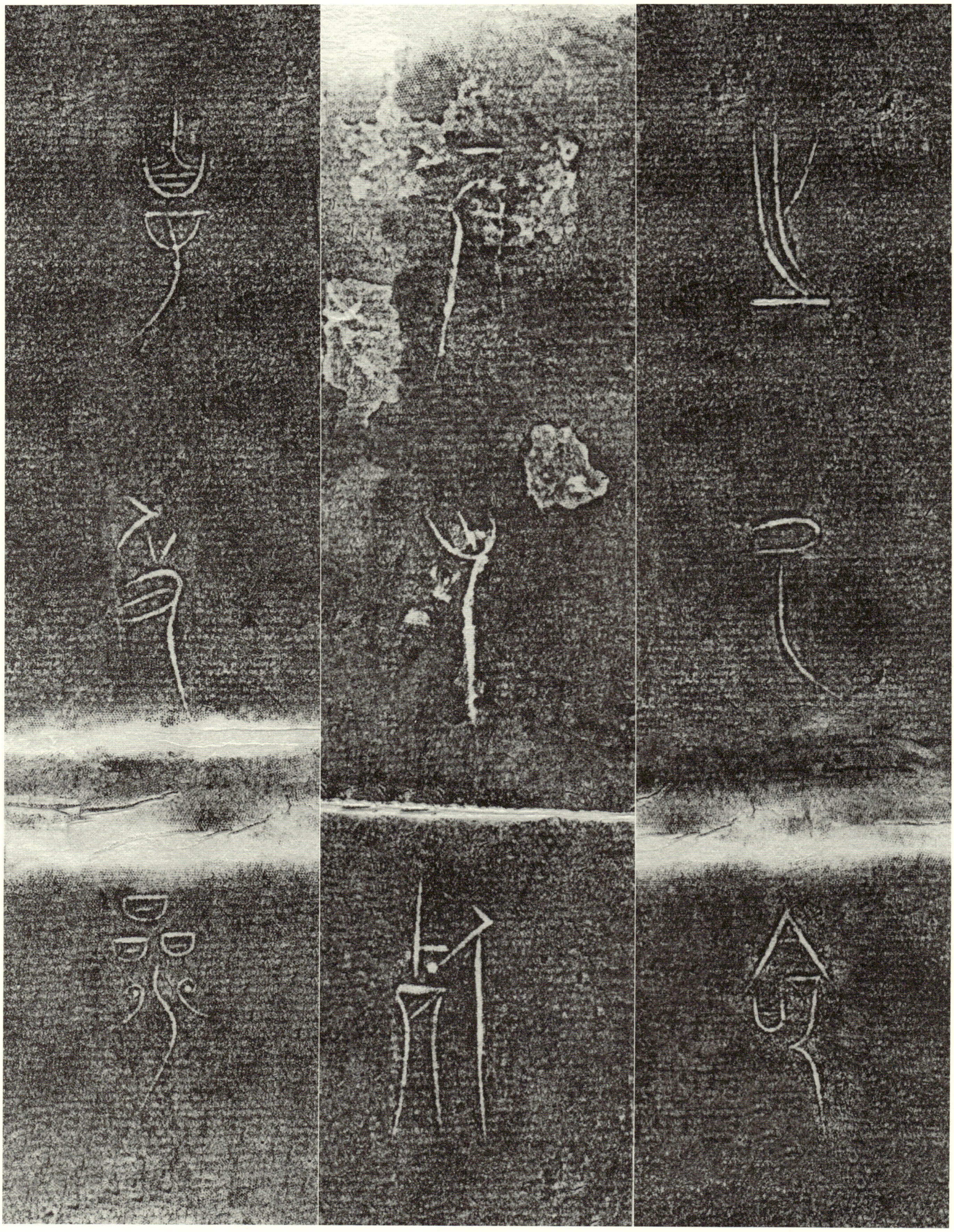

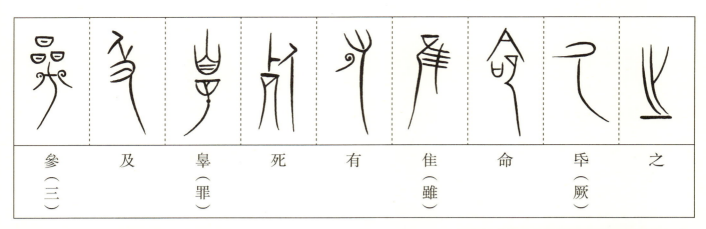

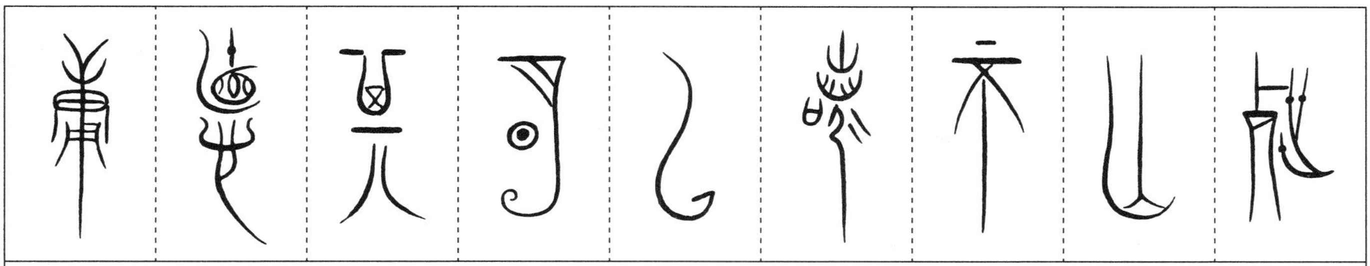

| | | | | | | | | |
|---|---|---|---|---|---|---|---|---|
| 庸 | 悳（德） | 其 | 明 | 㠯（以） | 若（赦） | 不 | 亡（無） | 殜（世） |

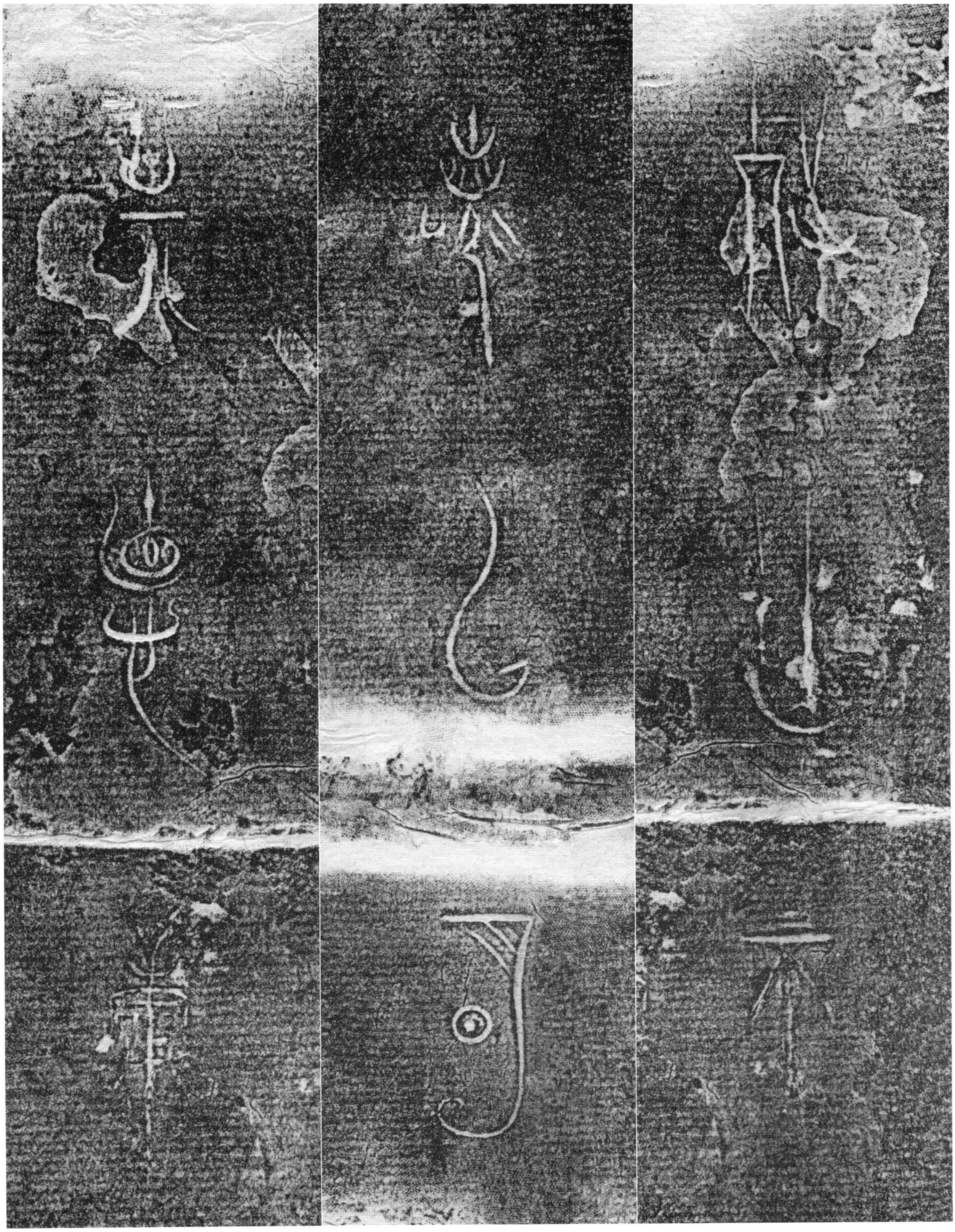

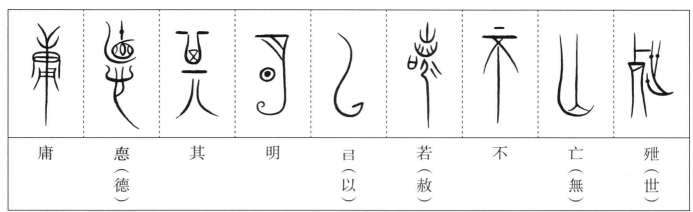

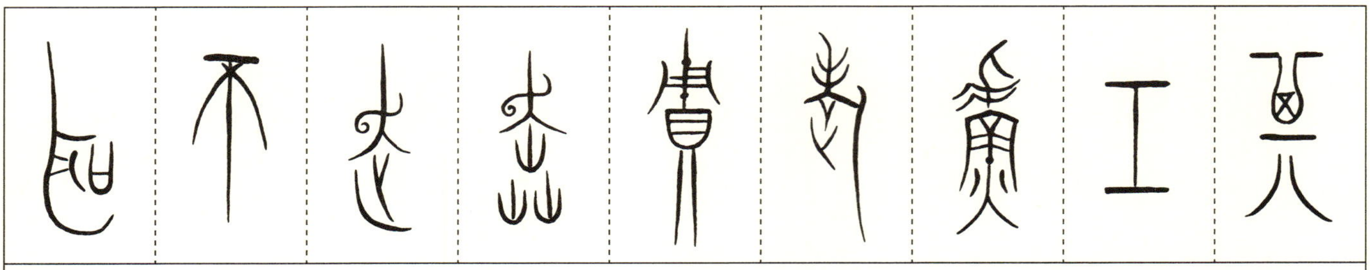

| | | | | | | | | |
|---|---|---|---|---|---|---|---|---|
| ⿰耳口（聽） | 不 | 走 | 奔 | 賈 | 老 | 盧（吾） | 工（功） | 其 |

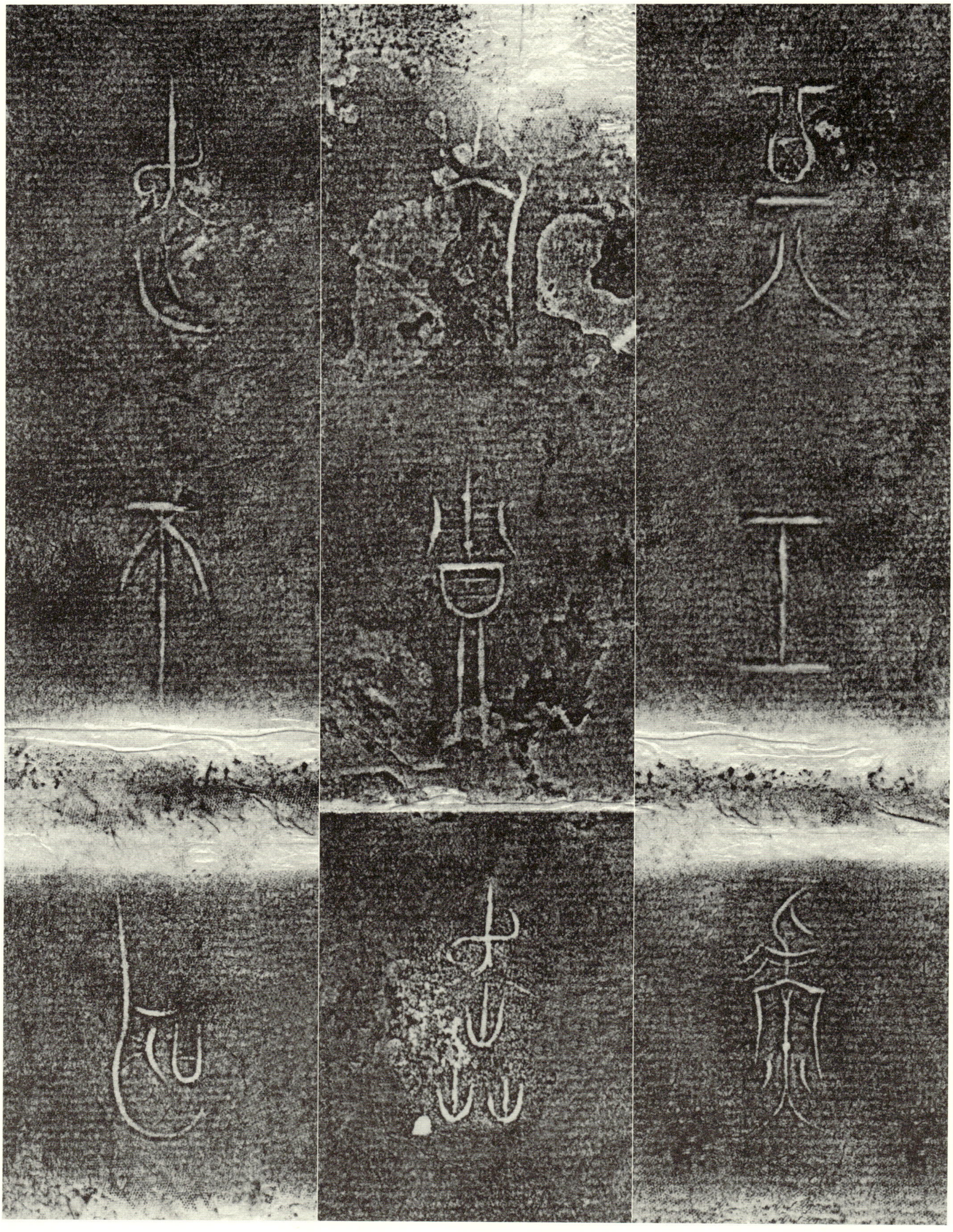

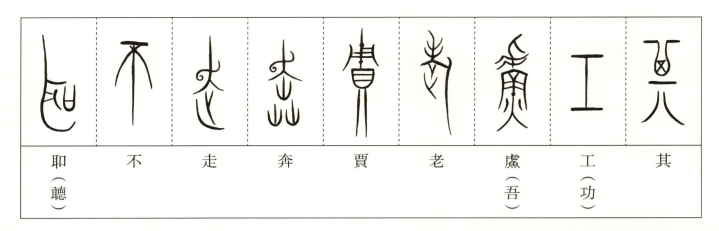

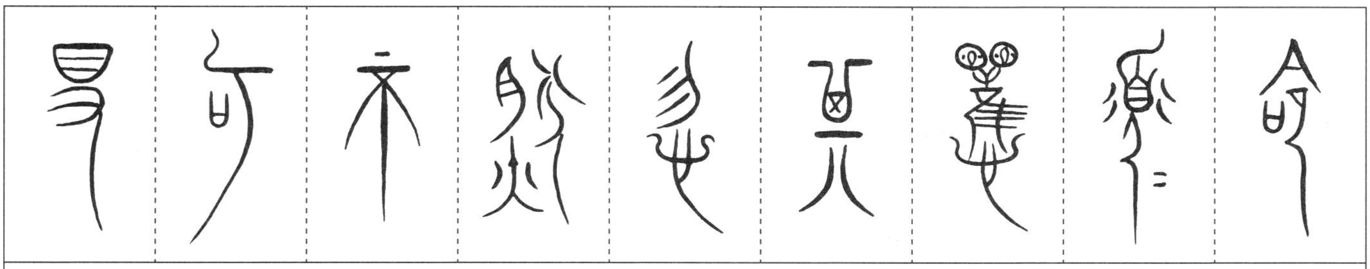

| | | | | | | | | |
|---|---|---|---|---|---|---|---|---|
| 㝵(得) | 可 | 不 | 然 | 忽 | 其 | 懼 | 須(寡)人 | 命 |

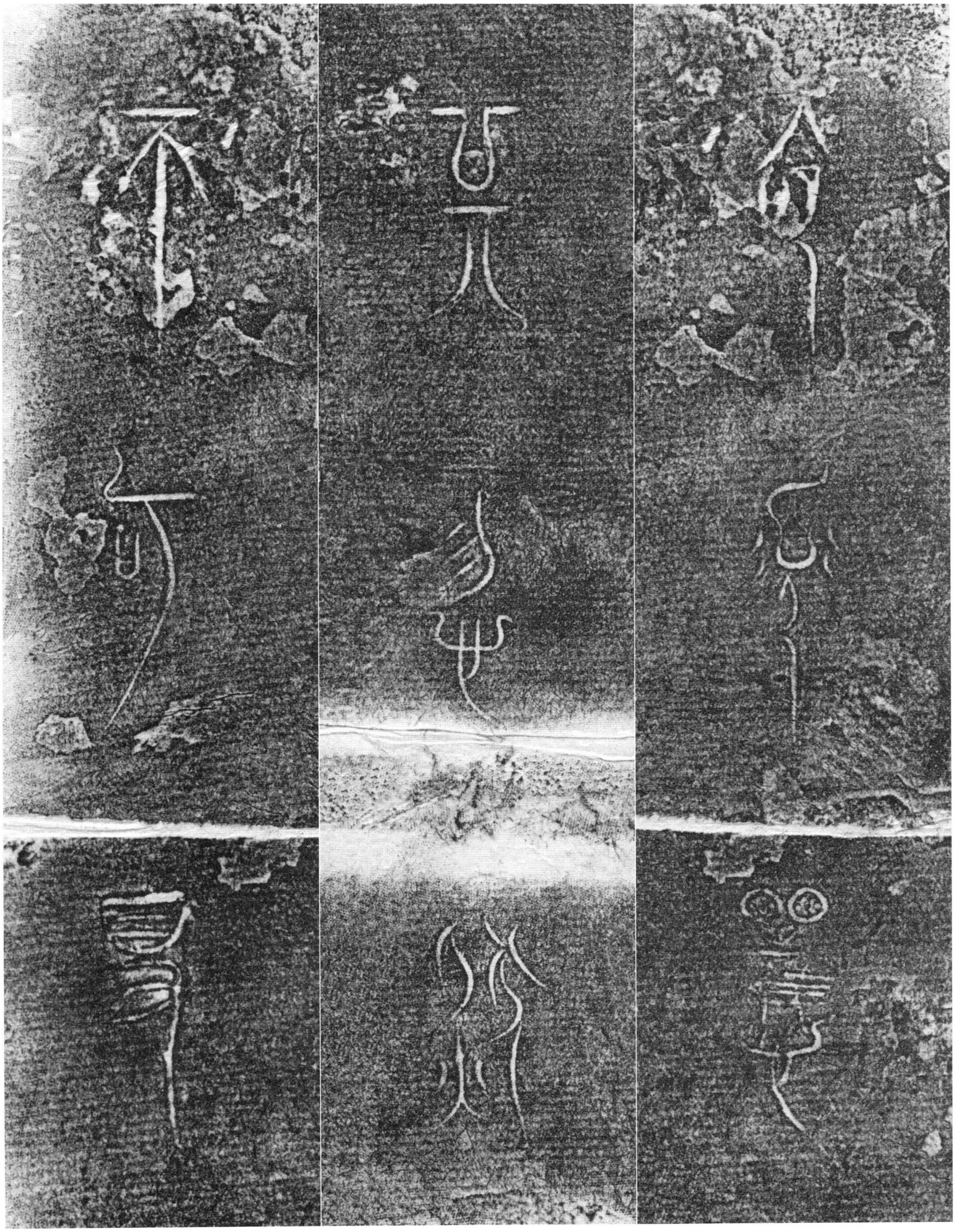

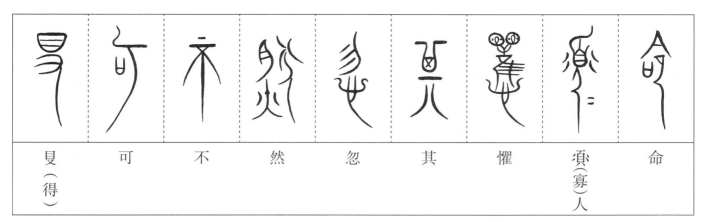

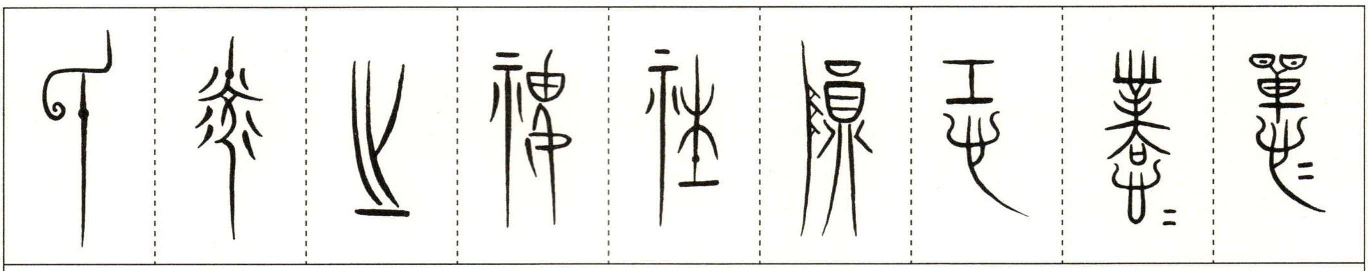

| | | | | | | | | |
|---|---|---|---|---|---|---|---|---|
| 氏（是） | 光 | 之 | 禝（稷） | 袿（社） | 隕 | 忎（恐） | 僕僕（業業） | 憚憚 |

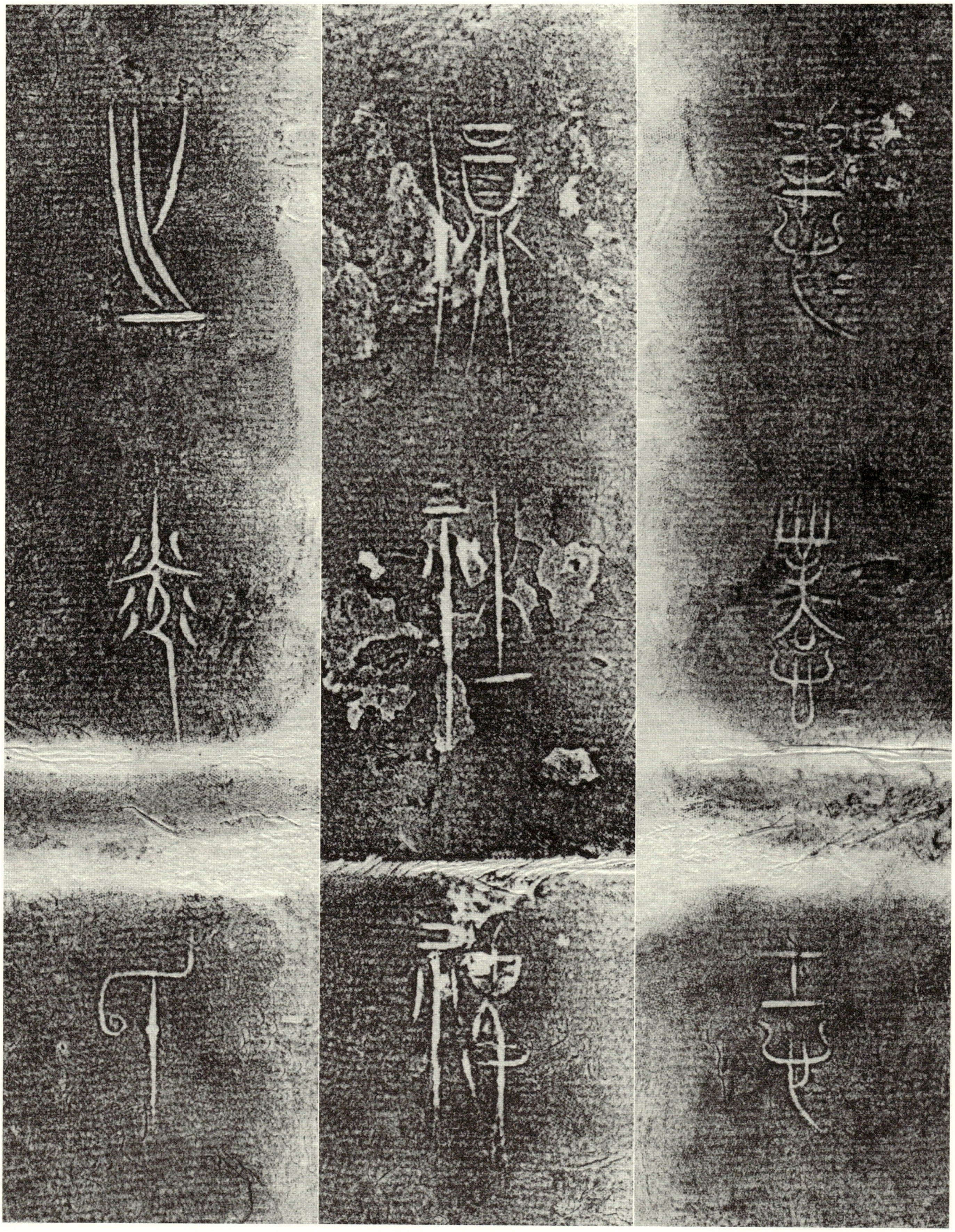

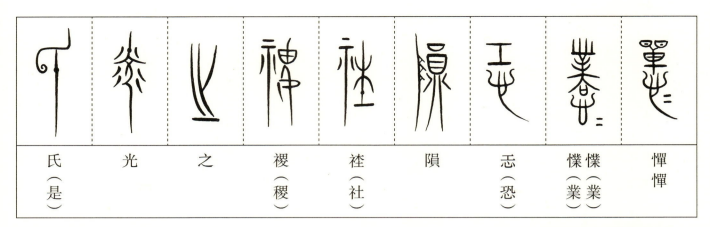

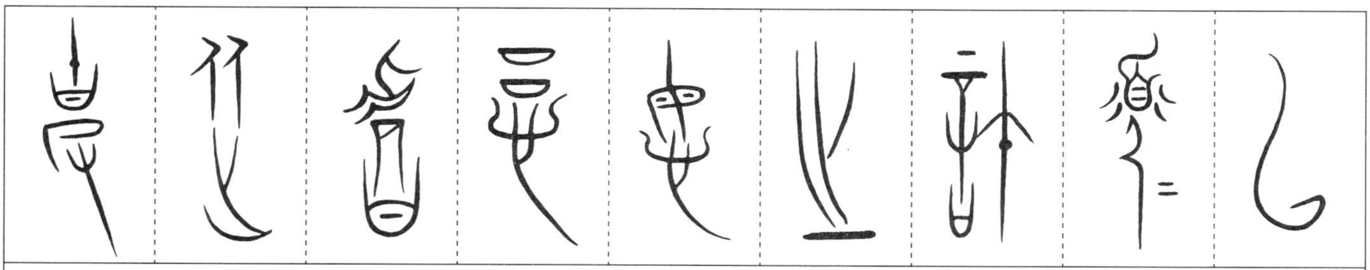

| | | | | | | | | |
|---|---|---|---|---|---|---|---|---|
| 克 | 从（從） | 虘（皆） | 𢘋（慮） | 𢘐（謀） | 之 | 許 | 頁（寡）人 | 㠯（以） |

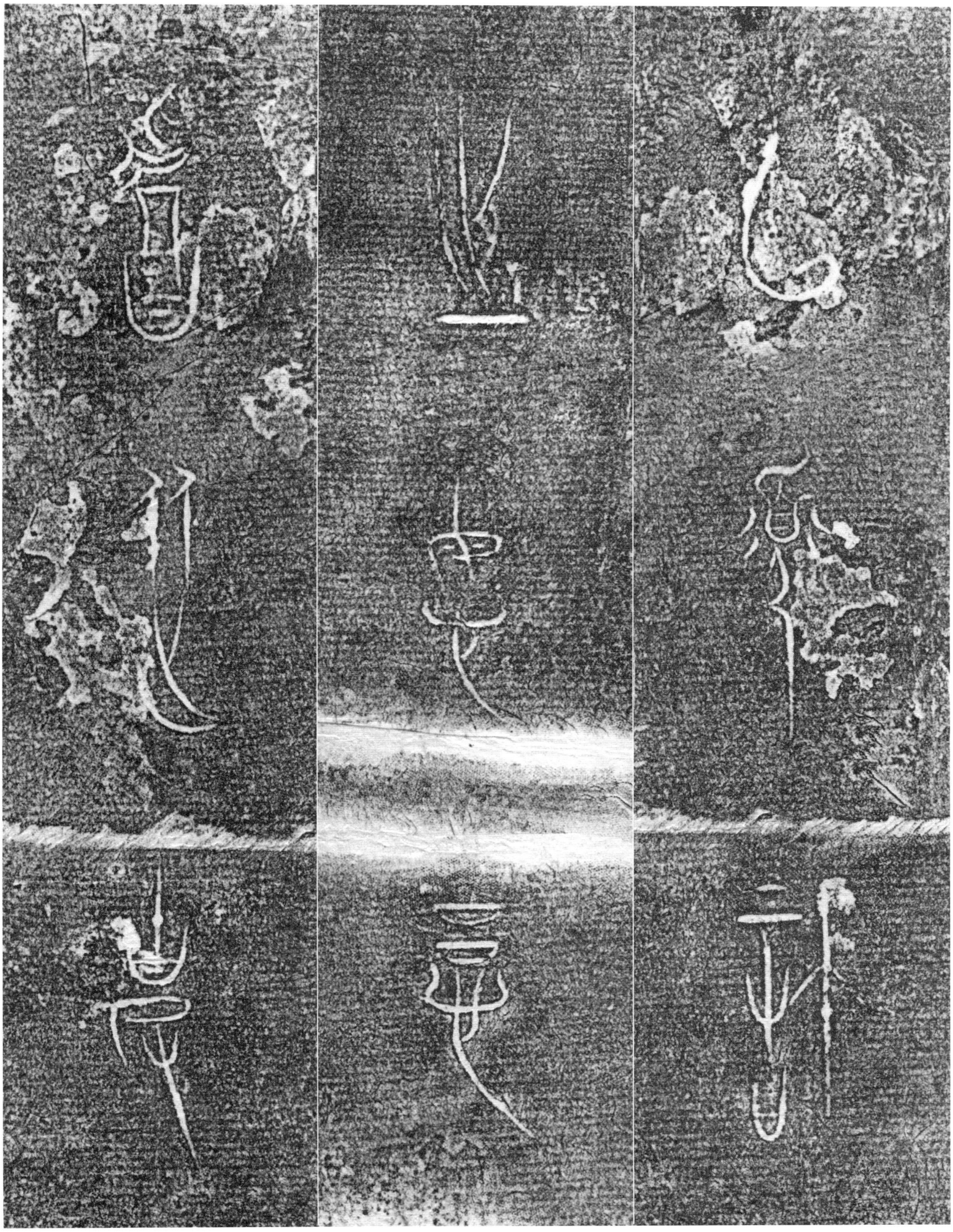

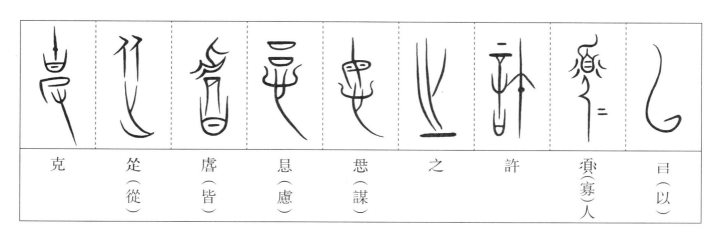

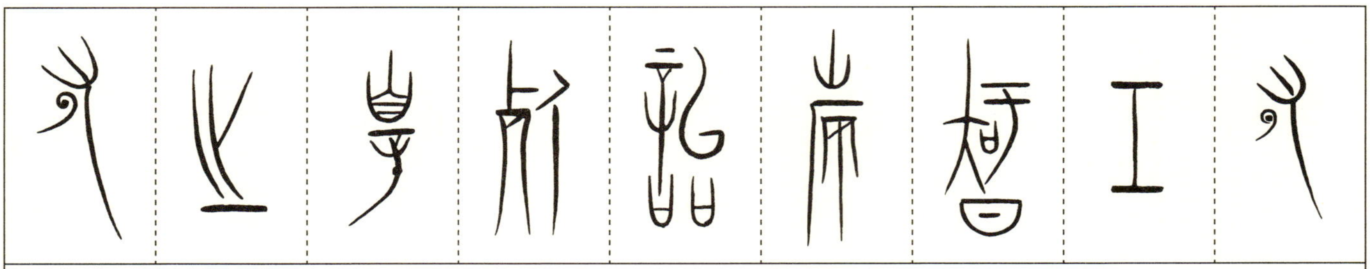

| | | | | | | | | |
|---|---|---|---|---|---|---|---|---|
| 有 | 之 | 辠（罪） | 死 | 詒（辞） | 施（也） | 智 | 工（功） | 有 |

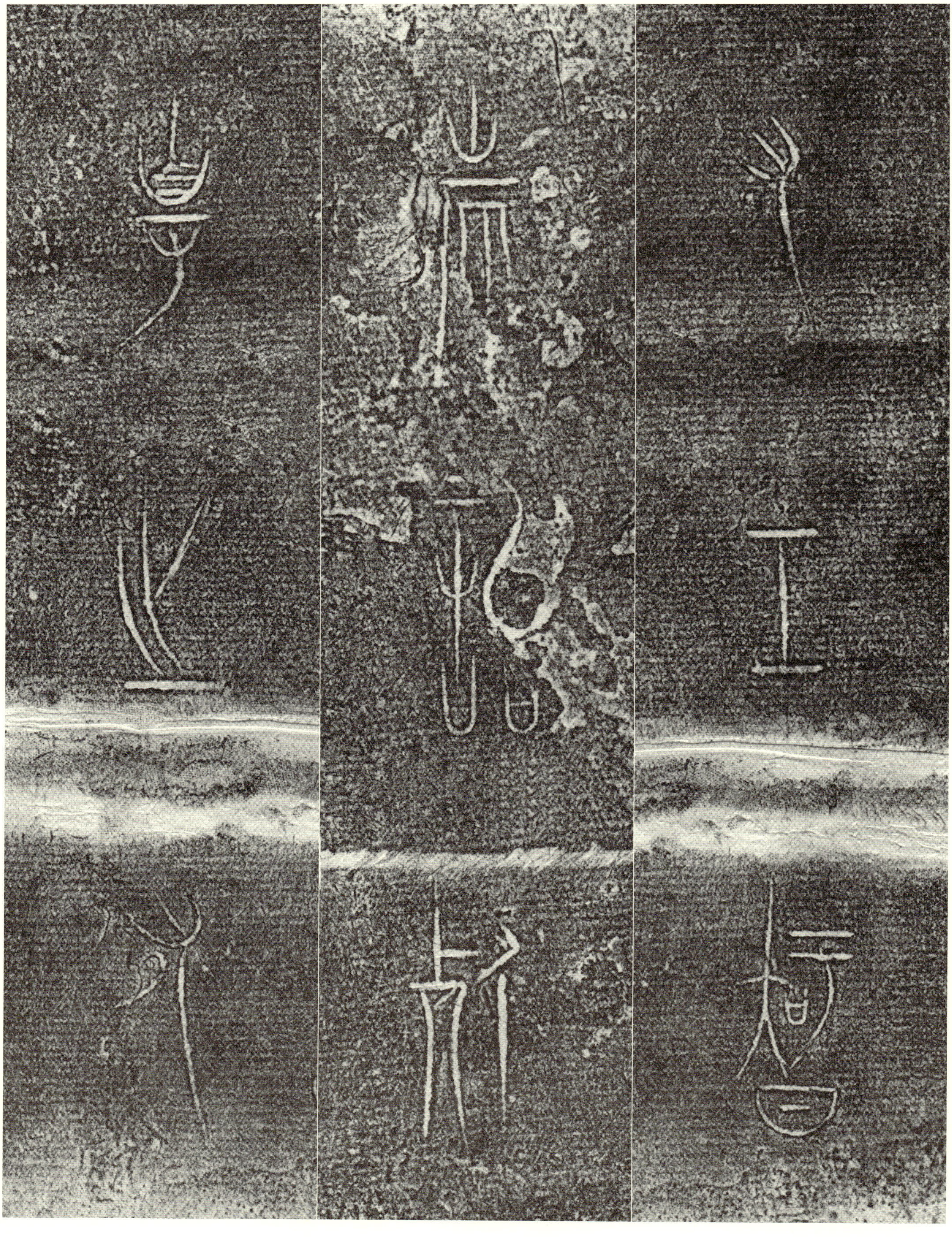

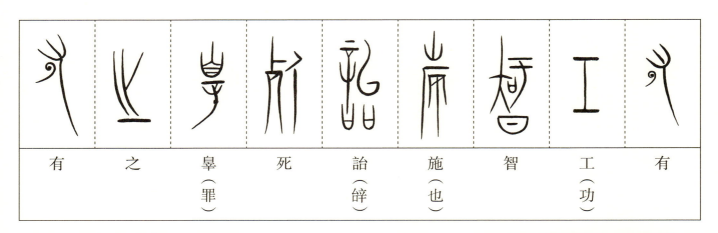

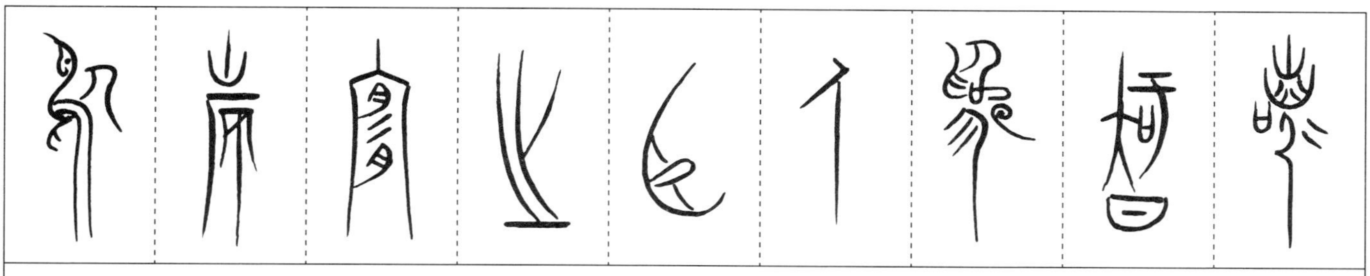

| | | | | | | | | |
|---|---|---|---|---|---|---|---|---|
| 於（嗚） | 施（也） | 宜（義） | 之 | 臣 | 人 | 爲 | 智（知） | 若（赦） |

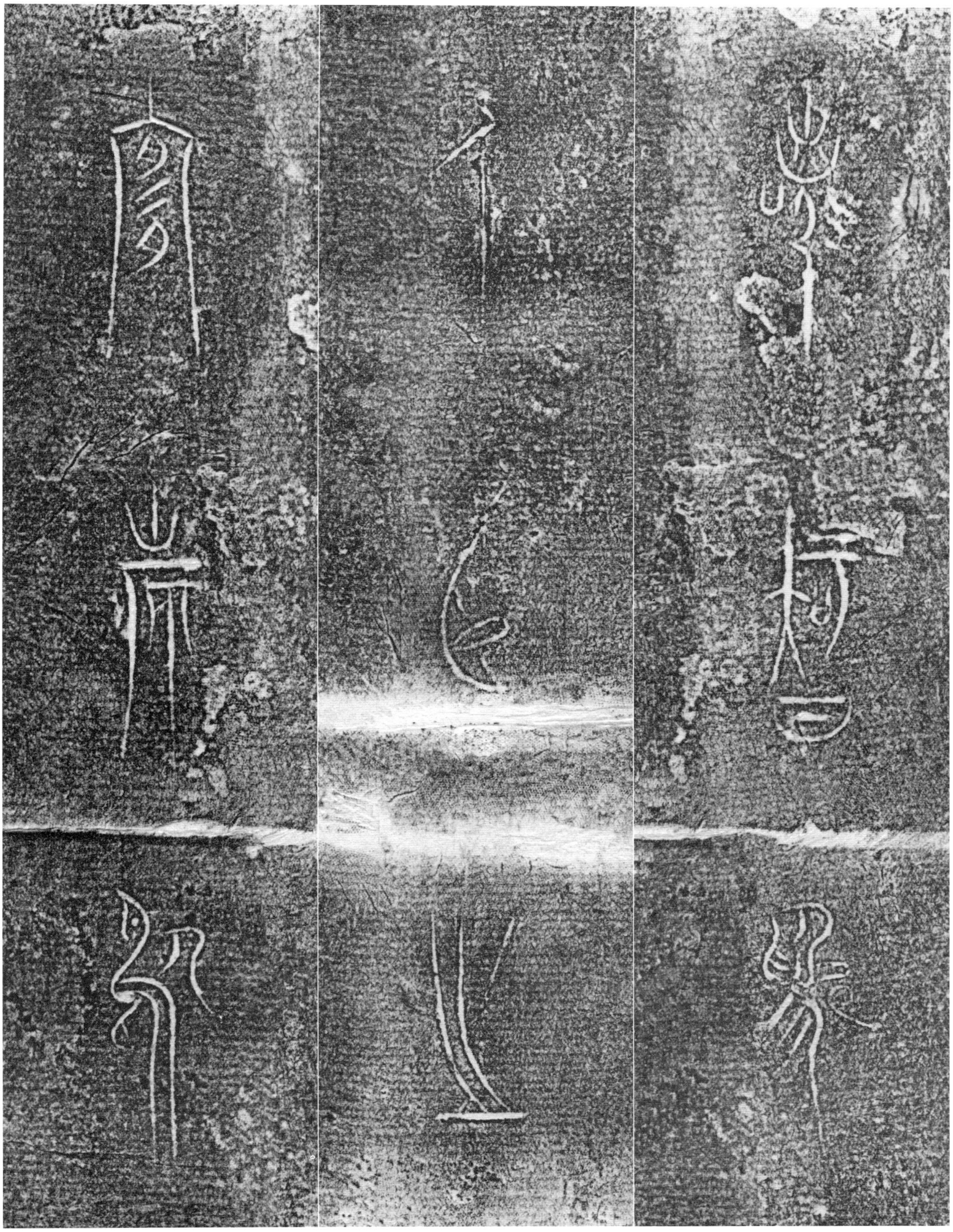

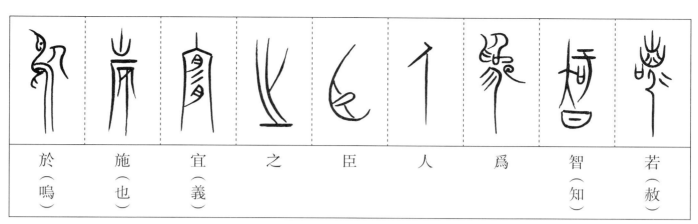

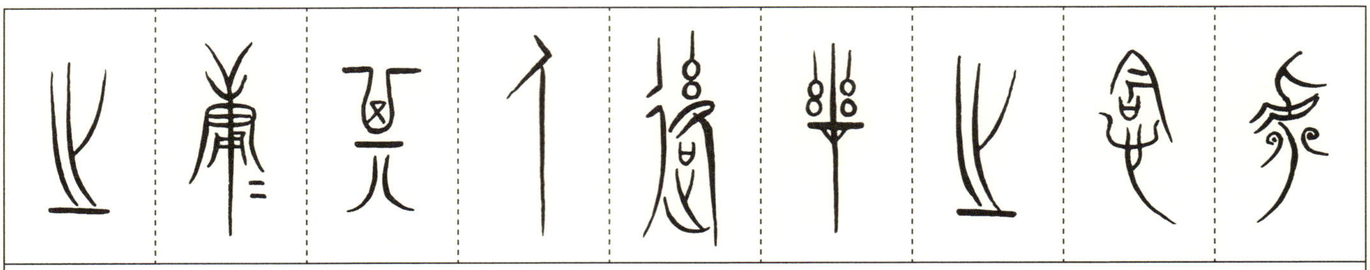

| | | | | | | | | |
|---|---|---|---|---|---|---|---|---|
| 之 | 庸庸 | 其 | 人 | 後 | 𢇍（哉） | 之 | 念（念） | 虖（呼） |

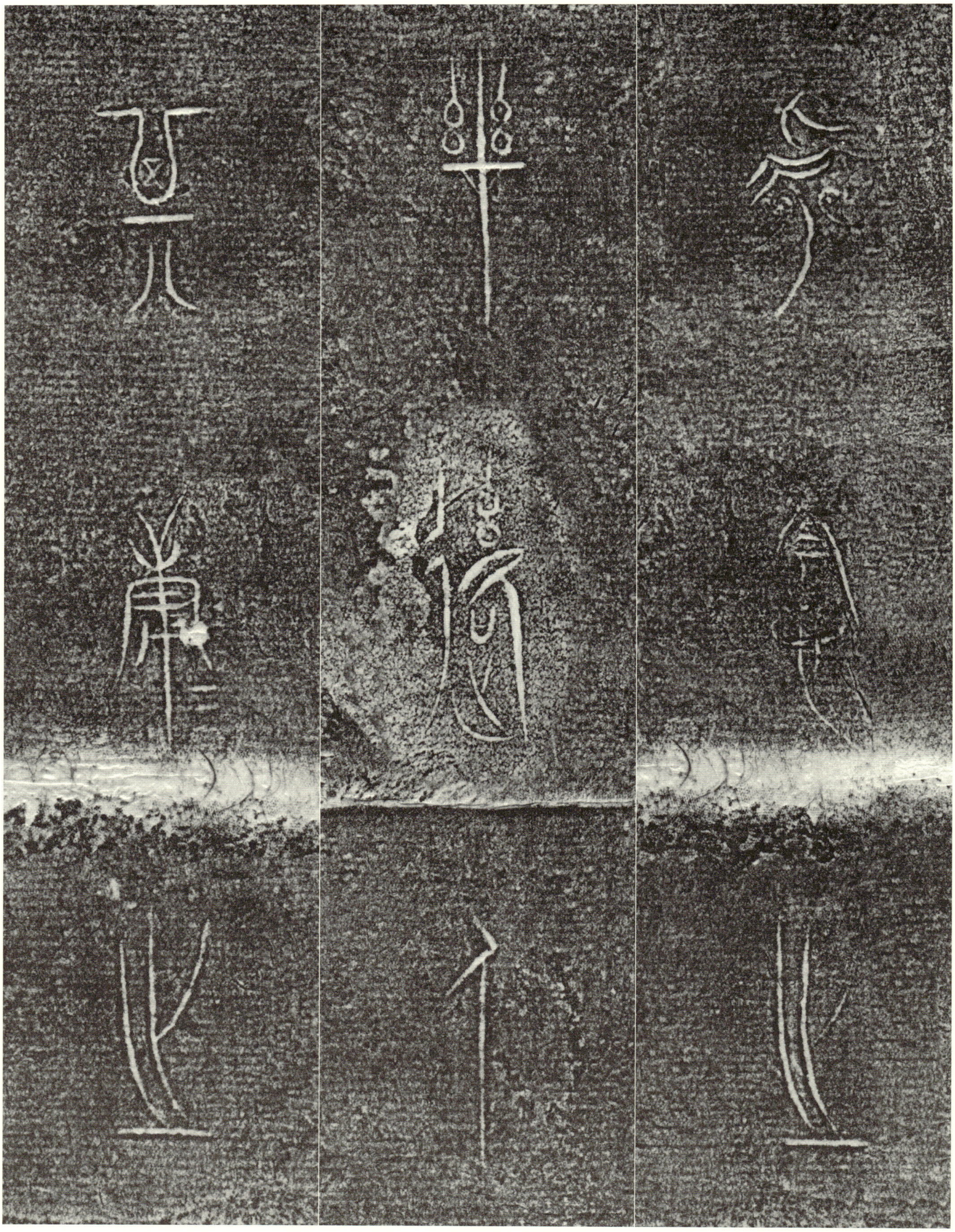

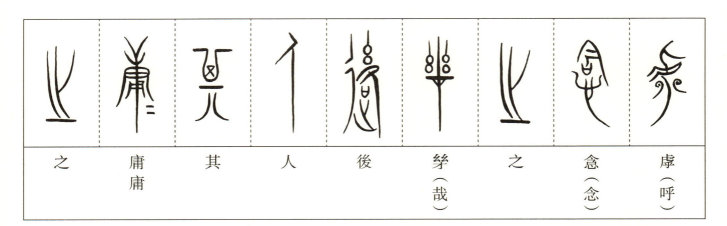

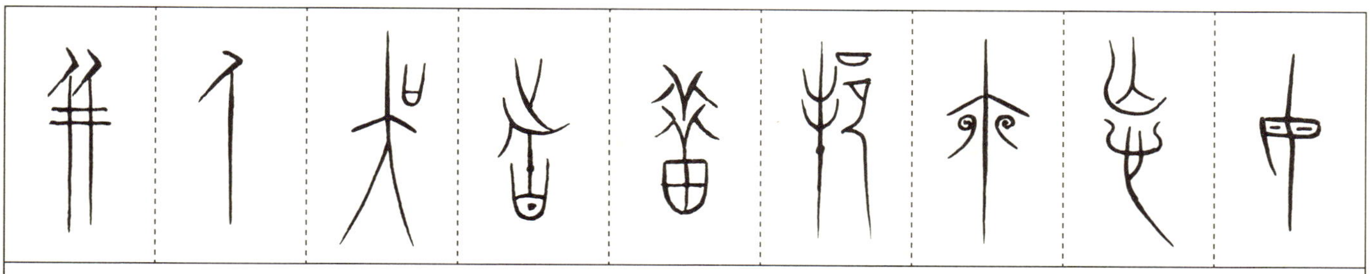

| | | | | | | | | |
|---|---|---|---|---|---|---|---|---|
| 并 | 人 | 吴 | 者 | 昔 | 邦 | 尔 | 忘 | 母（毋） |

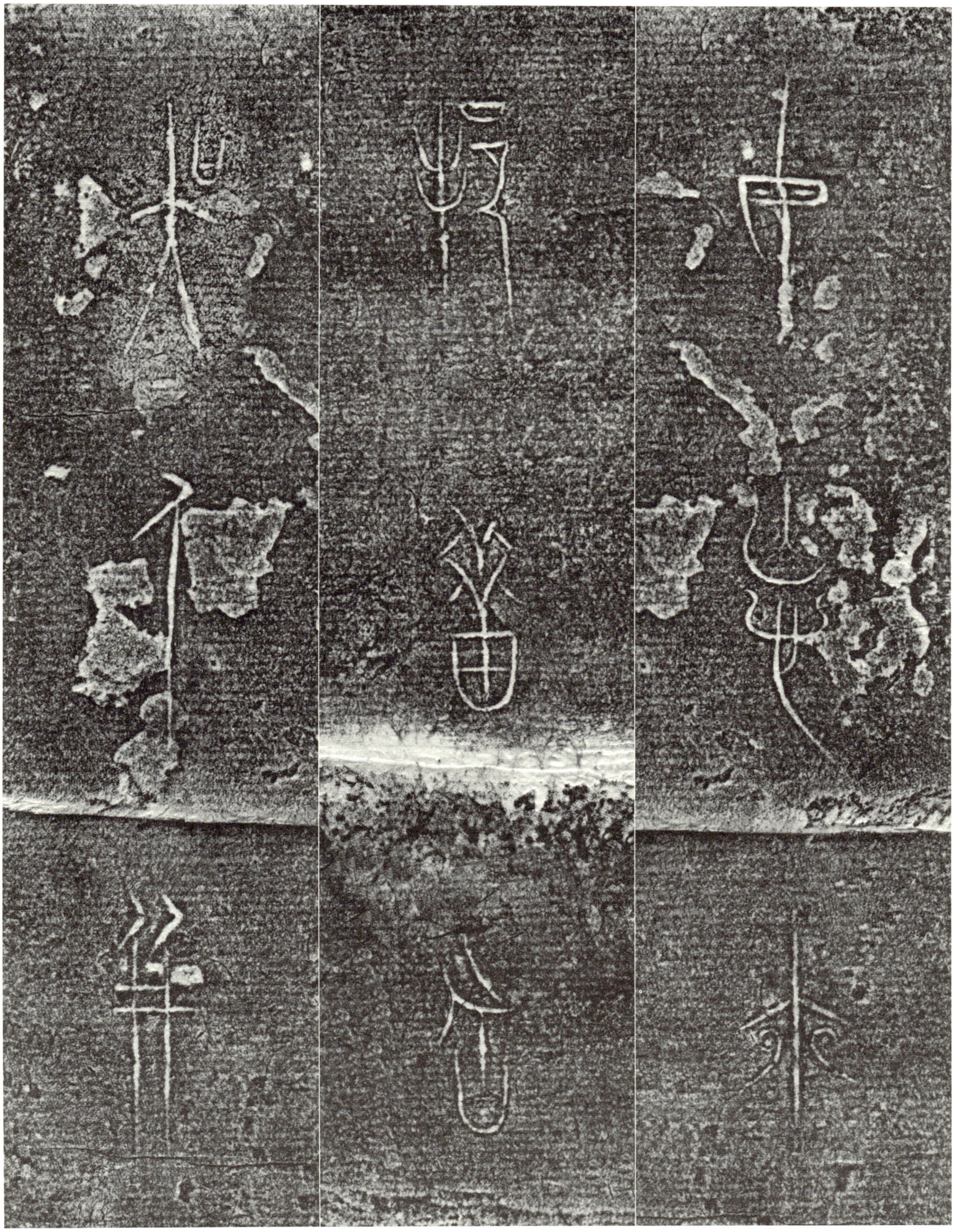

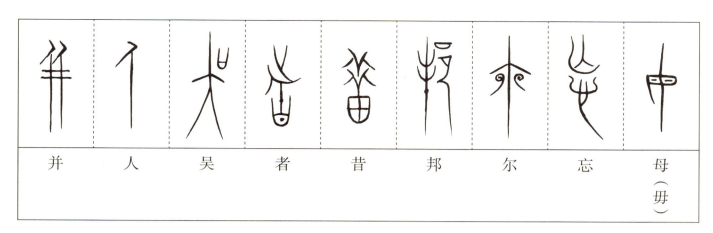

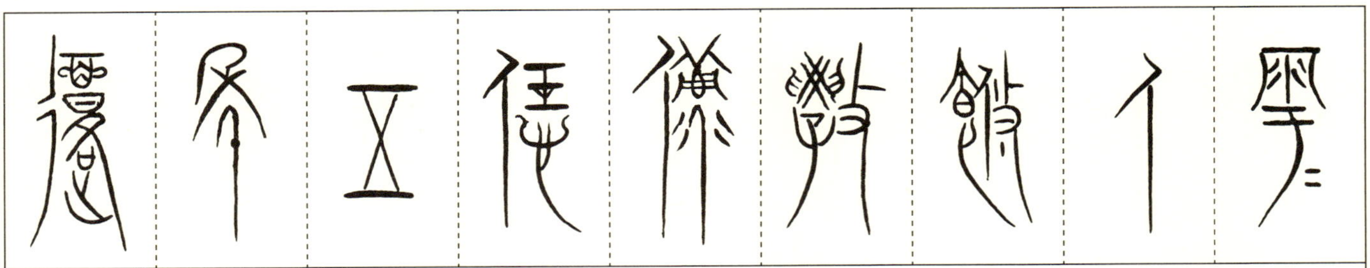

| 雩（越）雩（越） | 人 | [illegible]（修） | 斆（教） | 備 | 㐰（信） | 五 | 年 | 覆 |
|---|---|---|---|---|---|---|---|---|

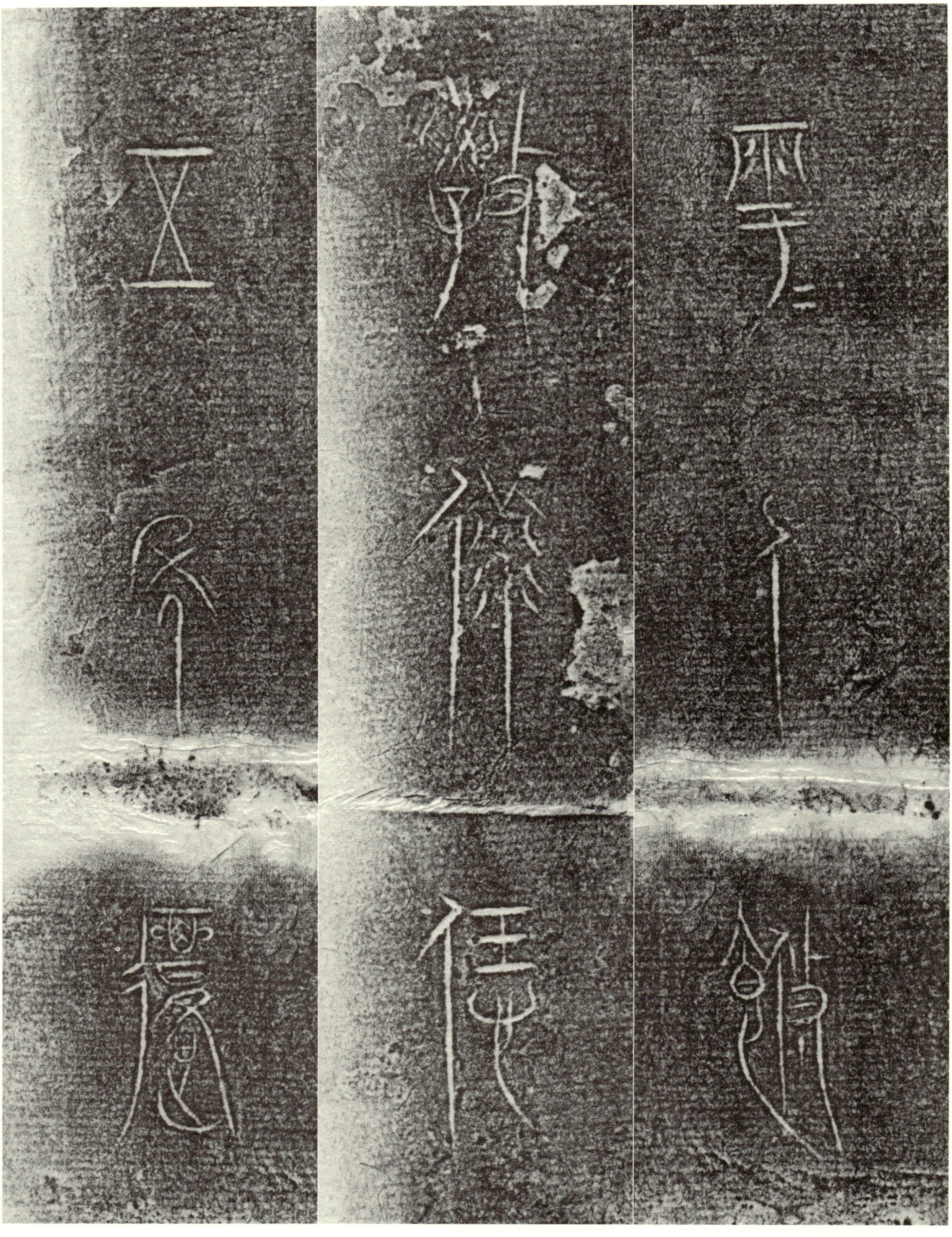

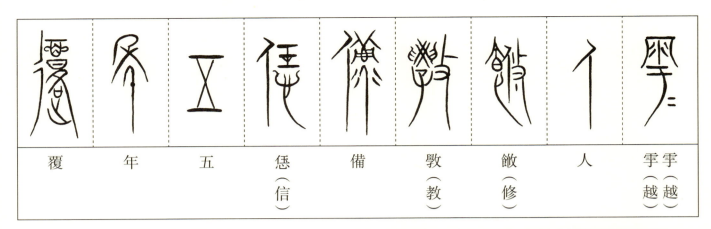

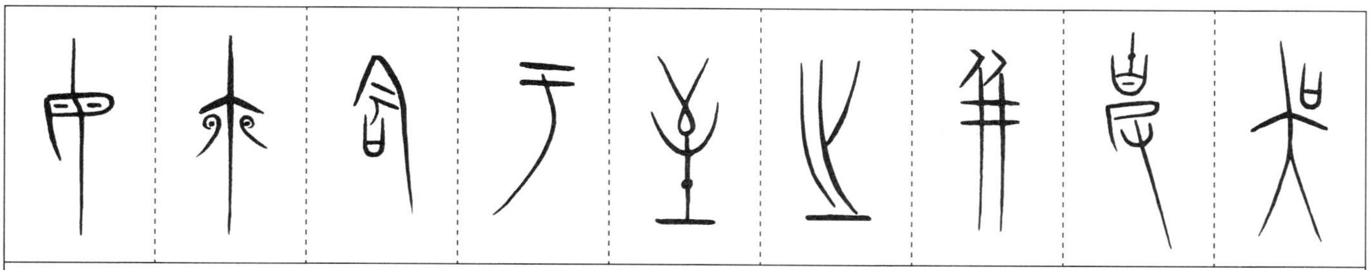

| 母（毋） | 尔 | 含（今） | 于 | 至 | 之 | 并 | 克 | 吴 |
| --- | --- | --- | --- | --- | --- | --- | --- | --- |

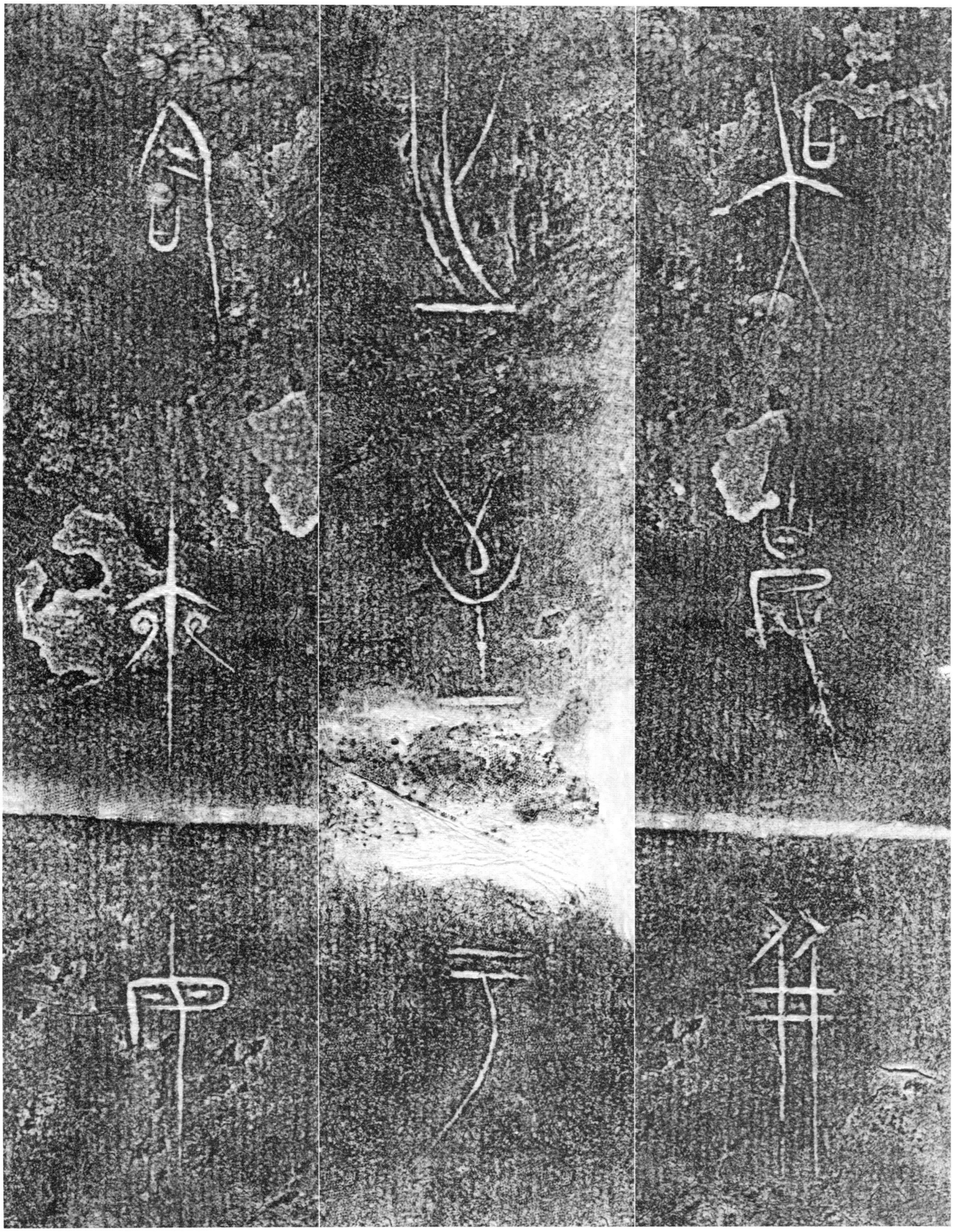

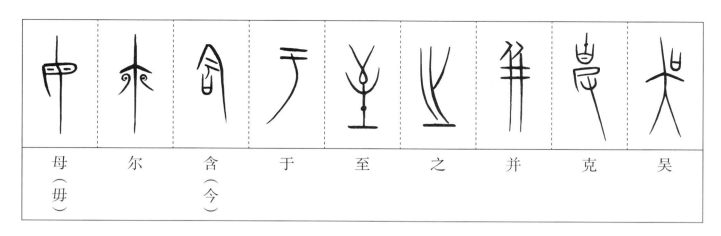

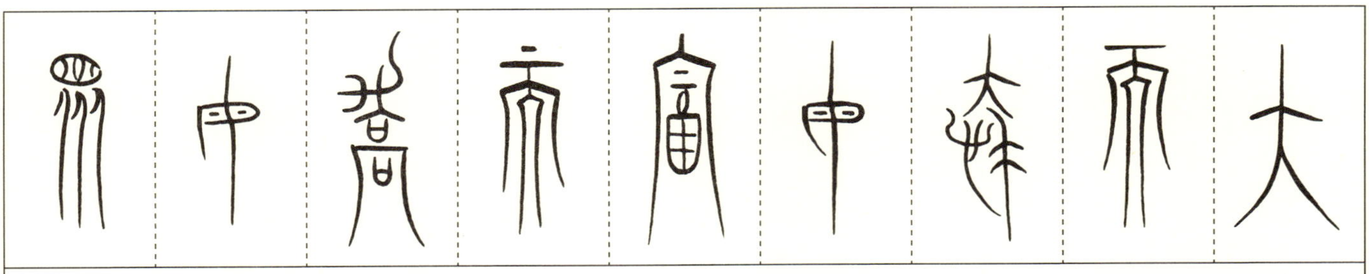

| | | | | | | | | |
|---|---|---|---|---|---|---|---|---|
| 衆 | 母（毋） | 喬（驕） | 而 | 富 | 母（毋） | 㥛（肆） | 而 | 大 |

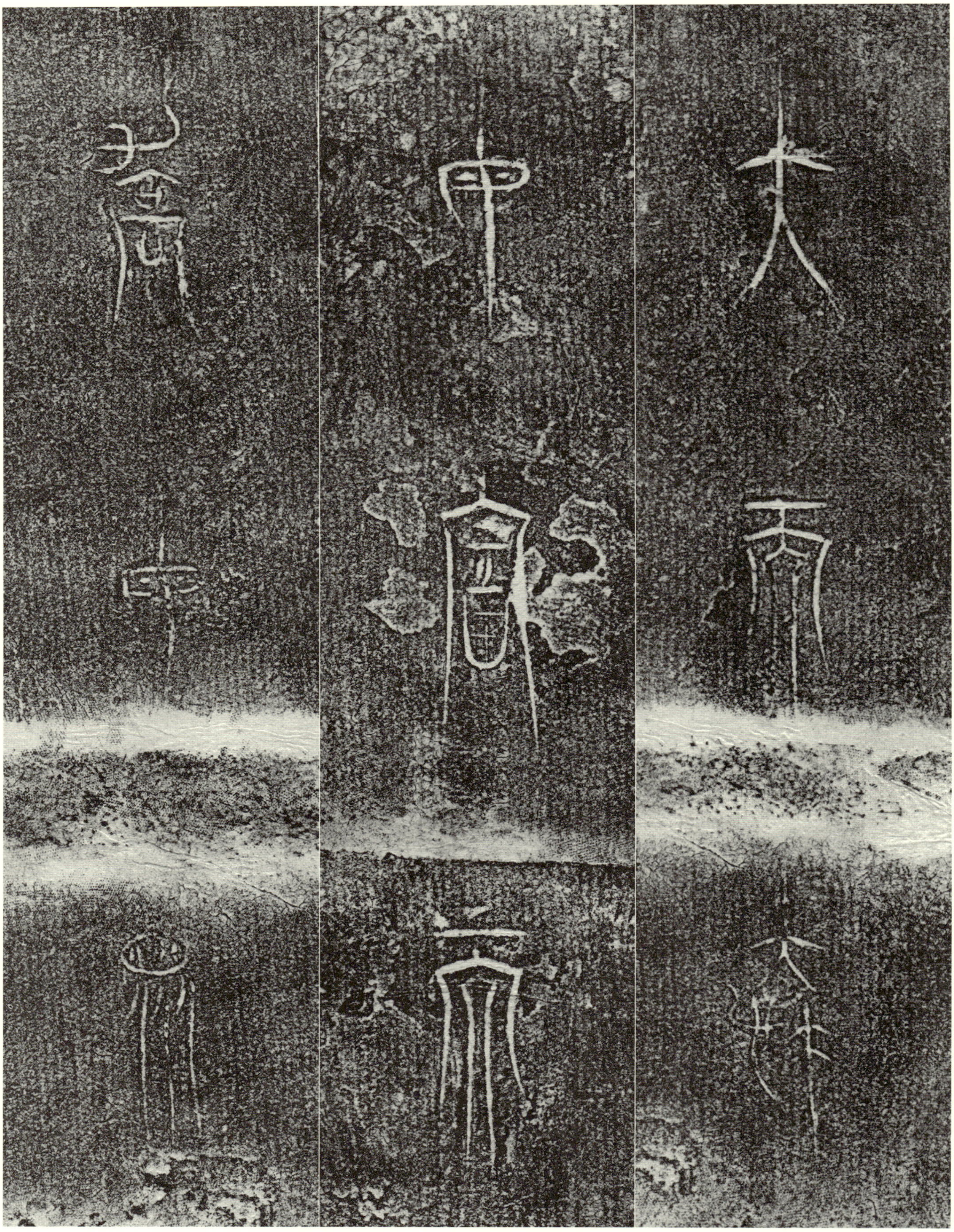

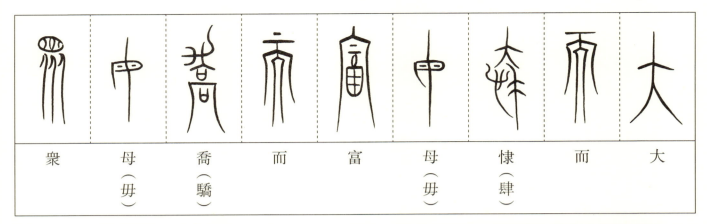

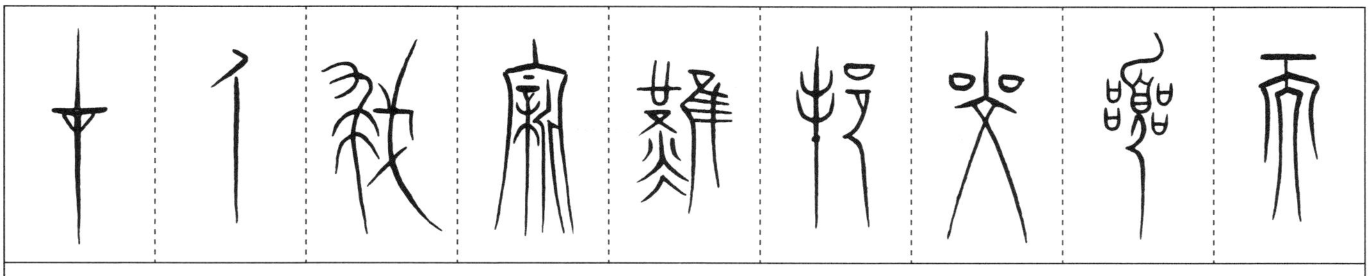

| | | | | | | | | |
|---|---|---|---|---|---|---|---|---|
| 才（在） | 人 | 戕（仇） | 亲（親） | 難 | 邦 | 𠳋（鄰） | 嚣 | 而 |

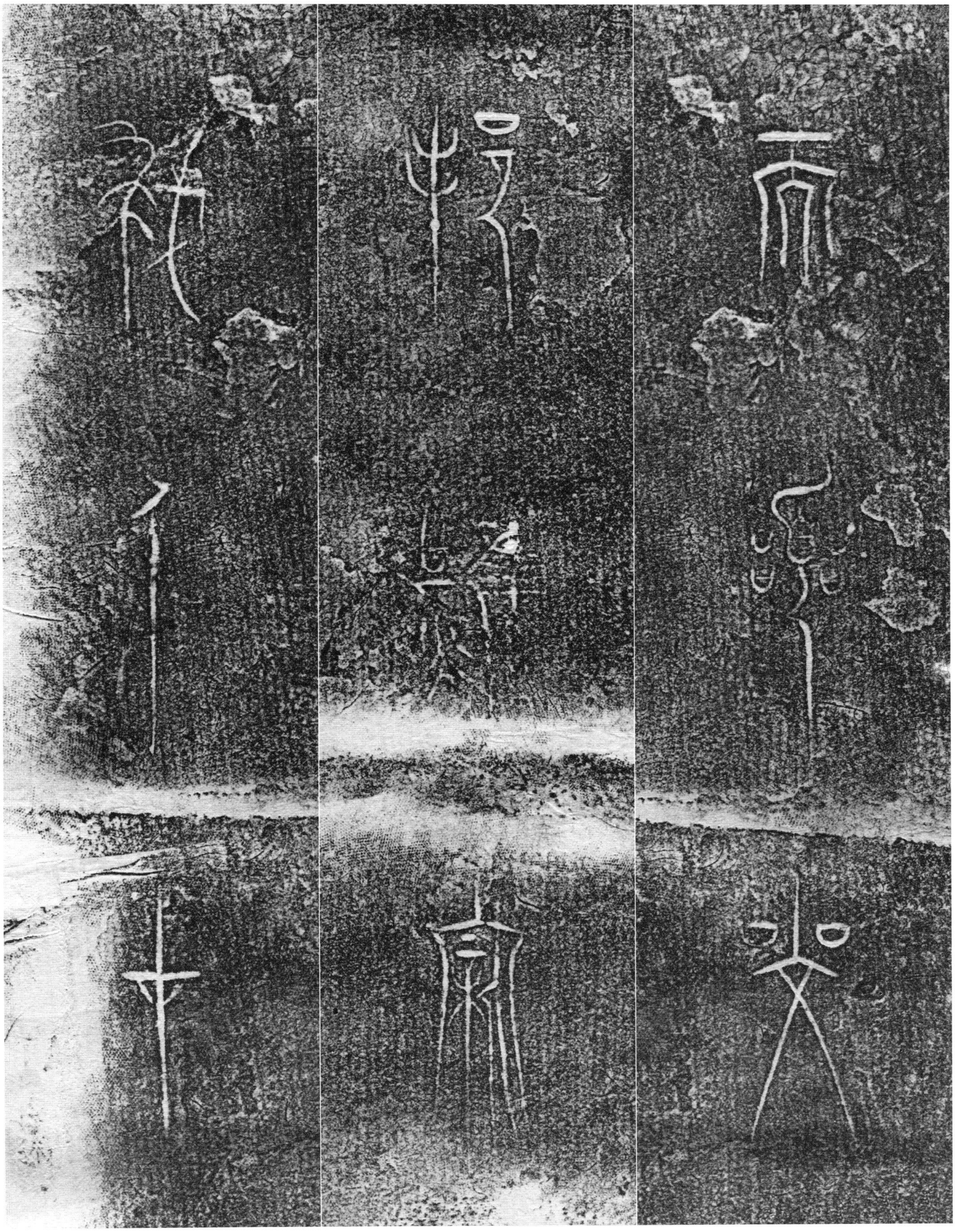

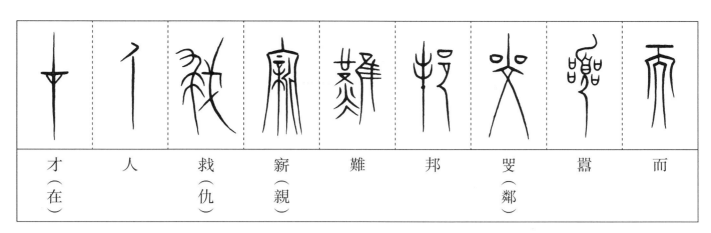

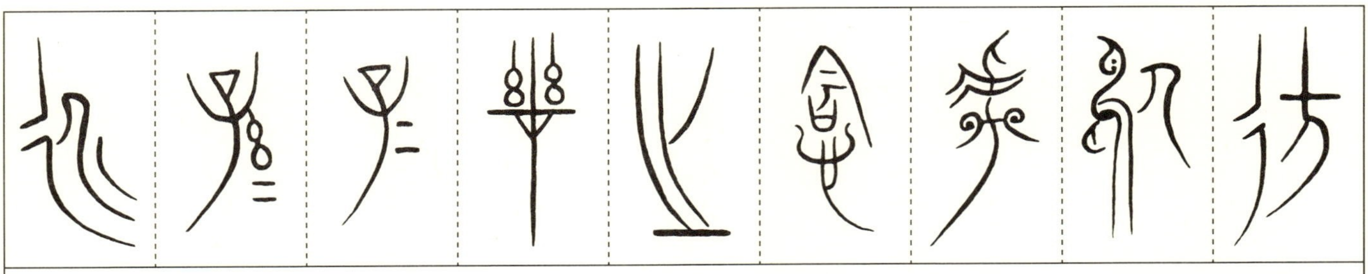

| | | | | | | | | |
|---|---|---|---|---|---|---|---|---|
| 永 | 孫孫 | 子子 | 𢆷（哉） | 之 | 念（念） | 虖（呼） | 於（嗚） | 彷（旁） |

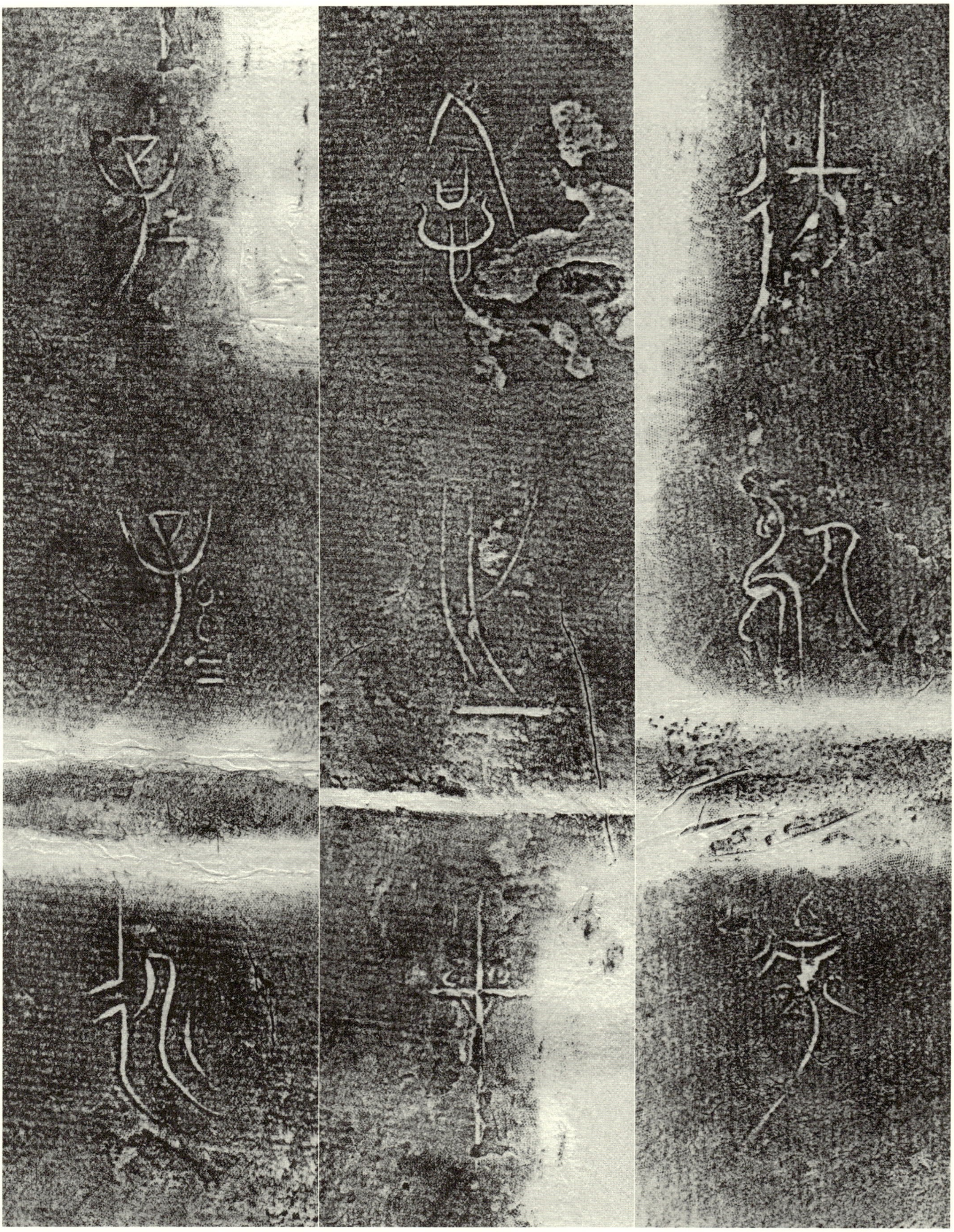

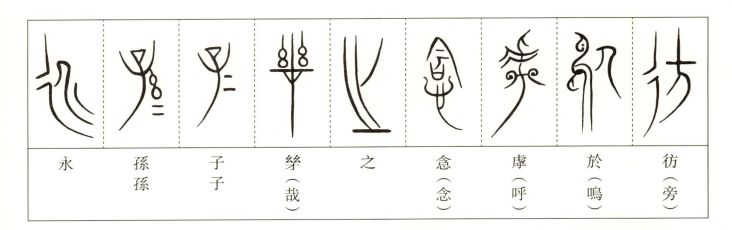

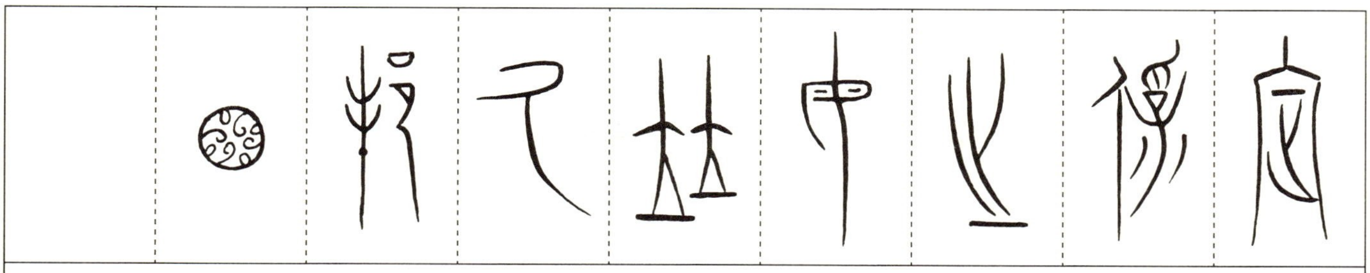

定　保　之　母（毋）　竝（替）　氒（厥）　邦

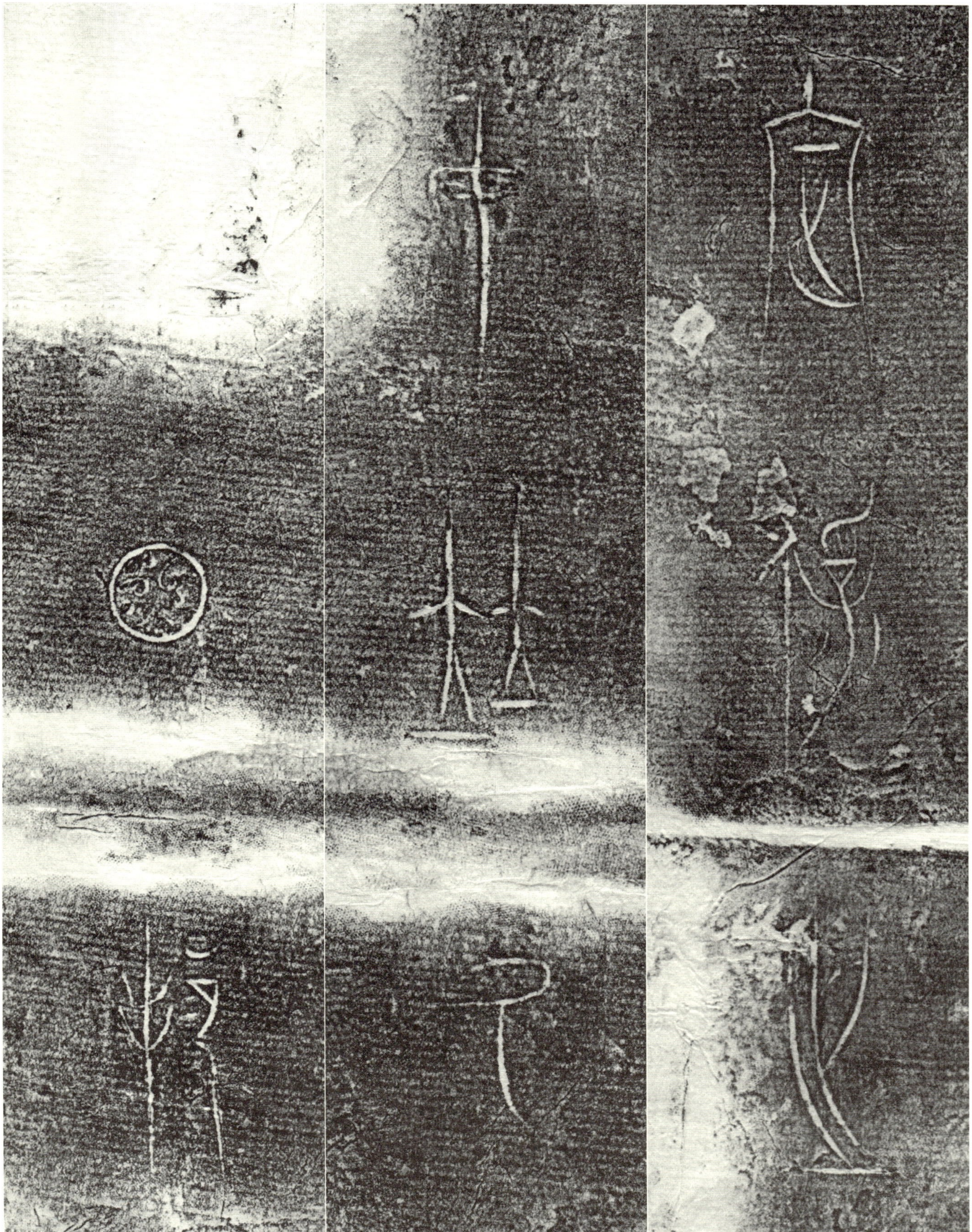

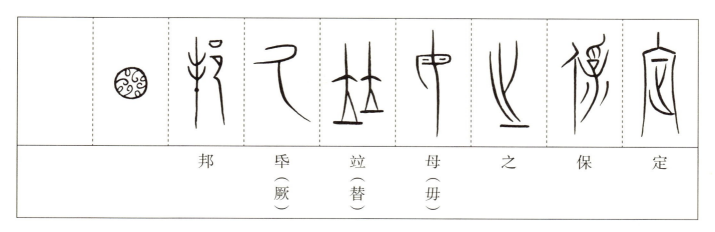

# 中山王嚳方壺

**中山王嚳方壶**　通高63、最大径35厘米，重28.72千克；刻铭四百五十字，内有重文三字、合文一字。

方壶

0　5厘米

# 方壶释文

隹（惟）十三（四）年，中山王䜌命相邦貯，斁（擇）郾（燕）吉金，釗（鑄）爲彝壺，節于醴（禋）醅（齍），可灋（法）可尚，㠯（以）卿（饗）上帝，㠯（以）祀先王。穆穆濟濟，嚴敬不敢怠（怠）荒，因𨊠（載）所美，卲（昭）友皇工（功），詆（詆）郾（燕）之訛，㠯（以）憼（警）嗣王。隹（惟）朕皇祖文、武，𧻚（桓）祖、成考，是又（有）軘（純）悳（德）遺㤜（訓），㠯（以）陀（施）及子孫，用隹（惟）朕所放（倣）。慈孝寰（宣）惠，舉（舉）孯（賢）速（使）能，天不臭（斁）其又（有）忨（願），速（使）㝵（得）孯（賢）在（才）良猨（佐）貯，㠯（以）輔相氒（厥）身。余智（知）其忠誁（信）施（也），而𧭼（屬）賃（任）之邦，氏（是）㠯（以）遊夕歓（飲）飤（食），寍（寧）又（有）窓（遽）煬（惕）。貯渴（竭）志盡忠，㠯（以）猨（左）右氒（厥）闢（辟），不貳（貳）其心，受賃（任）猨（佐）邦，夙夜篚（匪）解（懈），進孯（賢）散（措）能，亡（無）又（有）韓（常）息，㠯（以）明闢（辟）光。啇（適）曹（遭）郾（燕）君子徻（噲）不顧（顧）大宜（義），不舊（舊）者（諸）侯，而臣宔（主）易立（位），㠯（以）內𢇍（絕）邵（召）公之業，乏其先王之祭祀，外之則將（將）速（使）堂（上）勤（覲）於天子之庿（廟），而退與者（諸）侯齒張（長）於𨘵（會）同，則堂（上）逆於天，下不㤜（順）於人施（也），寡（寡）人非之。貯曰：爲人臣而彶（反）臣其宔（主），不羕（祥）莫大焉。將（將）與盧（吾）君並立於殜（世），齒張（長）於𨘵（會）同，則臣不忍見施（也）。貯忨（願）從（從）在（士）大夫，㠯（以）請郾（燕）彊（疆），氏（是）㠯（以）身蒙奄（甲）胄，㠯（以）栽（誅）不㤜（順）。郾（燕）故（故）君子徻（噲），新君子之，不用豊（禮）宜（義），不顧（顧）逆㤜（順），故（故）邦亡（亡）身死，曾亡（無）弌（一）夫之救（救）。述（遂）定君臣之謂（位）、上下之體（體）。休又（有）成工（功），刅（創）闢封（封）彊（疆）。天子不忘其又（有）勛，速（使）其老筞（策）賞中（仲）父，者（諸）侯虐（皆）賀。夫古之聖王敄（務）才（在）㝵（得）孯（賢），其即（次）㝵（得）民。故（故）辞（辭）豊（禮）敬則孯（賢）人至，厚（陟）悉（愛）深則孯（賢）人新（親），乍（乍）斂（斂）中則庶民坿（附）。於（嗚）虖（呼）！允哉（哉）若言，明友之于壺，而旹（時）觀焉。祇祇翼，卲（昭）告後嗣，隹（惟）逆生禍，隹（惟）㤜（順）生福，𨊠（載）之𥬪（簡）筞（策），㠯（以）戒嗣王，隹（惟）悳（德）坿（附）民，隹（惟）宜（義）可緩（張），子之子，孫之孫，其永保用亡（無）彊（疆）。

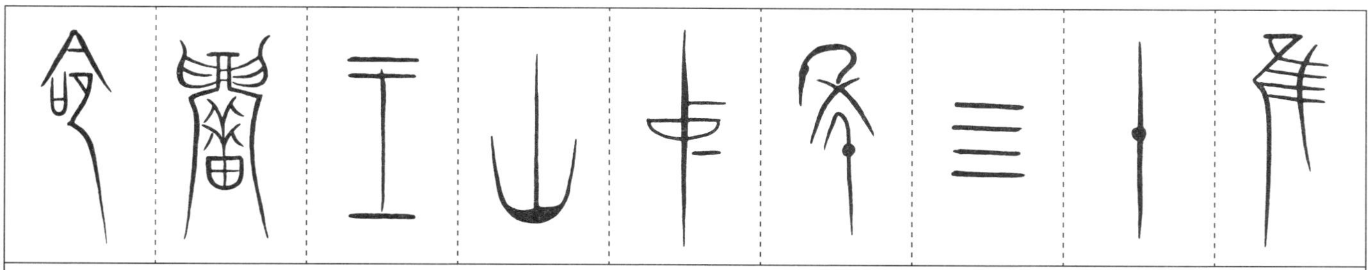

| | | | | | | | | |
|---|---|---|---|---|---|---|---|---|
| 命 | 礜 | 王 | 山 | 中 | 年 | 三（四） | 十 | 隹（惟） |

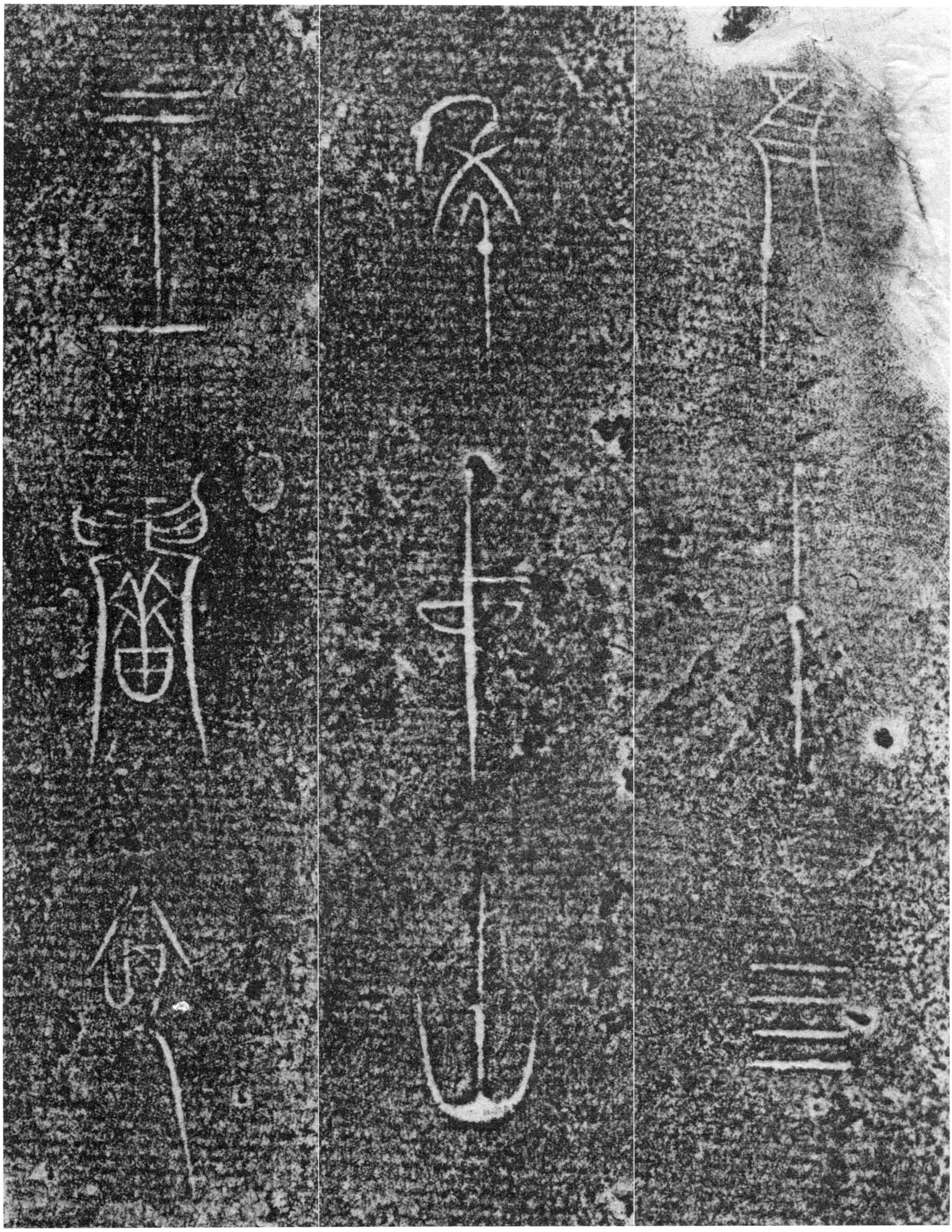

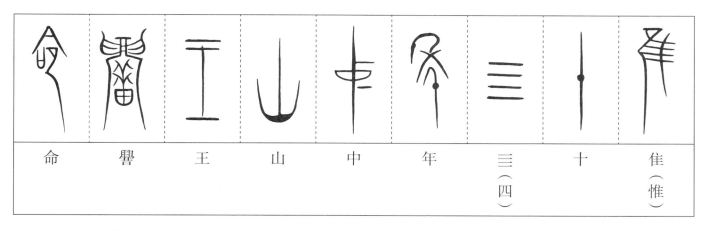

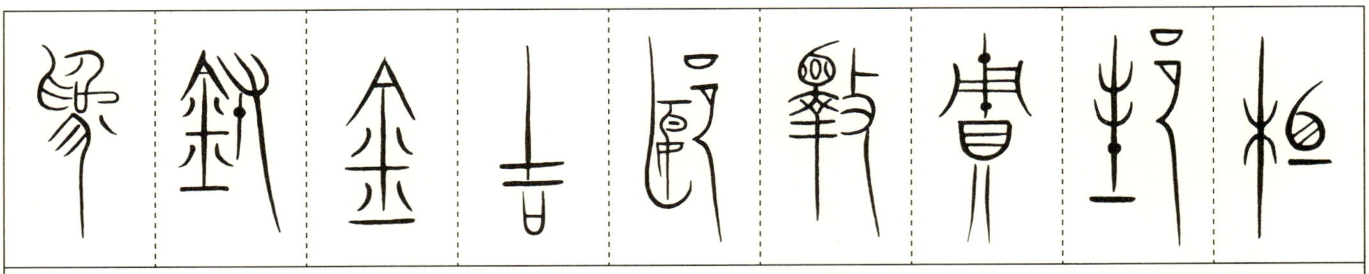

| | | | | | | | | |
|---|---|---|---|---|---|---|---|---|
| 爲 | 鉜（鑄） | 金 | 吉 | 郾（燕） | 斁（擇） | 賈 | 邦 | 相 |

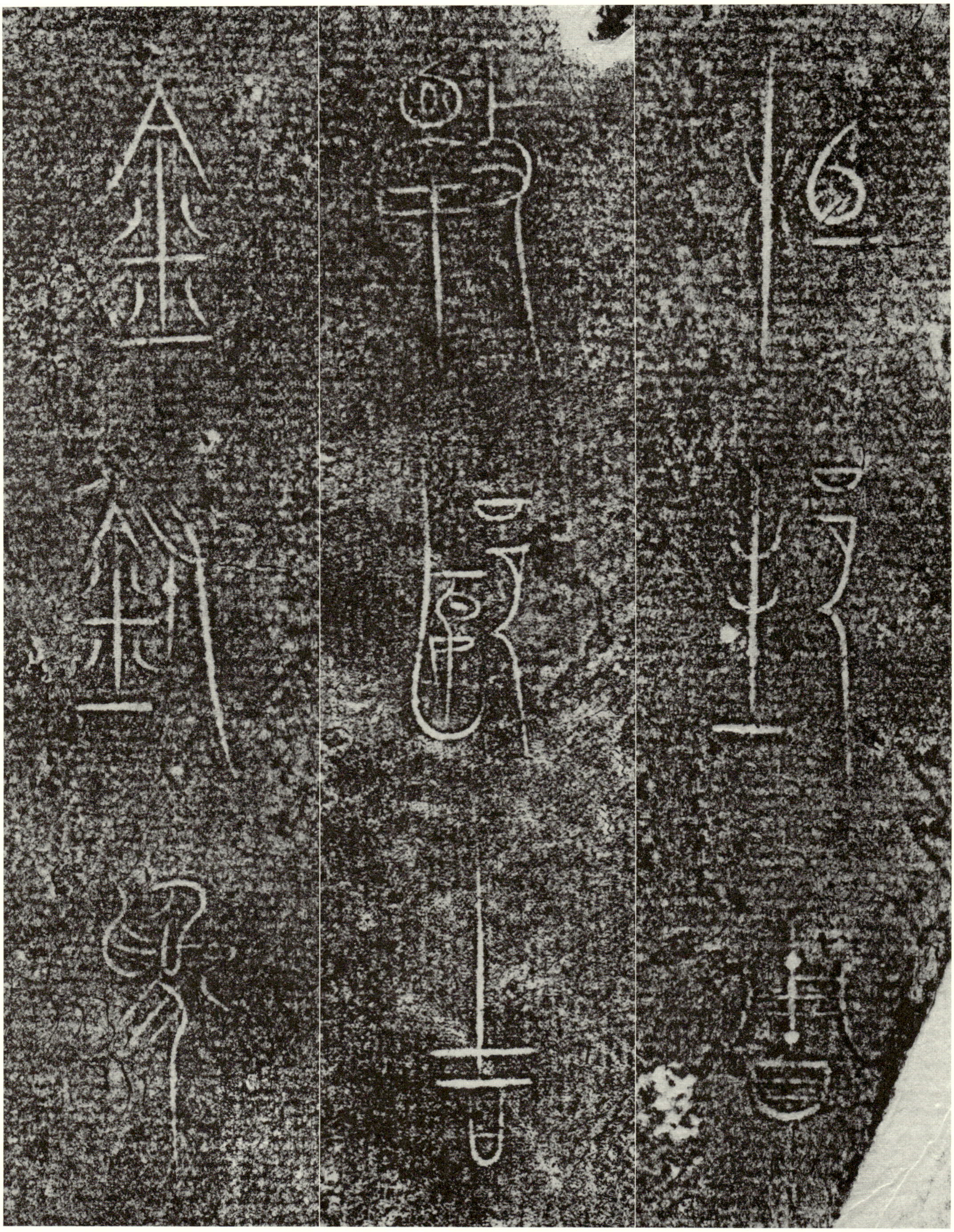

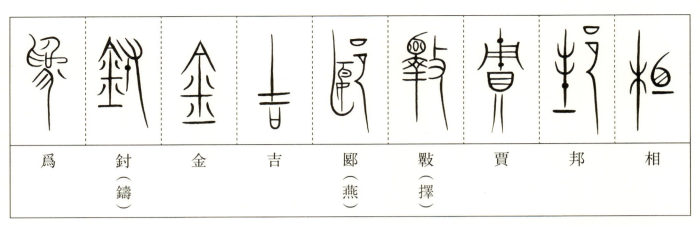

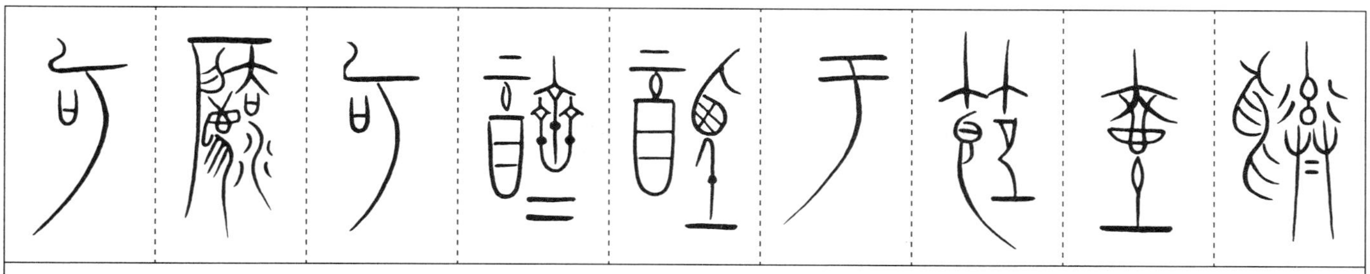

| | | | | | | | | |
|---|---|---|---|---|---|---|---|---|
| 可 | 灋（法） | 可 | ⿰酉齊（齍） | ⿰酉垔（禋） | 于 | 節 | 壺 | 彝 |

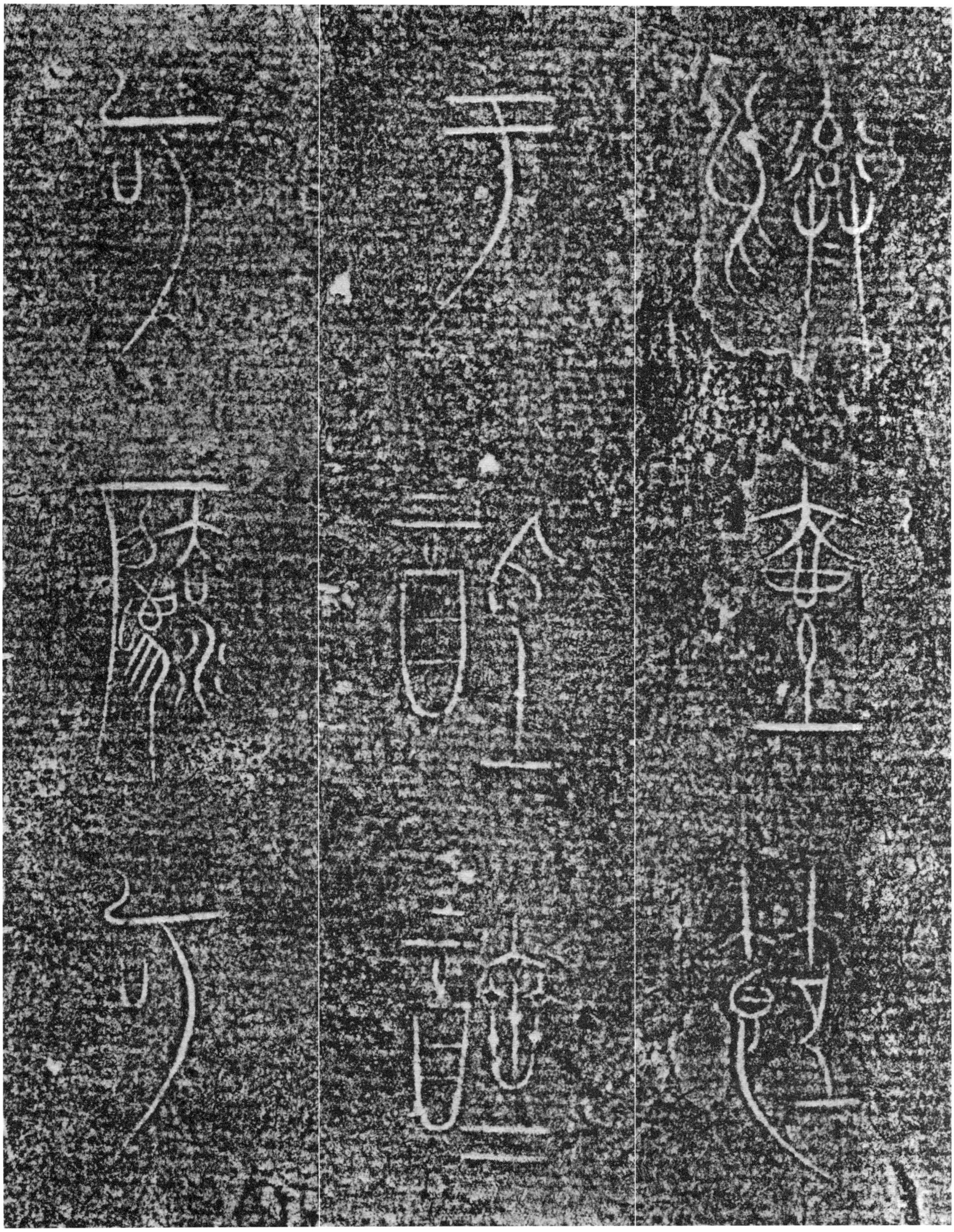

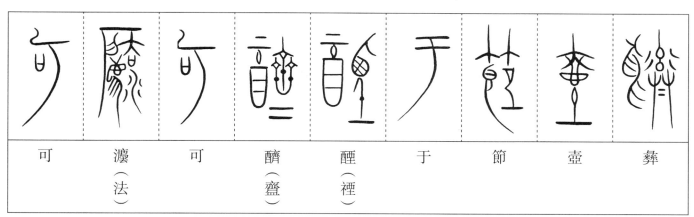

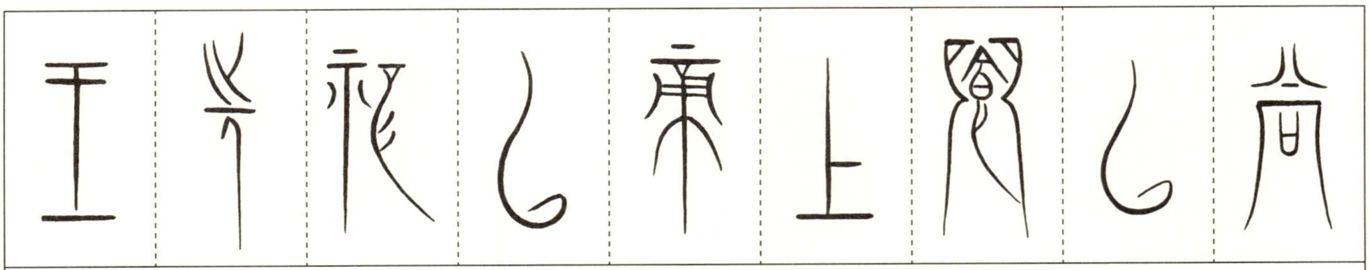

| | | | | | | | | |
|---|---|---|---|---|---|---|---|---|
| 王 | 先 | 祀 | 㠯（以） | 帝 | 上 | 鄉（饗） | 㠯（以） | 尚 |

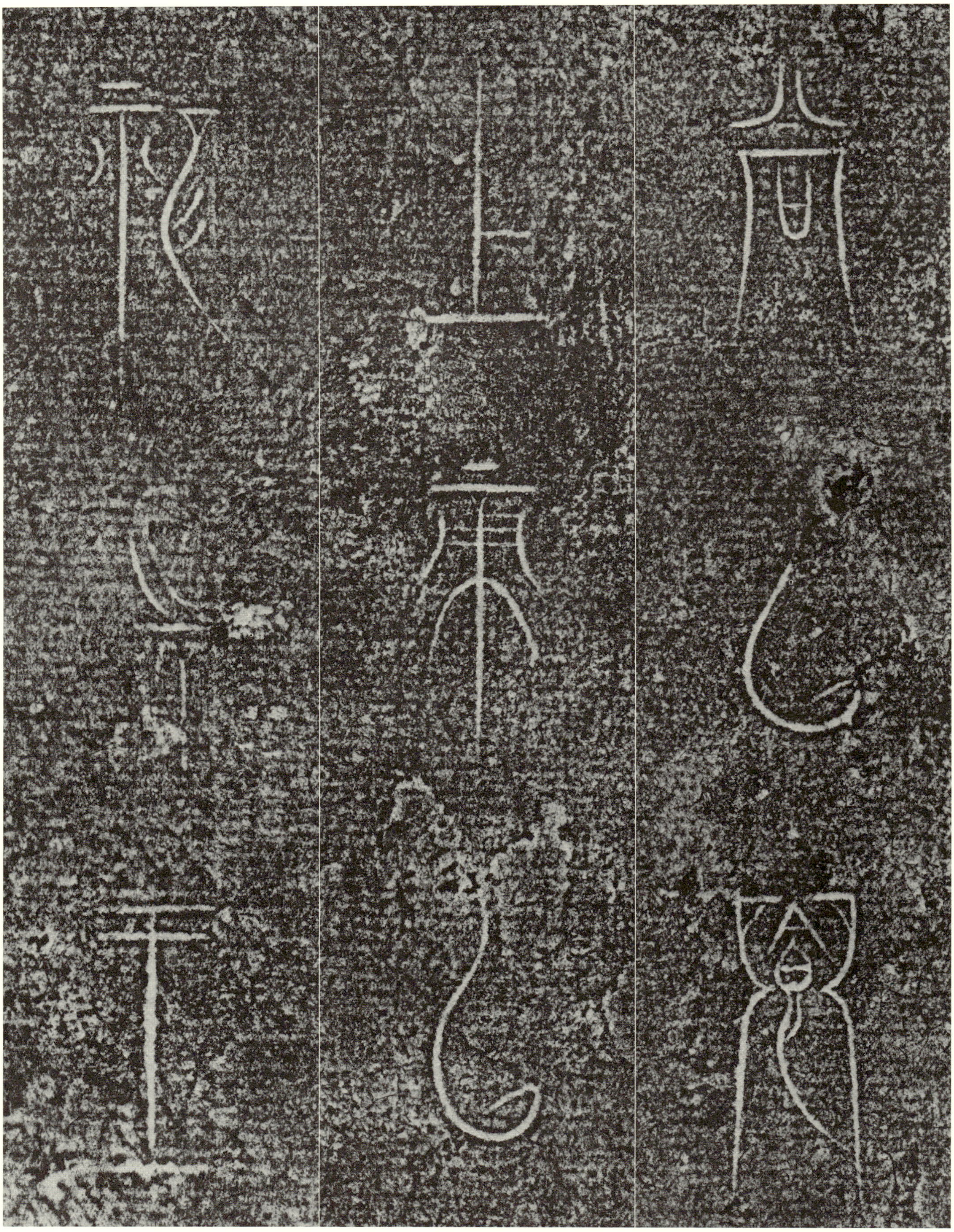

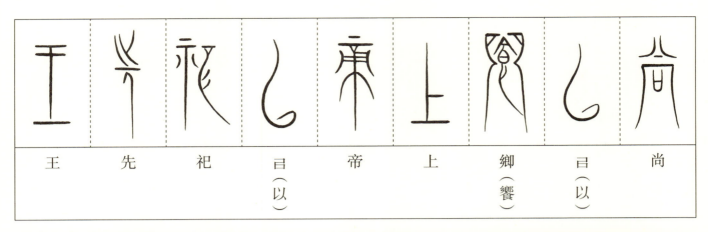

| | | | | | | | | |
|---|---|---|---|---|---|---|---|---|
| 因 | 荒 | [illegible]（怠） | 敢 | 不 | 敬 | 嚴 | 濟濟 | 穆穆 |

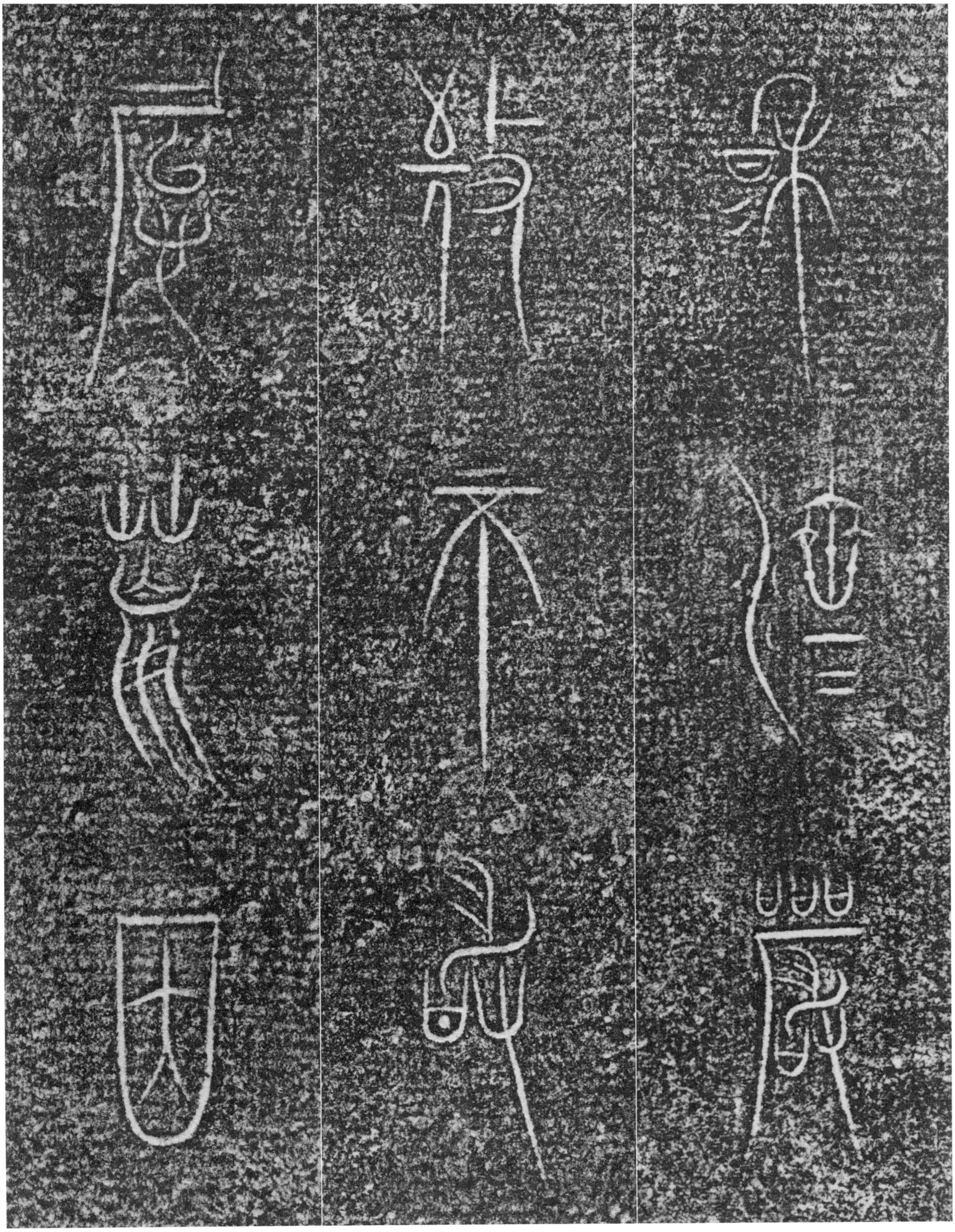

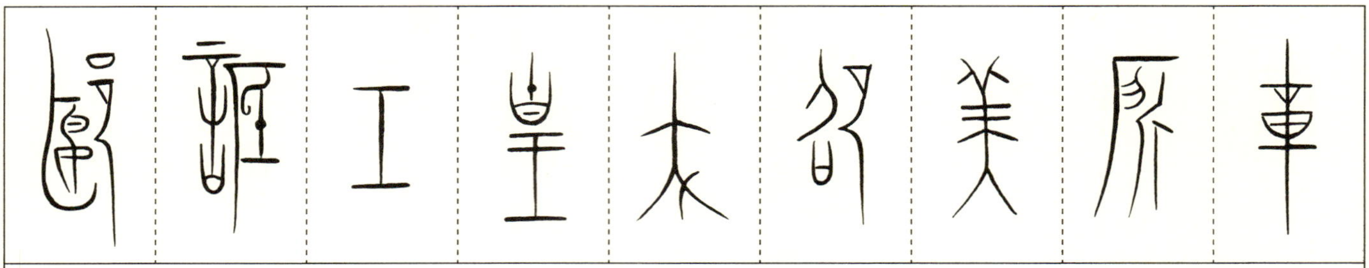

| | | | | | | | | |
|---|---|---|---|---|---|---|---|---|
| 郾（燕） | 訴（詆） | 工（功） | 皇 | 友 | 卲（昭） | 美 | 所 | 𨌲（載） |

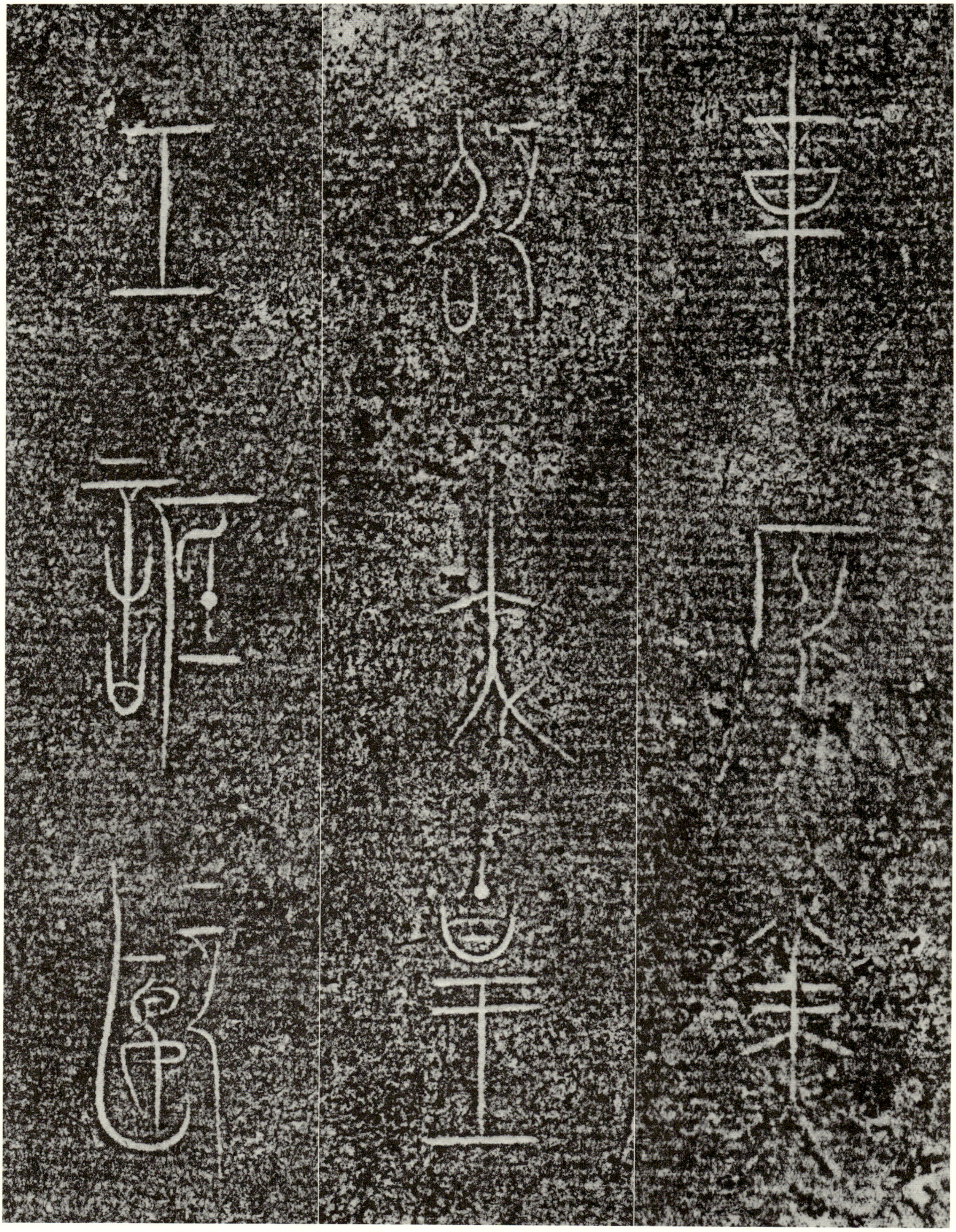

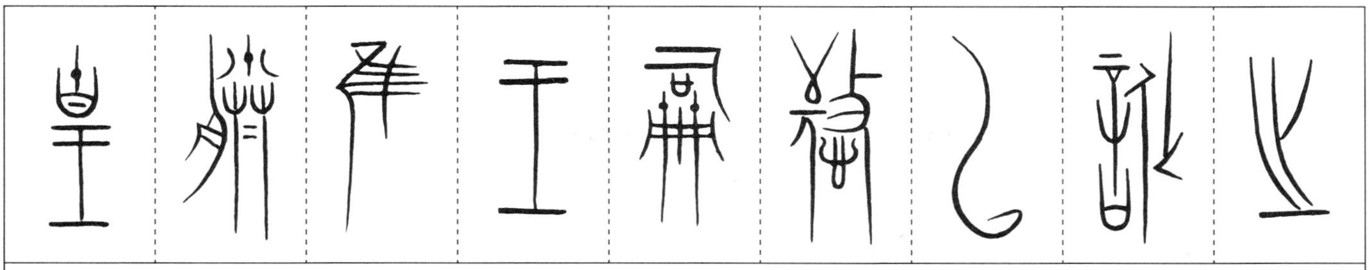

| | | | | | | | | |
|---|---|---|---|---|---|---|---|---|
| 皇 | 朕 | 隹（惟） | 王 | 嗣 | 憼（警） | 㠯（以） | 訛 | 之 |

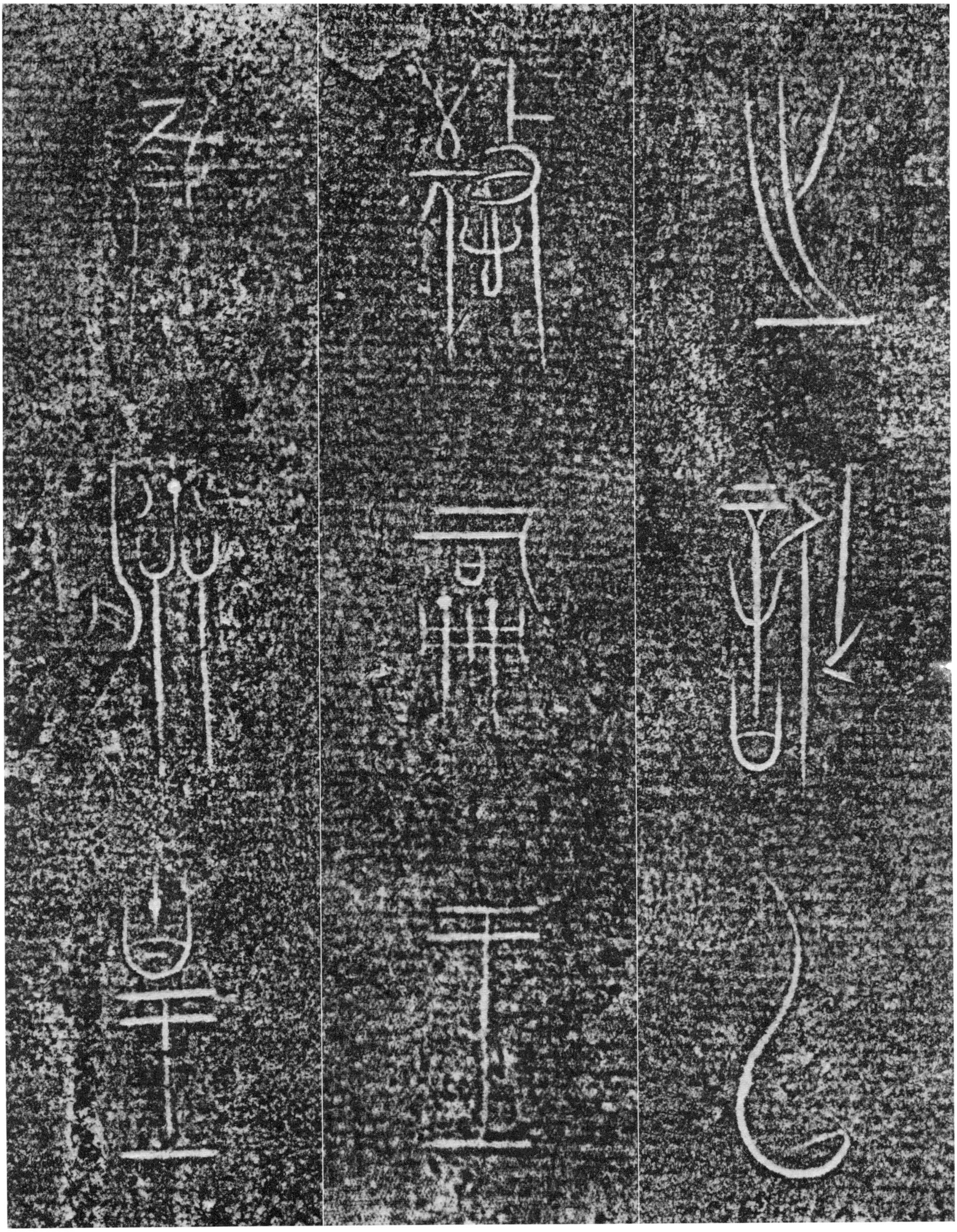

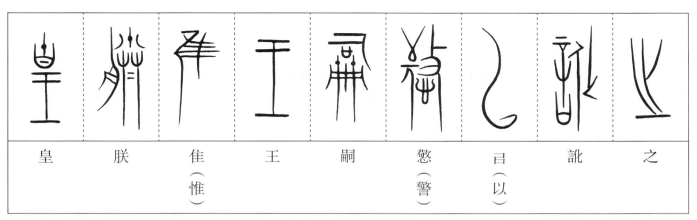

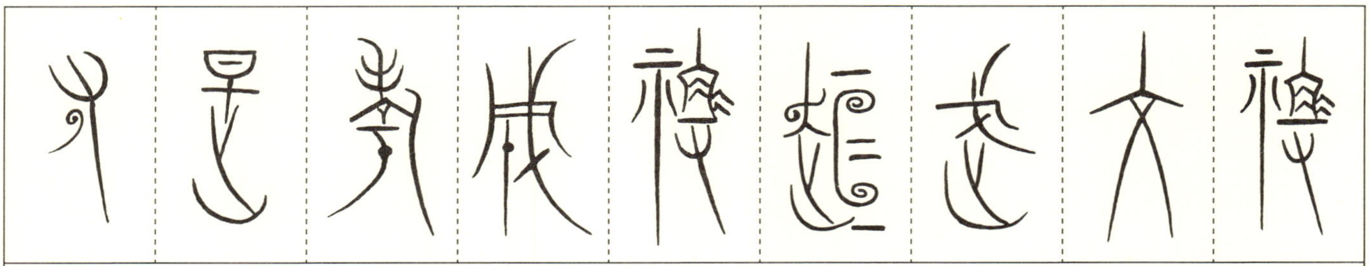

| | | | | | | | | |
|---|---|---|---|---|---|---|---|---|
| 又（有） | 是 | 考 | 成 | 祖 | 趄（桓） | 武 | 文 | 祖 |

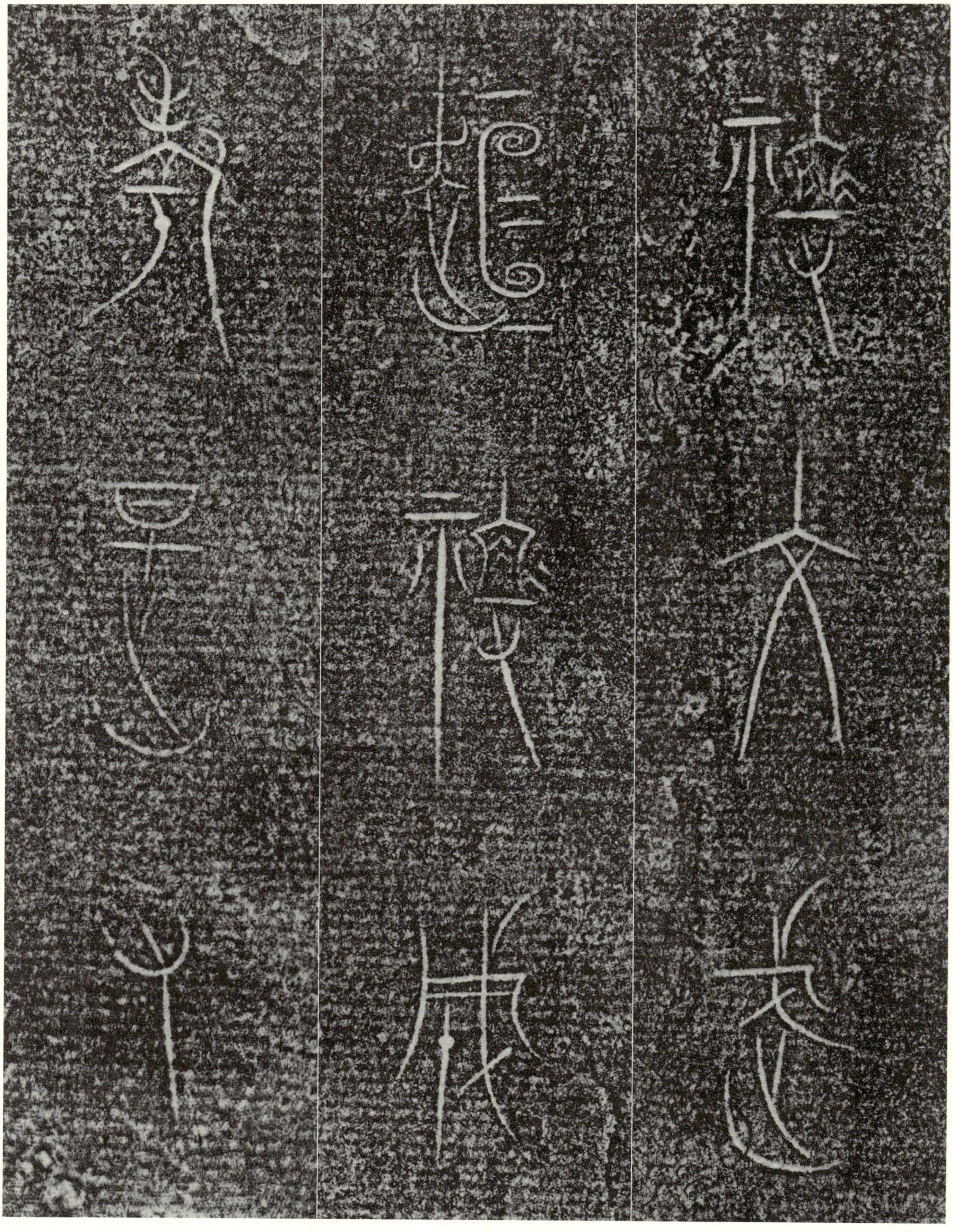

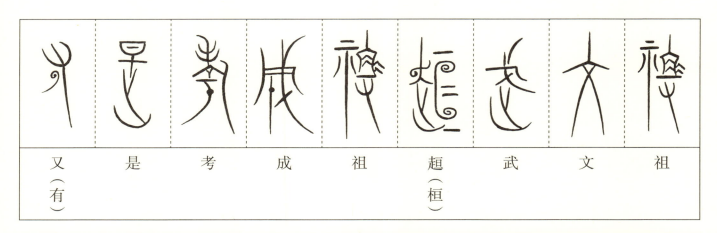

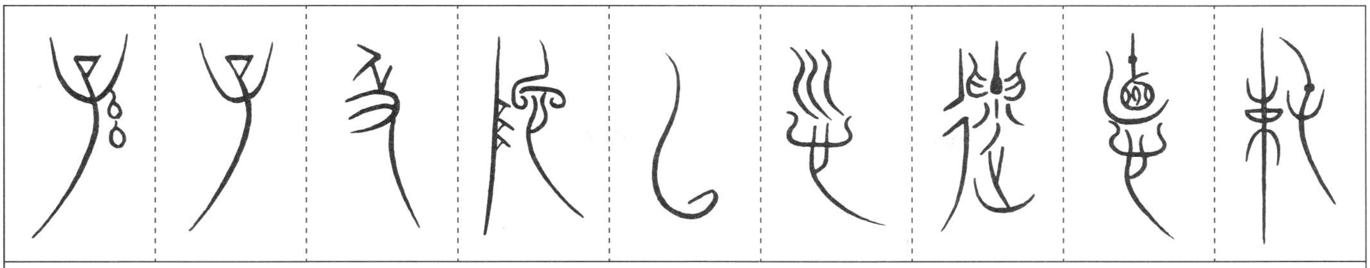

| | | | | | | | | |
|---|---|---|---|---|---|---|---|---|
| 孫 | 子 | 及 | 陀（施） | 㠯（以） | ⿱巛心（訓） | 遺 | 悳（德） | 杶（純） |

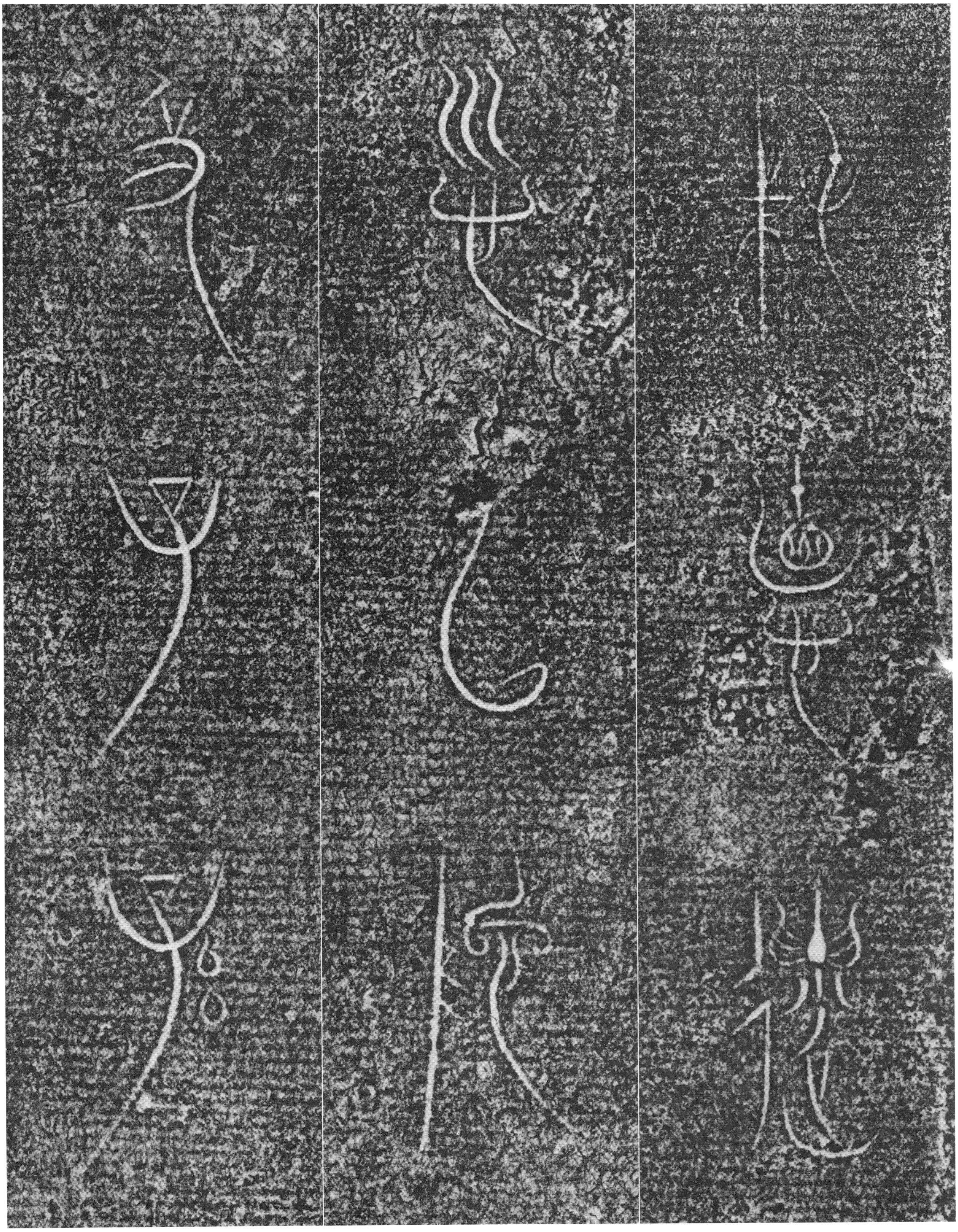

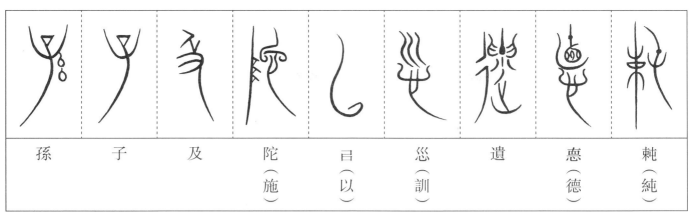

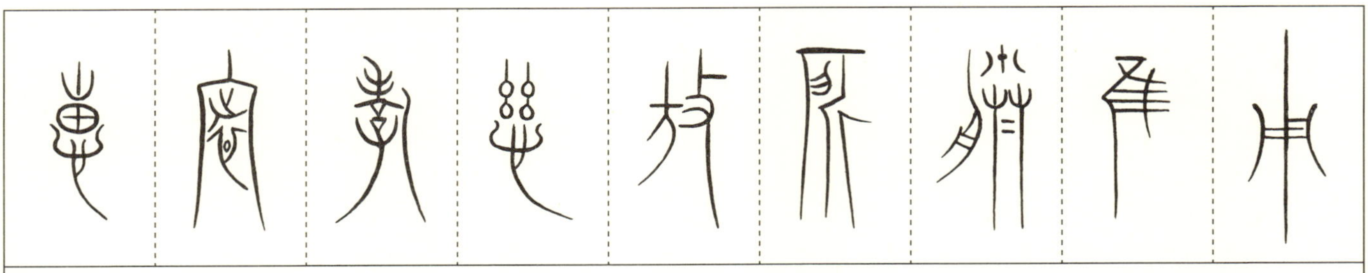

| | | | | | | | | |
|---|---|---|---|---|---|---|---|---|
| 惠 | 寰（宣） | 孝 | 慈 | 放（倣） | 所 | 朕 | 隹（惟） | 用 |

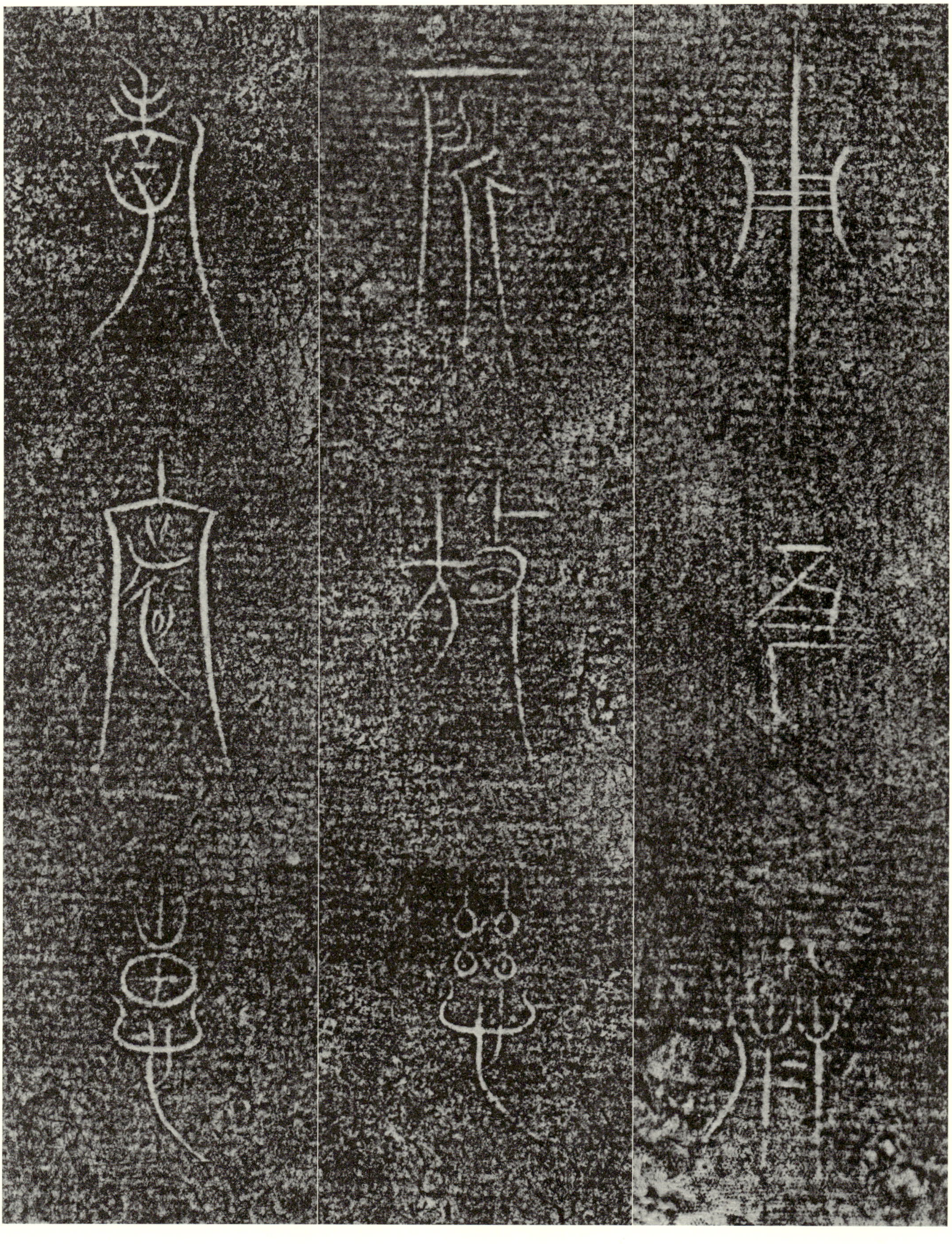

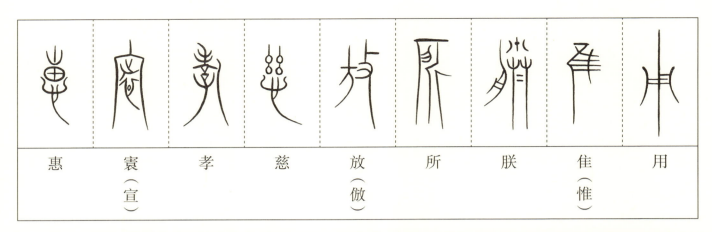

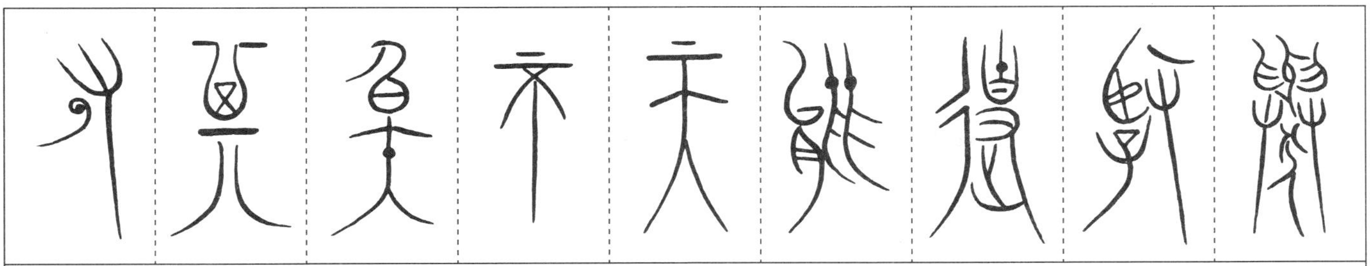

| 又（有） | 其 | 臭（斁） | 不 | 天 | 能 | 速（使） | 孯（賢） | 與（舉） |
|---|---|---|---|---|---|---|---|---|

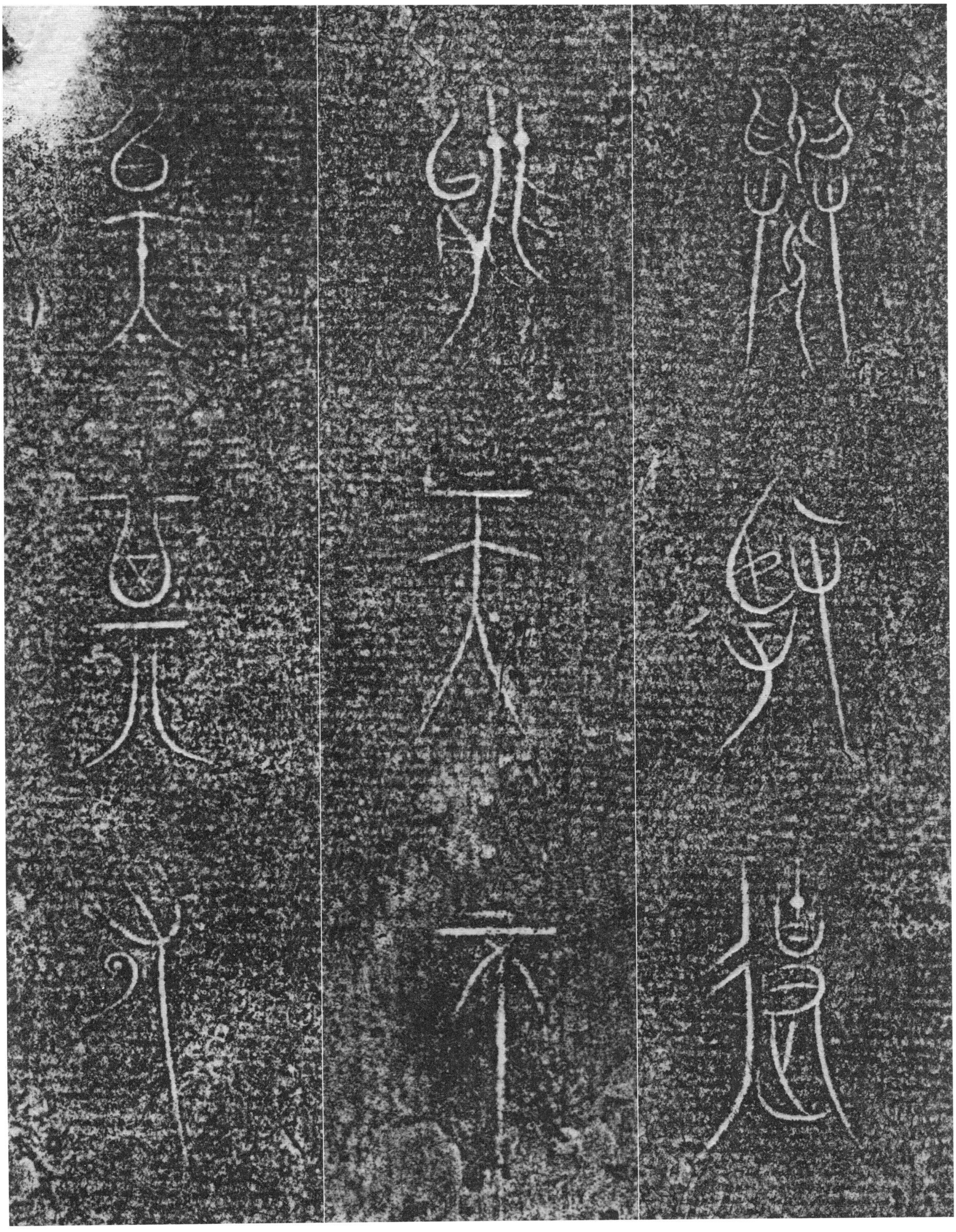

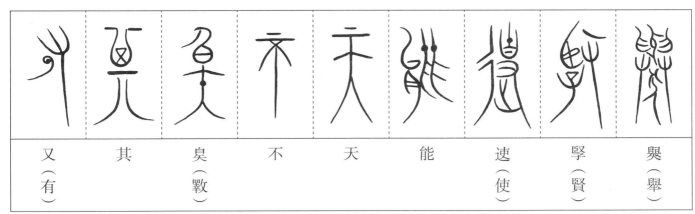

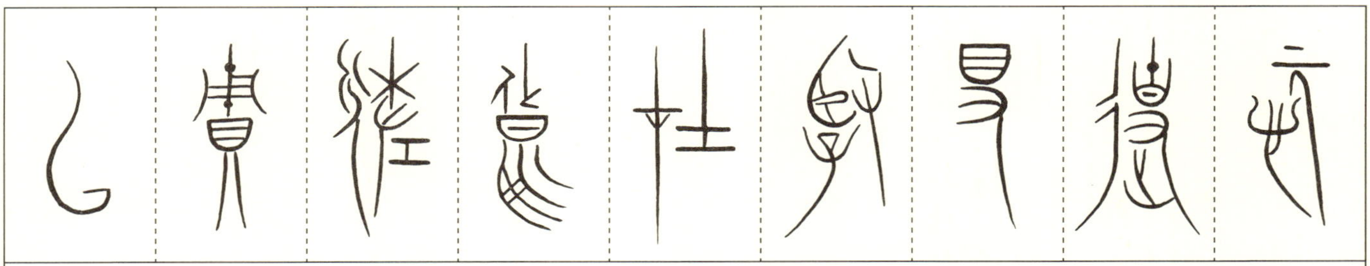

| | | | | | | | | |
|---|---|---|---|---|---|---|---|---|
| 㠯（以） | 賈 | ⿰犭差（佐） | 良 | 在（才） | 掔（賢） | 㝵（得） | 速（使） | 忨（願） |

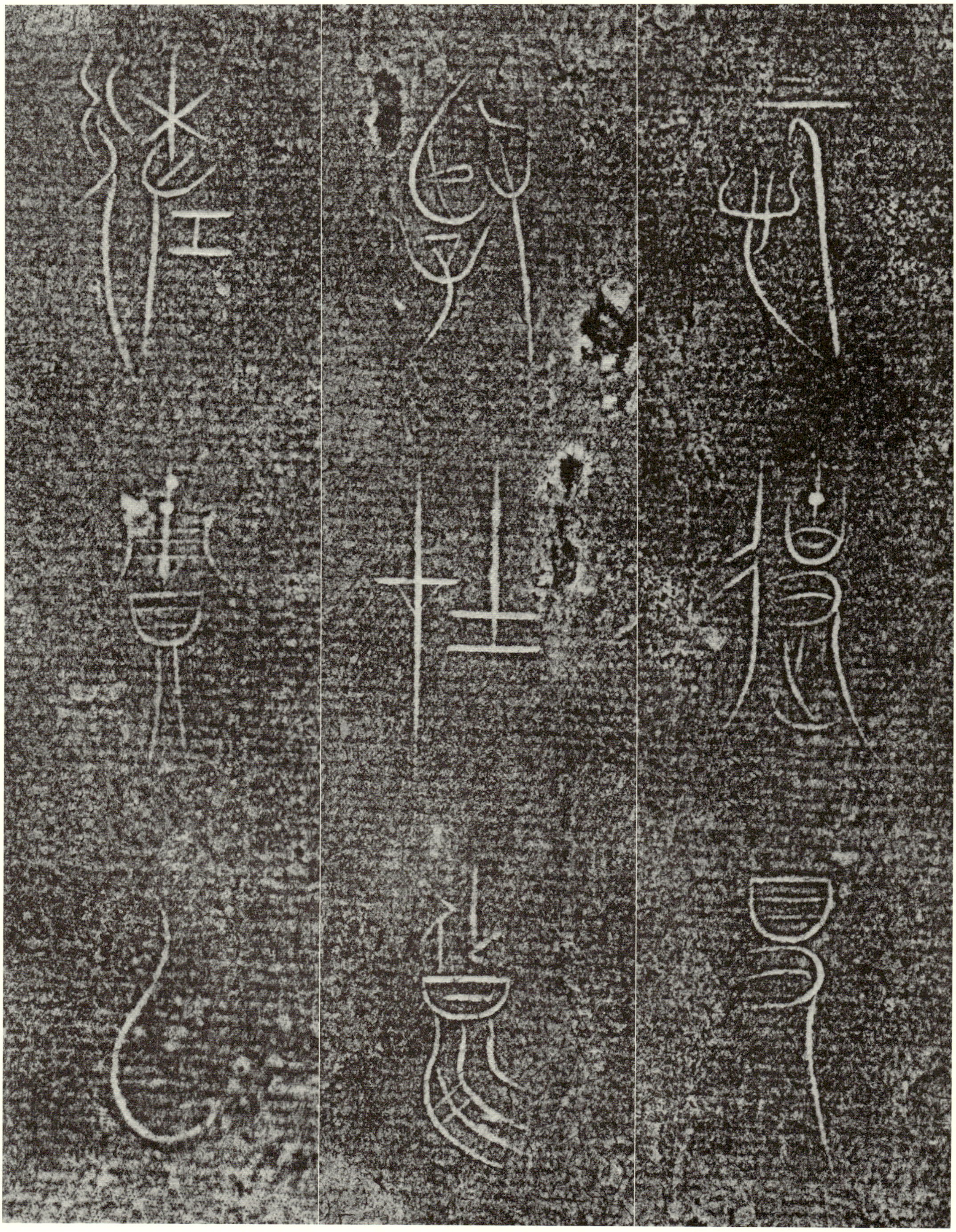

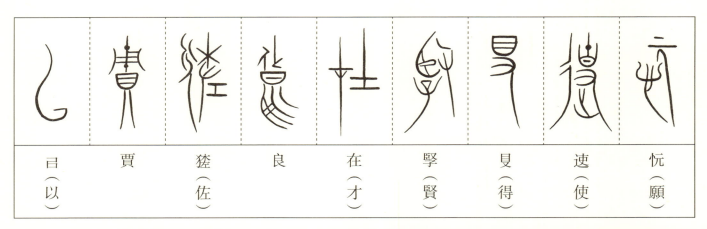

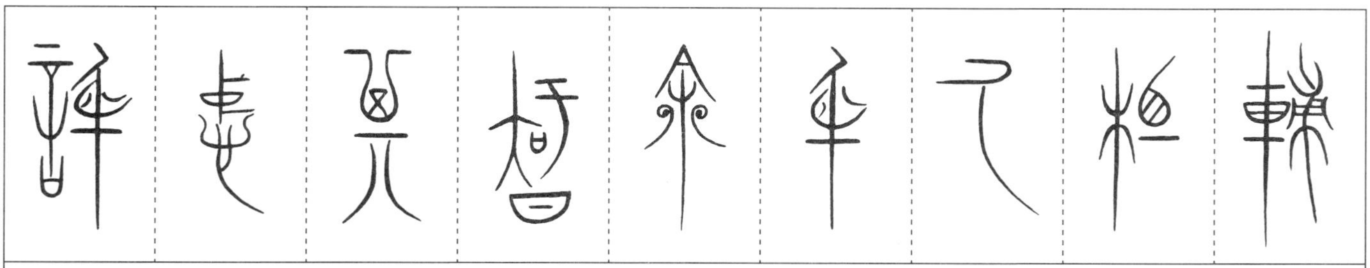

| | | | | | | | | |
|---|---|---|---|---|---|---|---|---|
| 訫（信） | 忠 | 其 | 智（知） | 余 | 身 | 氒（厥） | 相 | 輔 |

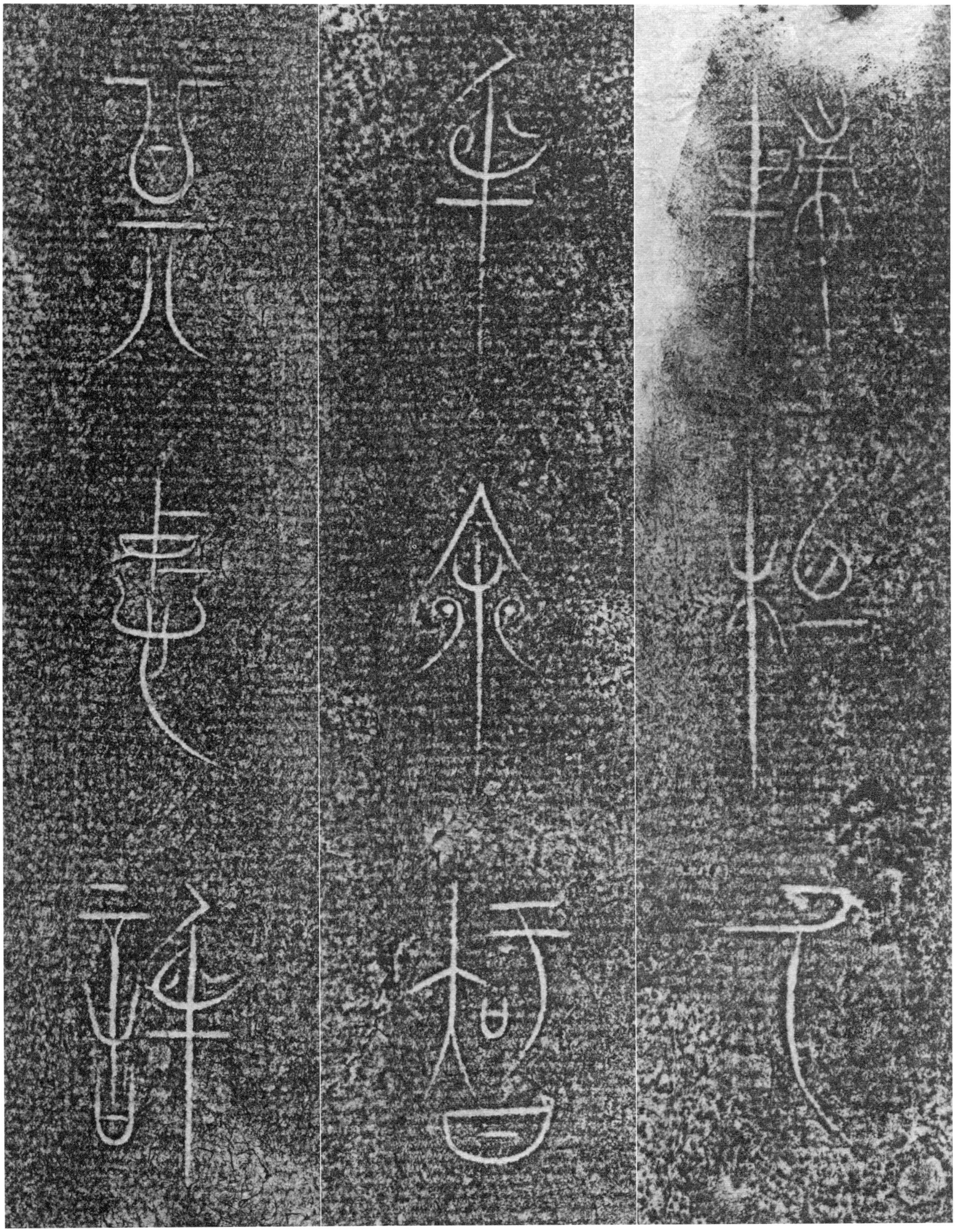

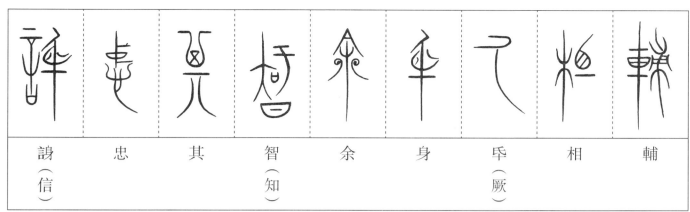

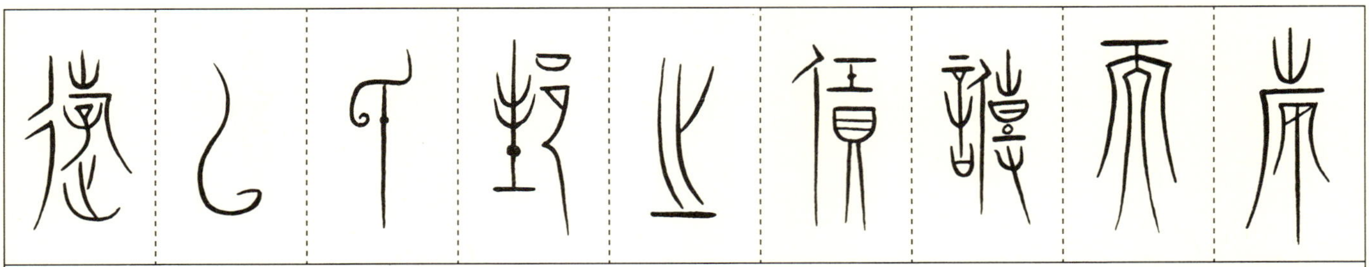

| | | | | | | | | |
|---|---|---|---|---|---|---|---|---|
| 施（也） | 而 | 護（屬） | 賃（任） | 之 | 邦 | 氏（是） | 㠯（以） | 遊 |

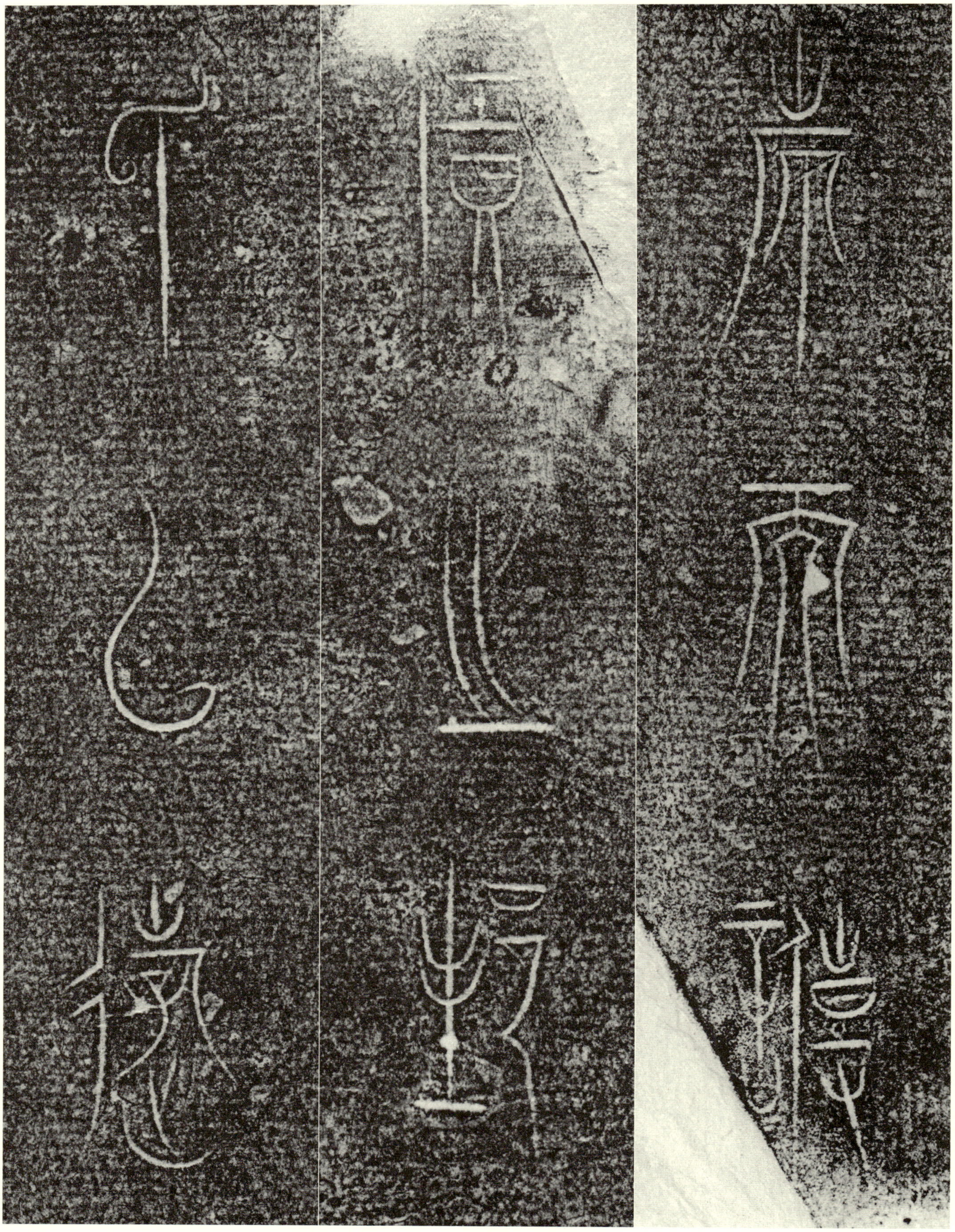

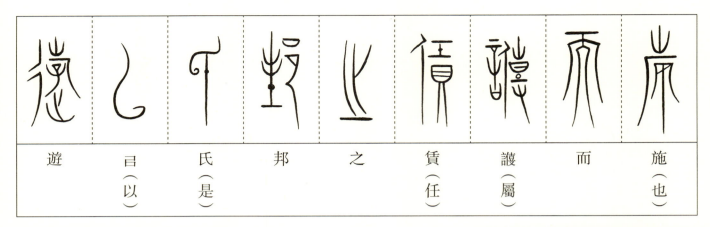

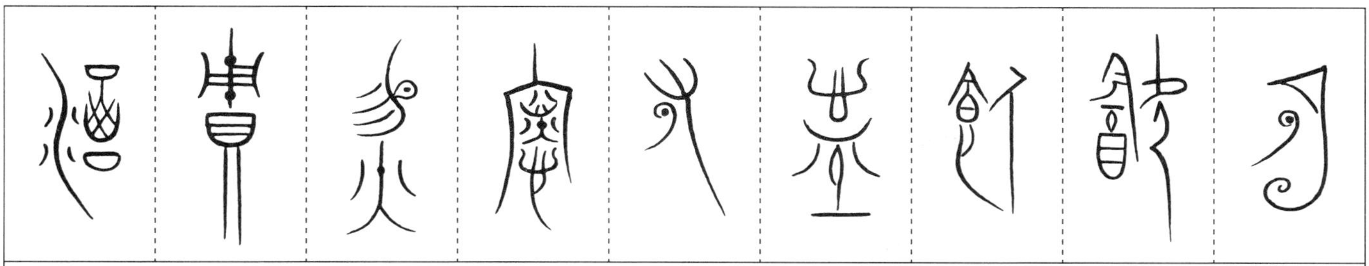

| | | | | | | | | |
|---|---|---|---|---|---|---|---|---|
| 渴（竭） | 賈 | 煬（惕） | 寋（遽） | 又（有） | 寍（寧） | 飤（食） | 歙（飲） | 夕 |

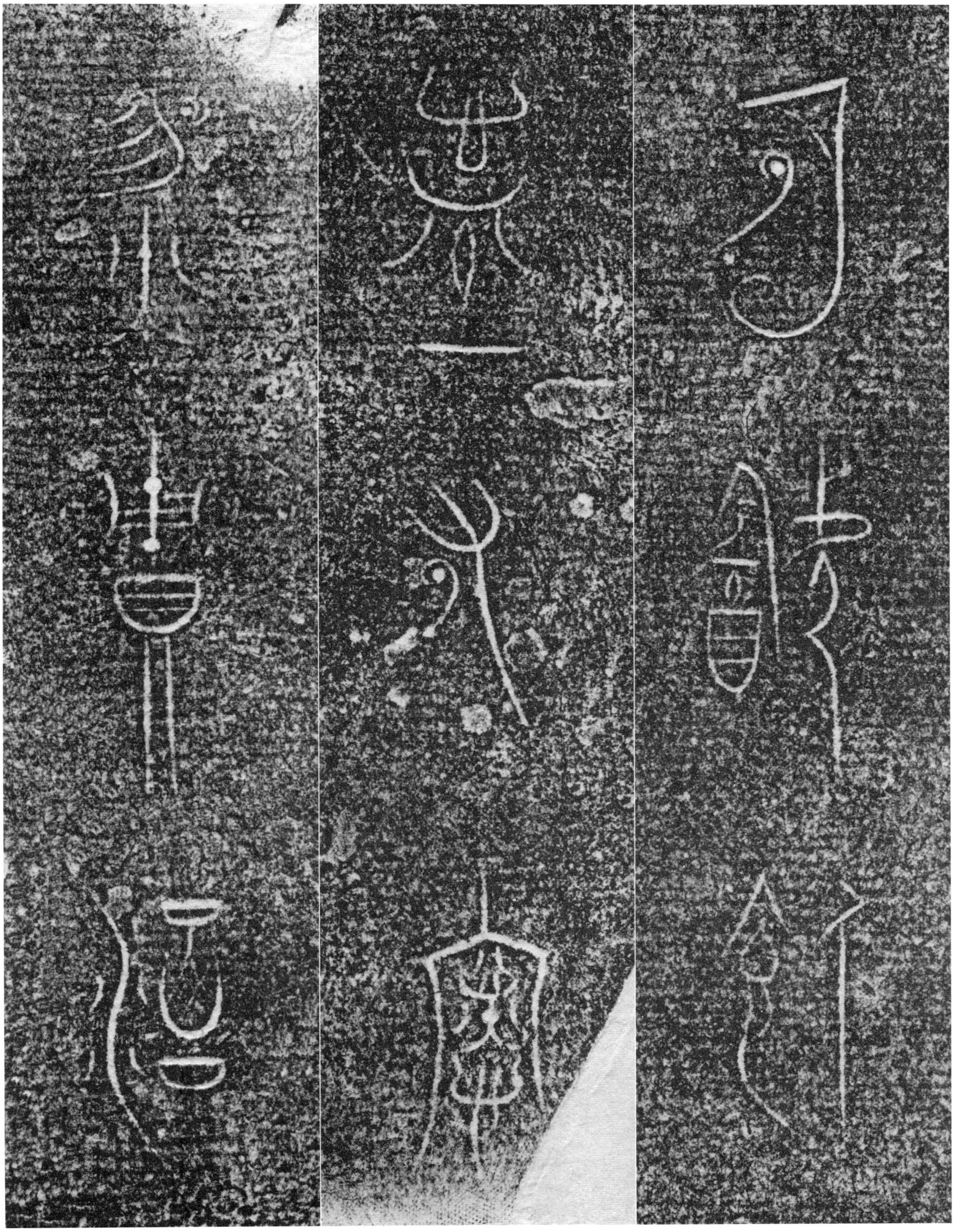

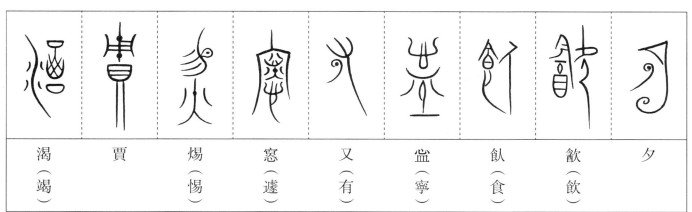

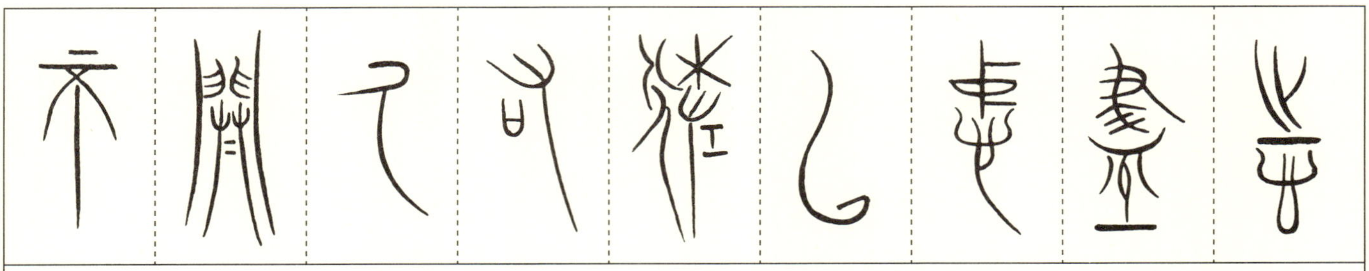

| | | | | | | | | |
|---|---|---|---|---|---|---|---|---|
| 不 | 闢（辟） | 氒（厥） | 右 | ⿰犭差（左） | 㠯（以） | 忠 | 盡 | 志 |

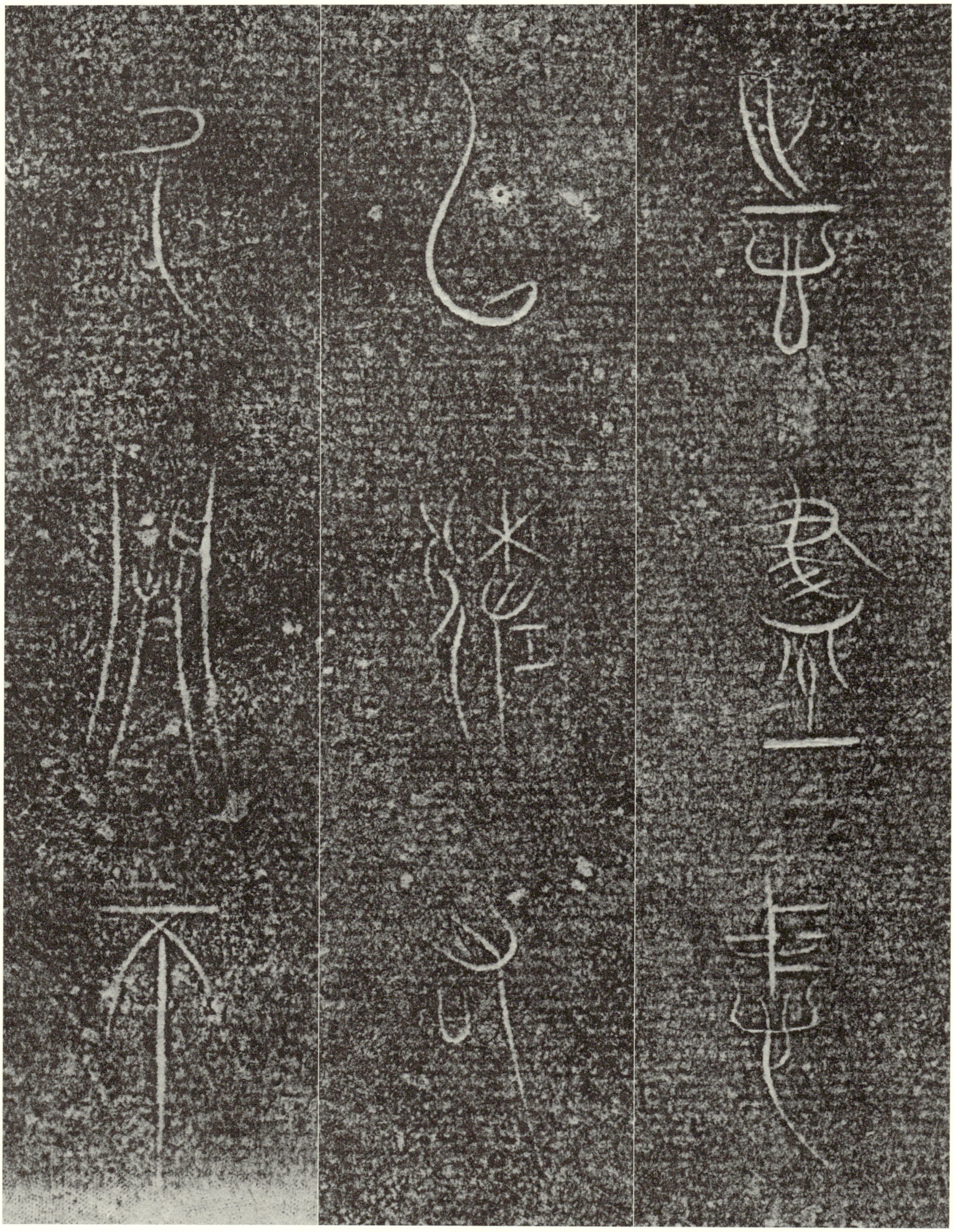

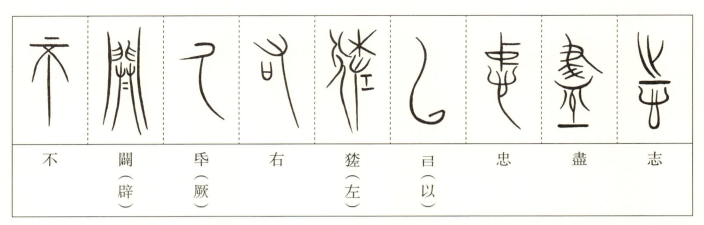

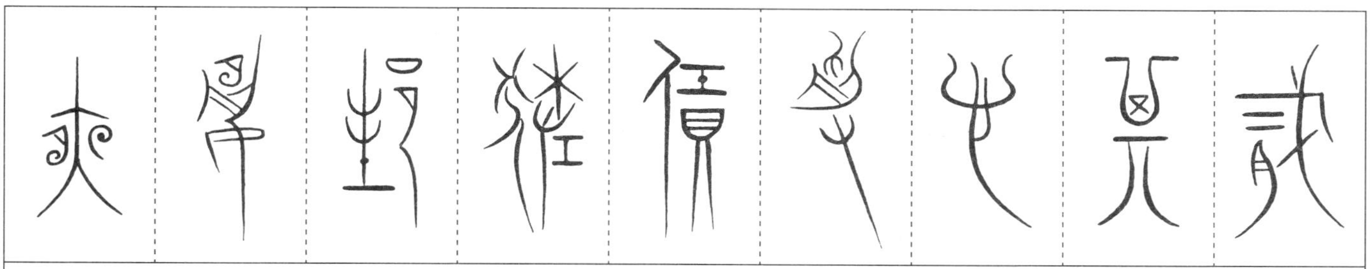

| | | | | | | | | |
|---|---|---|---|---|---|---|---|---|
| 夜 | 夙 | 邦 | ⿰犭差（佐） | 賃（任） | 受 | 心 | 其 | ⿹弋月（貳） |

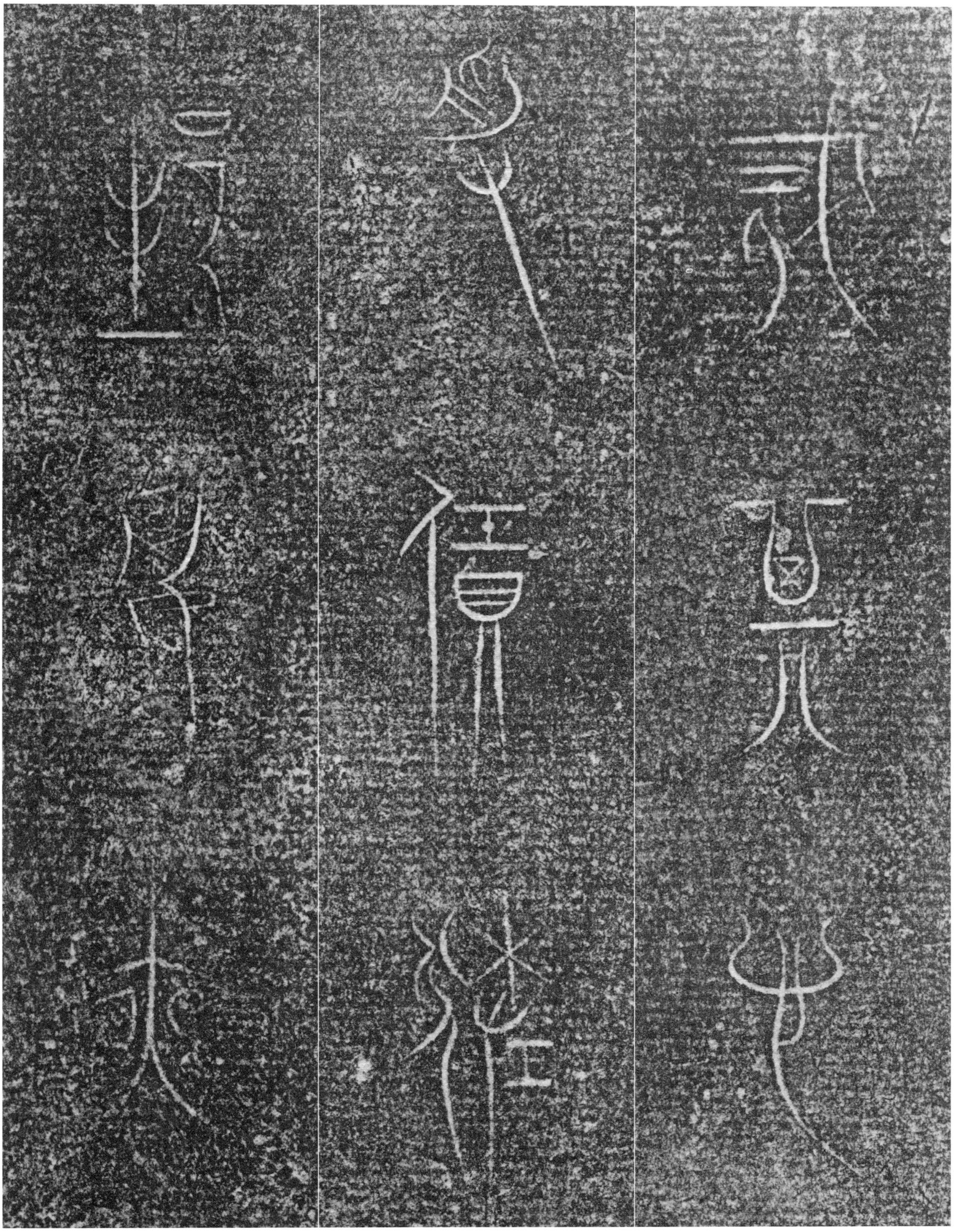

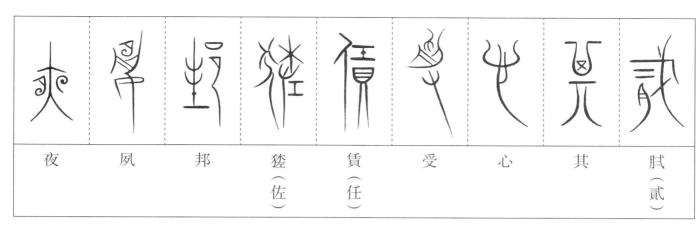

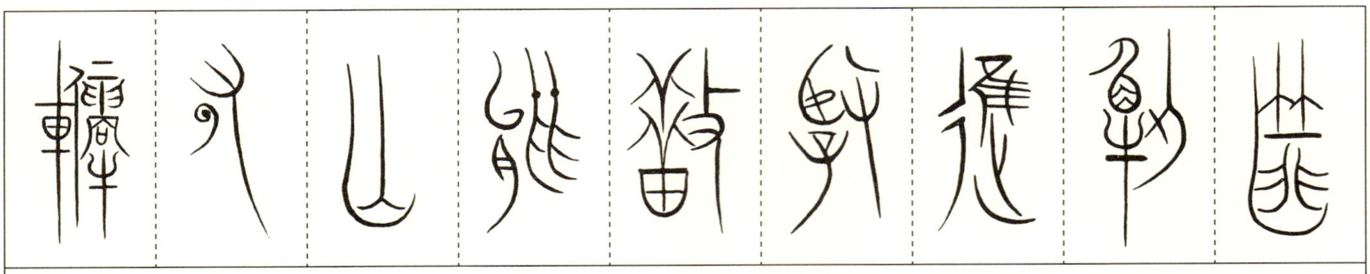

| | | | | | | | | |
|---|---|---|---|---|---|---|---|---|
| 篚（匪） | 解（懈） | 進 | 掔（賢） | 散（措） | 能 | 亡（無） | 又（有） | 韡（常） |

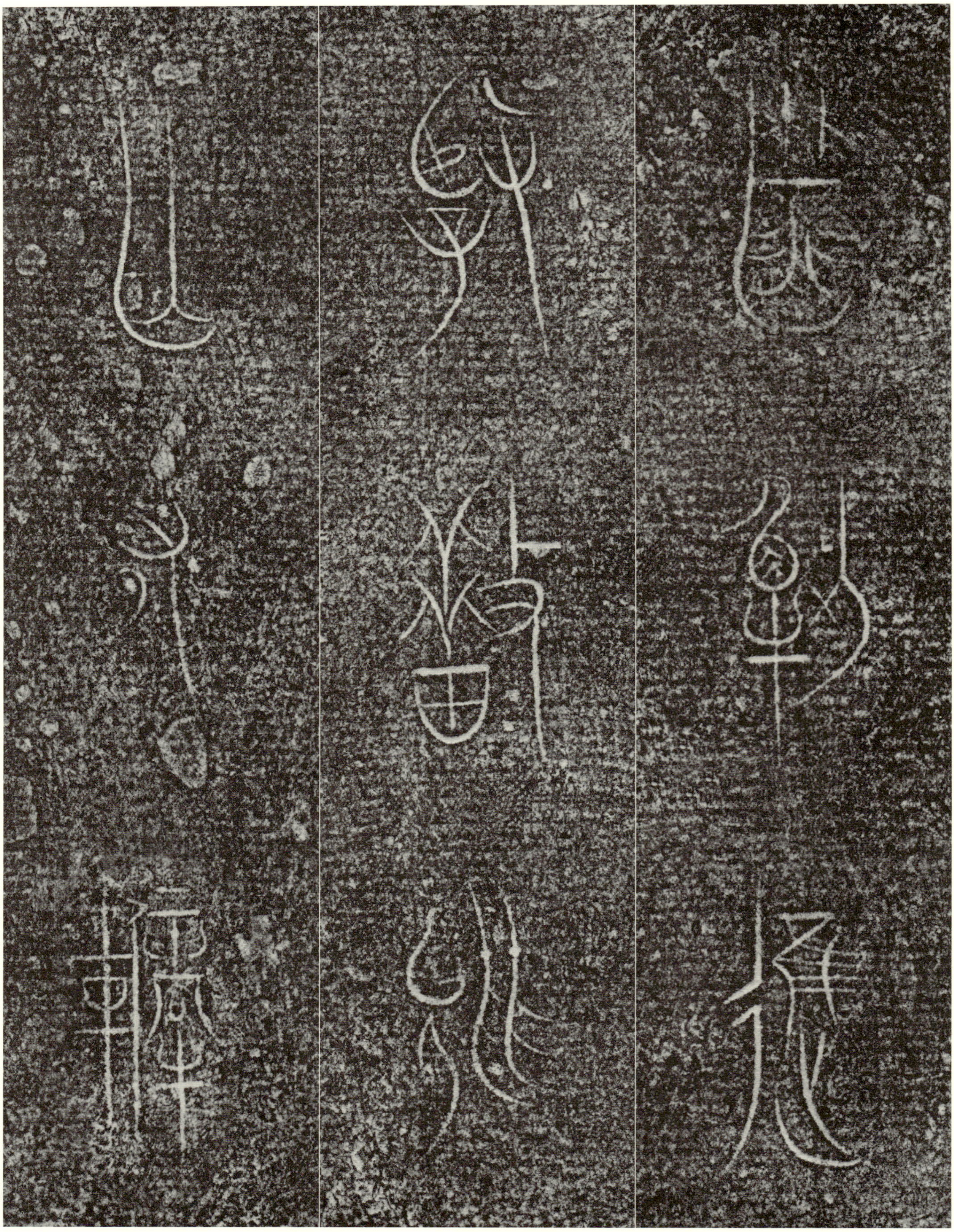

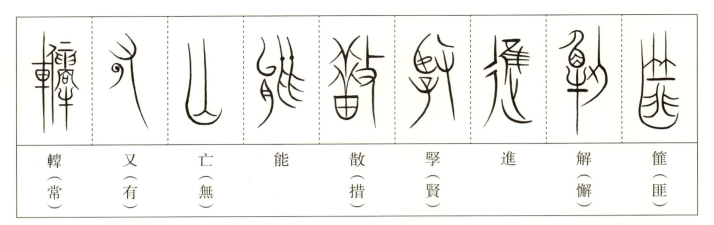

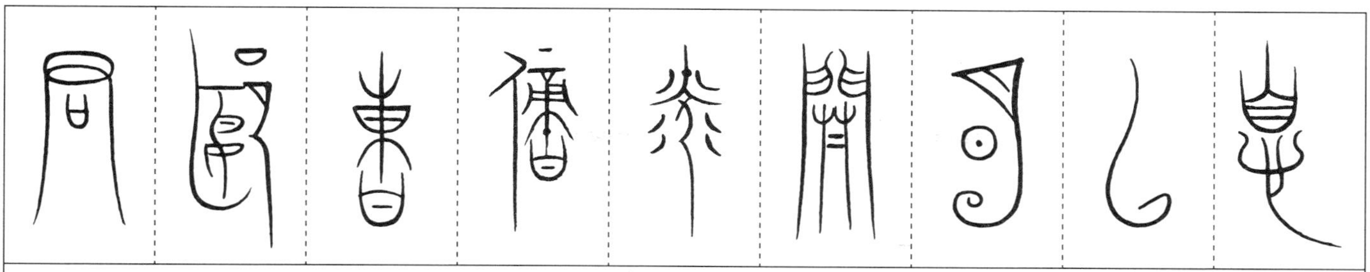

| | | | | | | | | |
|---|---|---|---|---|---|---|---|---|
| 君 | 郾（燕） | 曹（遭） | 僑（適） | 光 | 闢（辟） | 明 | 㠯（以） | 息 |

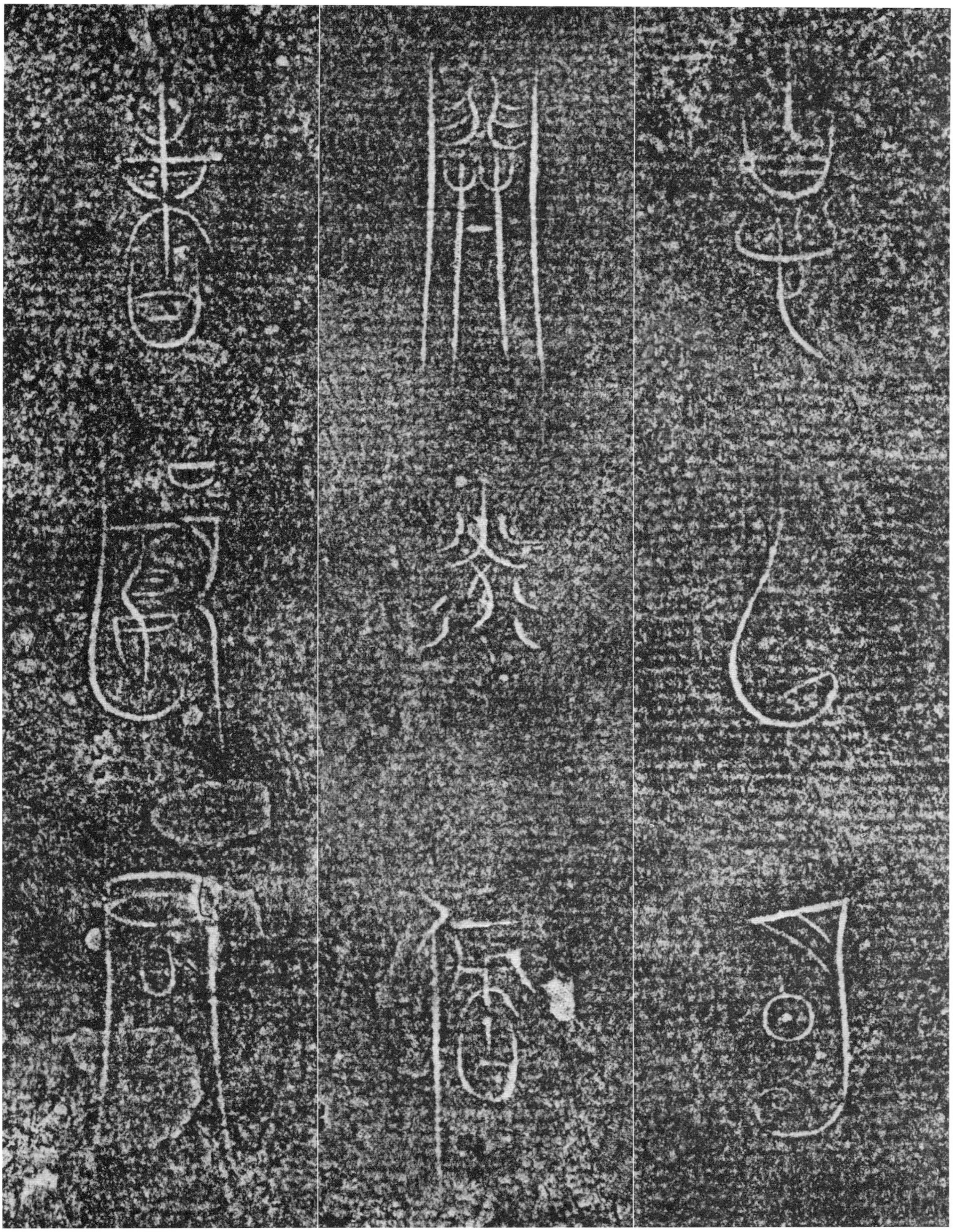

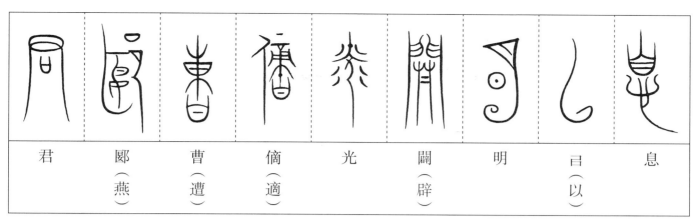

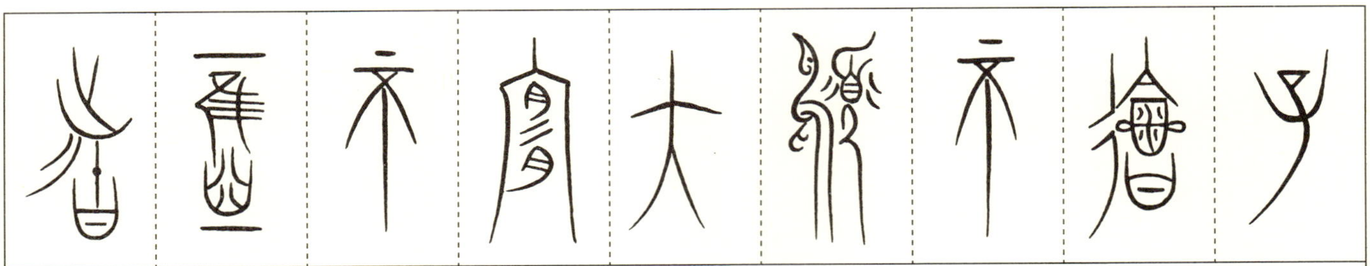

| | | | | | | | | |
|---|---|---|---|---|---|---|---|---|
| 者（諸） | 舊（舊） | 不 | 宜（義） | 大 | ⿰鳥頁（顧） | 不 | 儈（噲） | 子 |

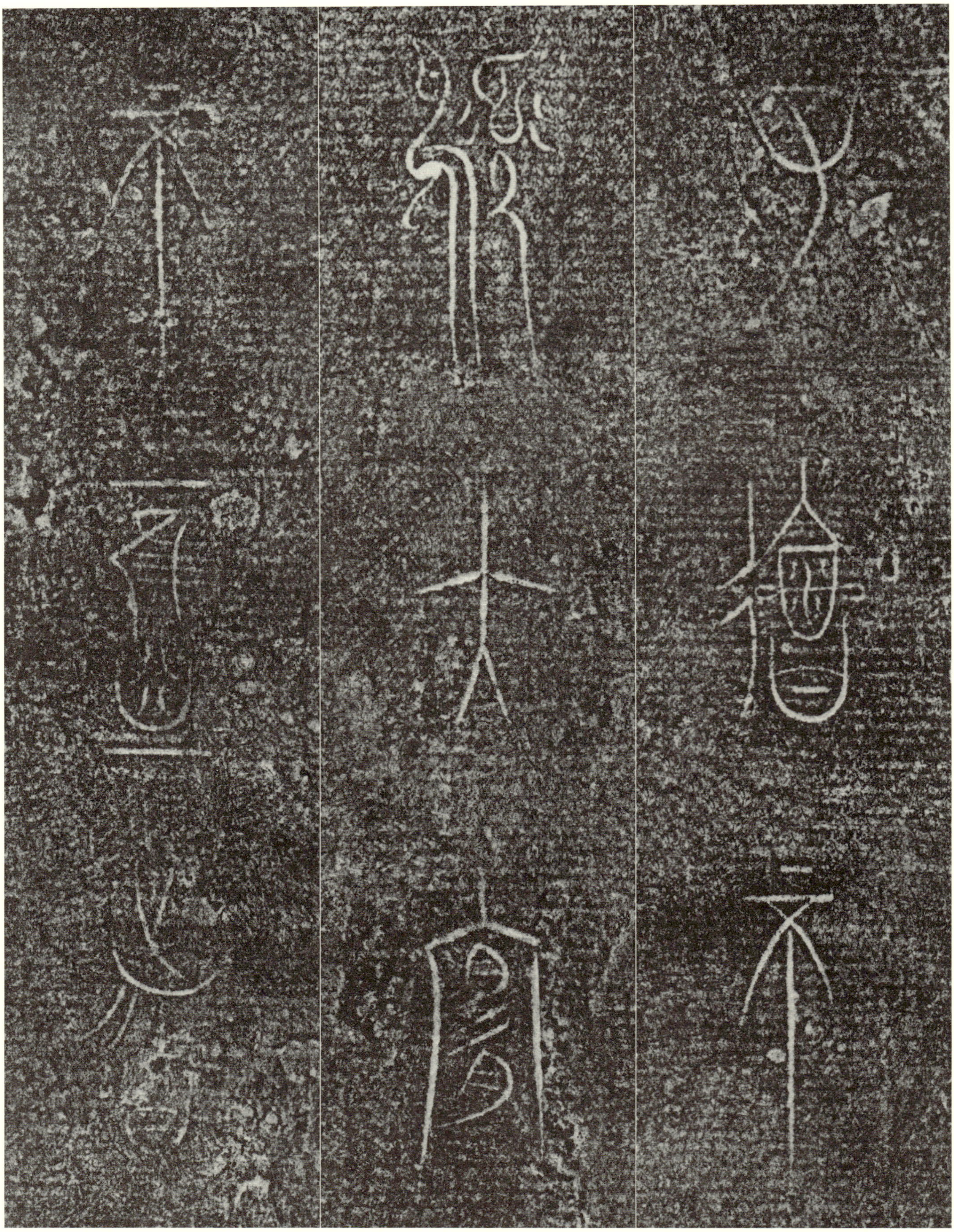

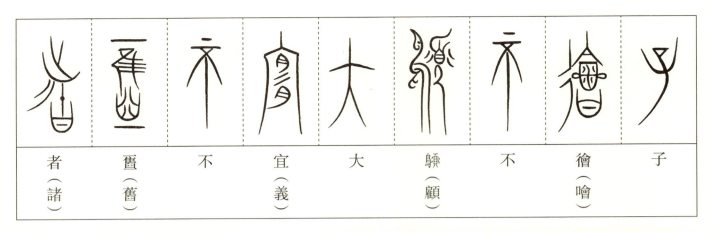

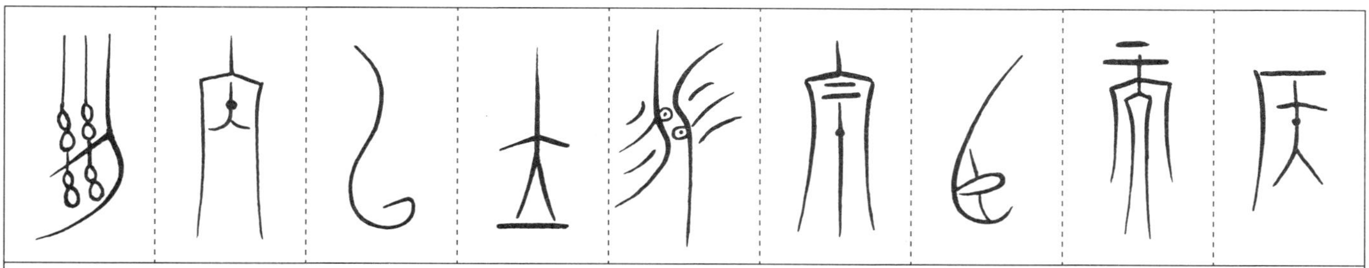

| | | | | | | | | |
|---|---|---|---|---|---|---|---|---|
| 𢇍（絕） | 內 | 㠯（以） | 立（位） | 昜 | 宔（主） | 臣 | 而 | 侯 |

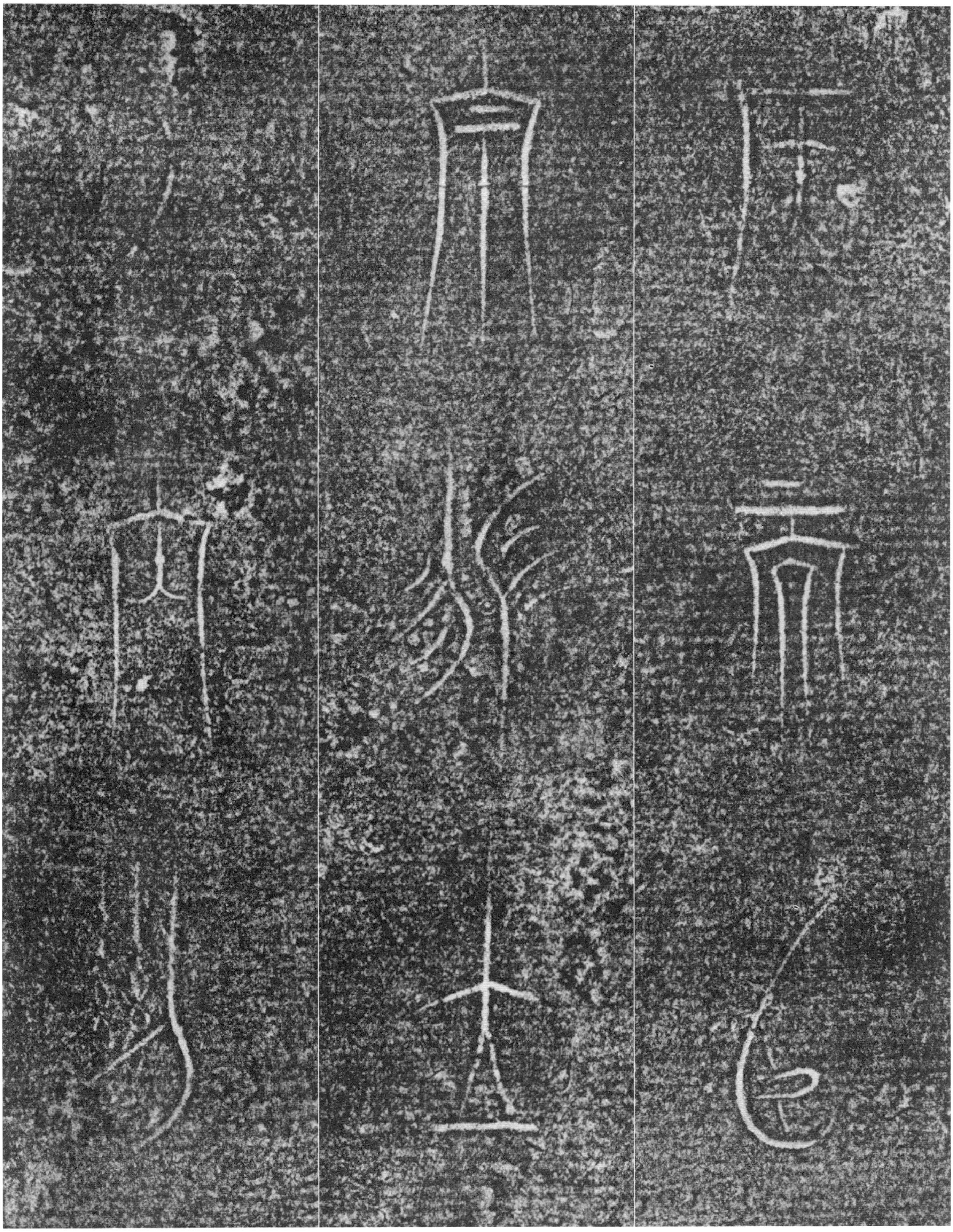

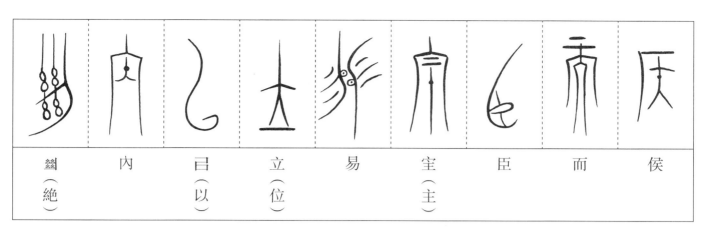

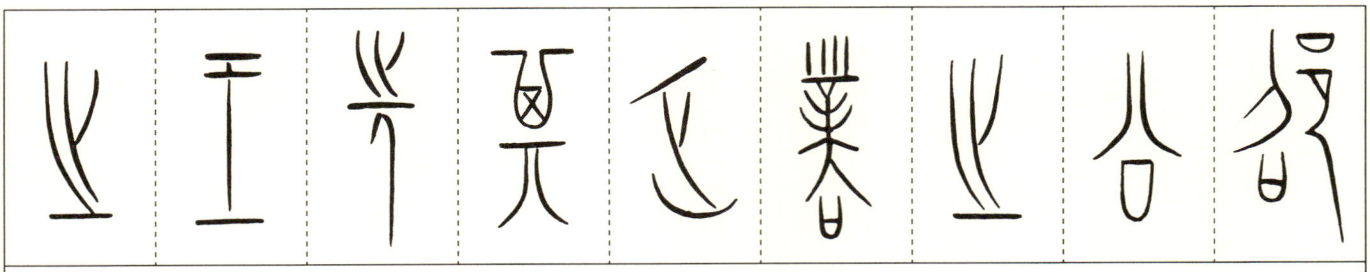

| | | | | | | | | |
|---|---|---|---|---|---|---|---|---|
| 之 | 王 | 先 | 其 | 乏 | 業 | 之 | 公 | 邵（召） |

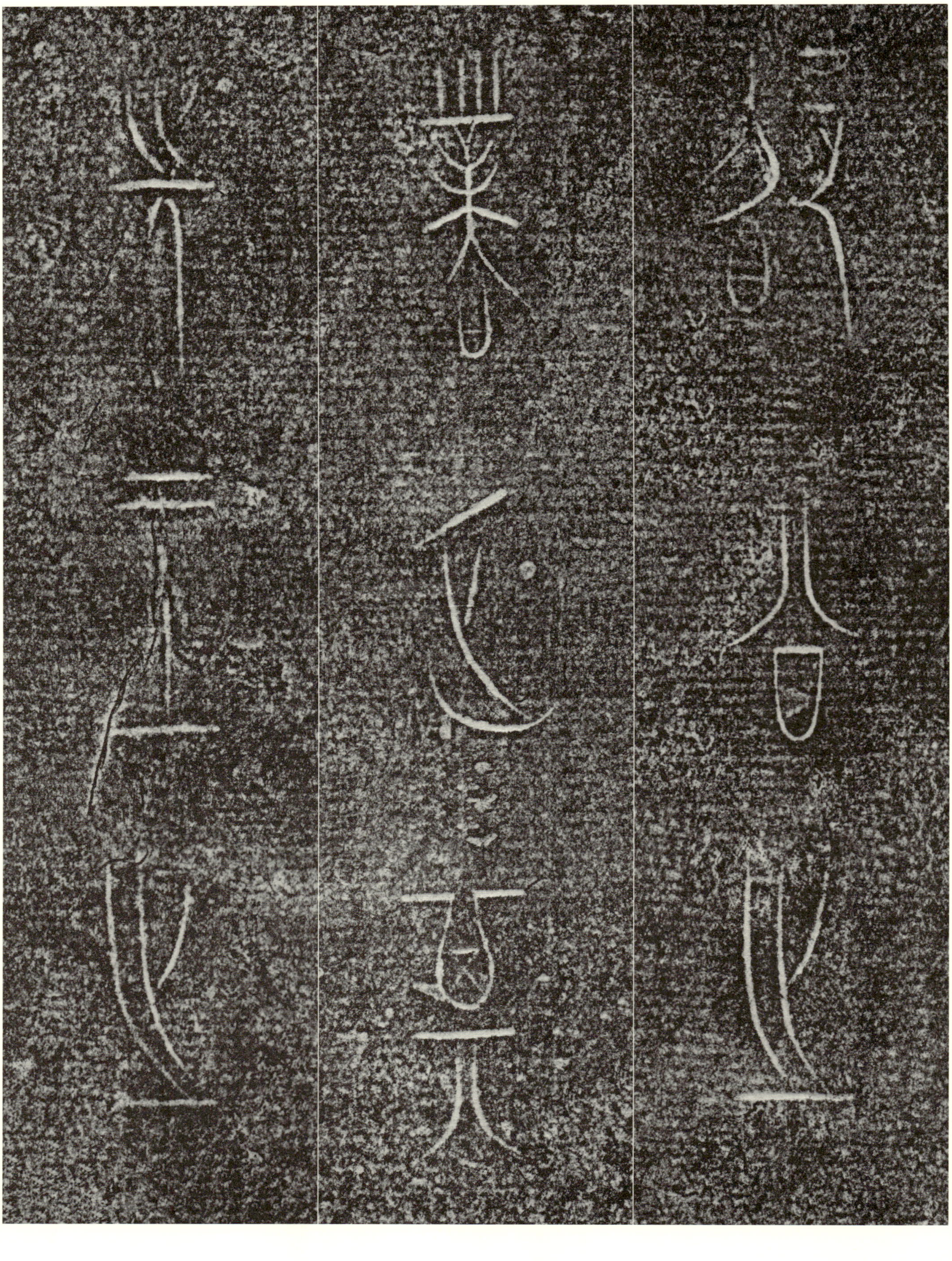

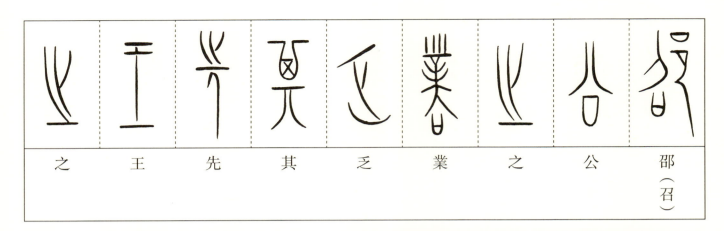

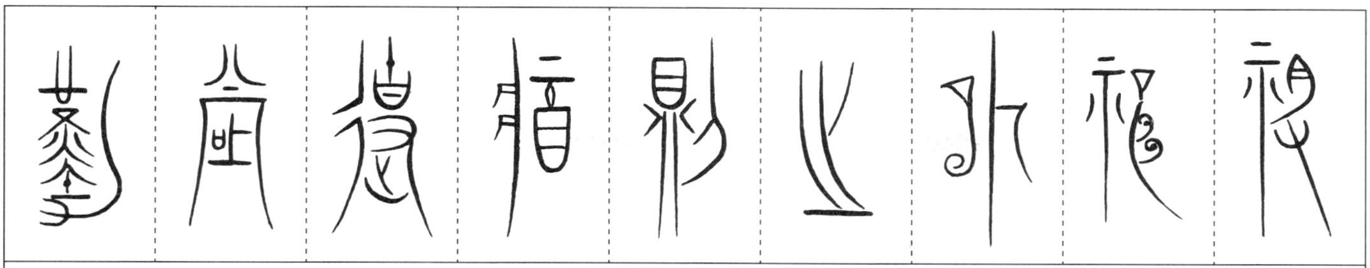

| | | | | | | | | |
|---|---|---|---|---|---|---|---|---|
| 祭 | 祀 | 外 | 之 | 則 | 酒（將） | 速（使） | 堂（上） | 勤（覲） |

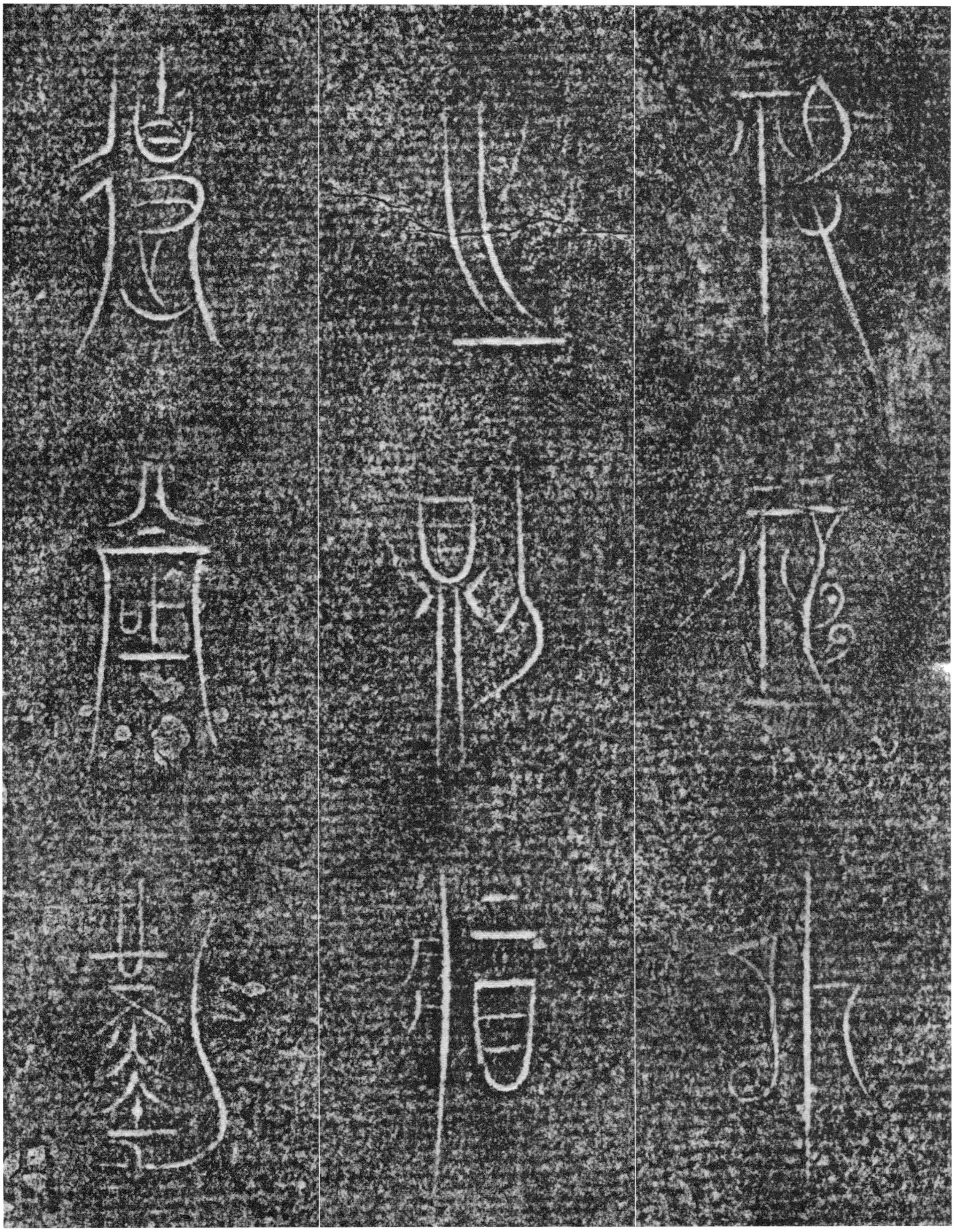

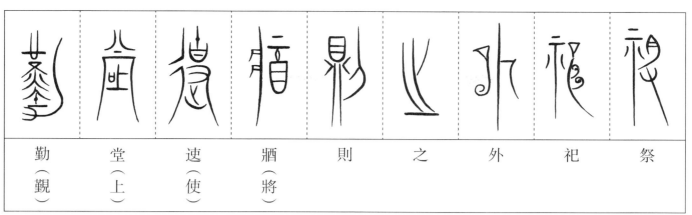

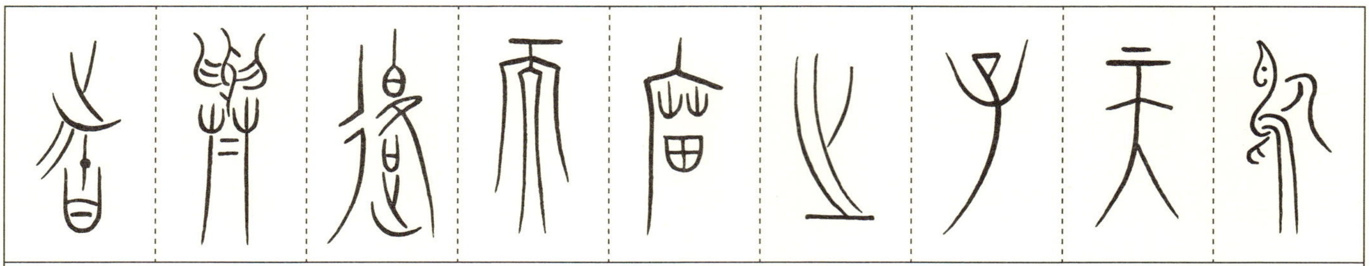

| | | | | | | | | |
|---|---|---|---|---|---|---|---|---|
| 者（諸） | 與 | 退 | 而 | 庿（廟） | 之 | 子 | 天 | 於 |

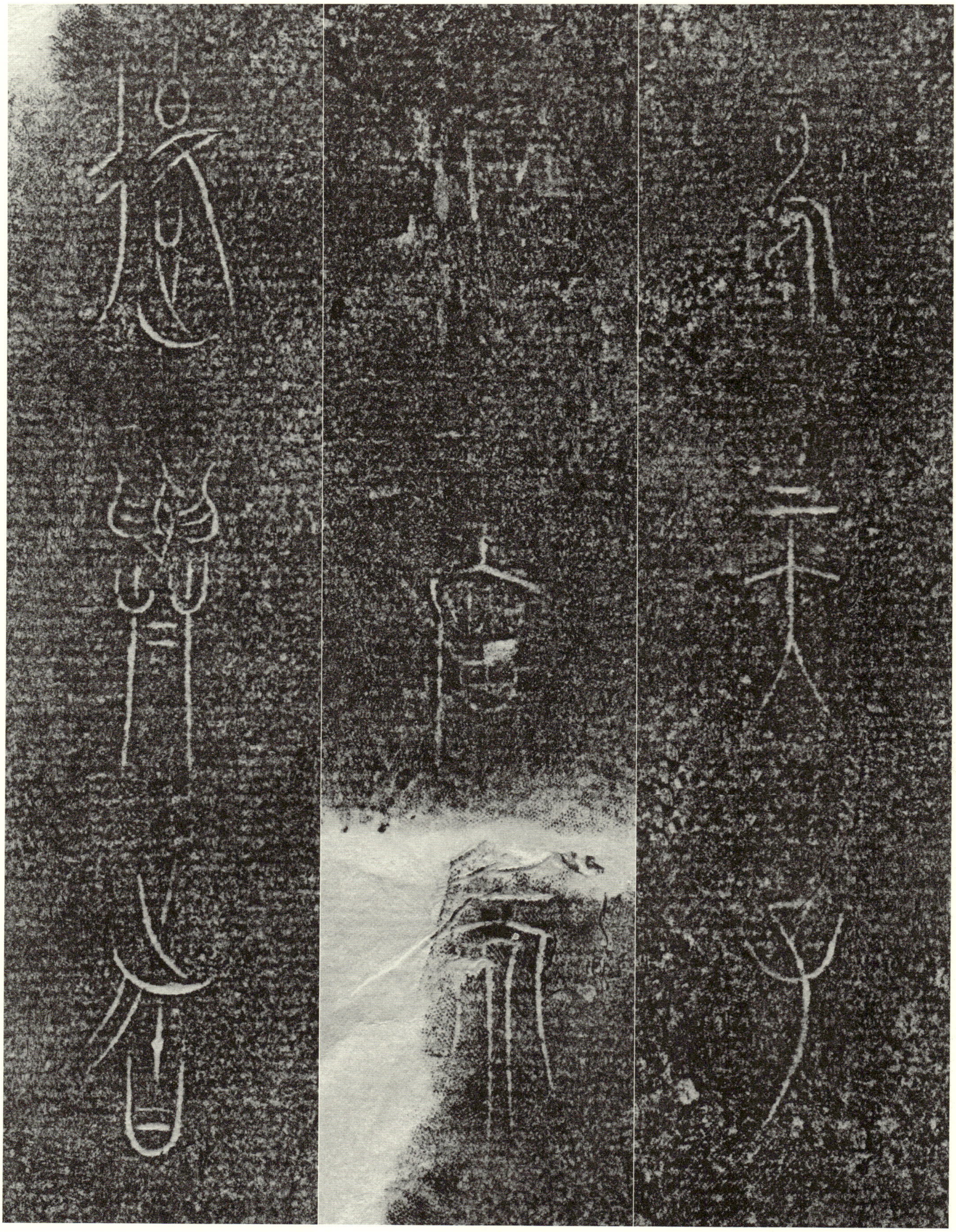

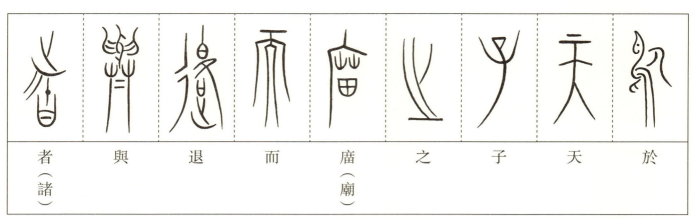

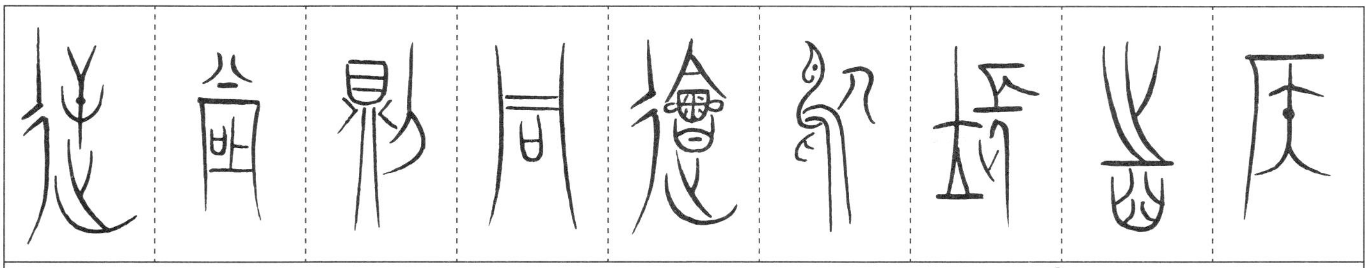

| | | | | | | | | |
|---|---|---|---|---|---|---|---|---|
| 逆 | 堂（上） | 則 | 同 | 遚（會） | 於 | 張（長） | 齒 | 侯 |

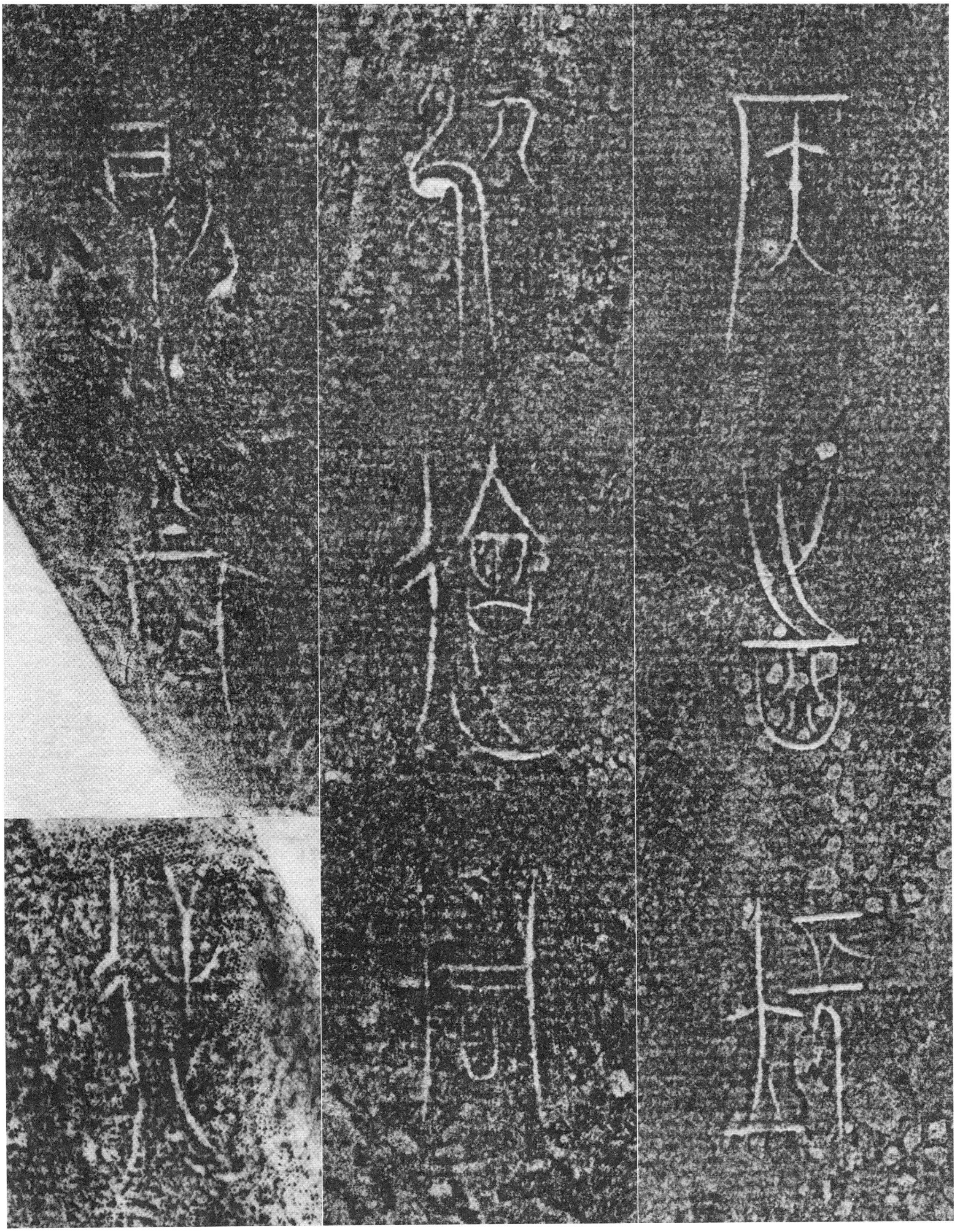

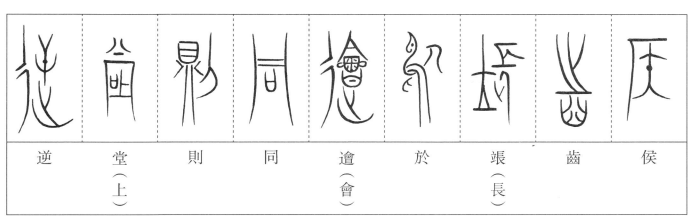

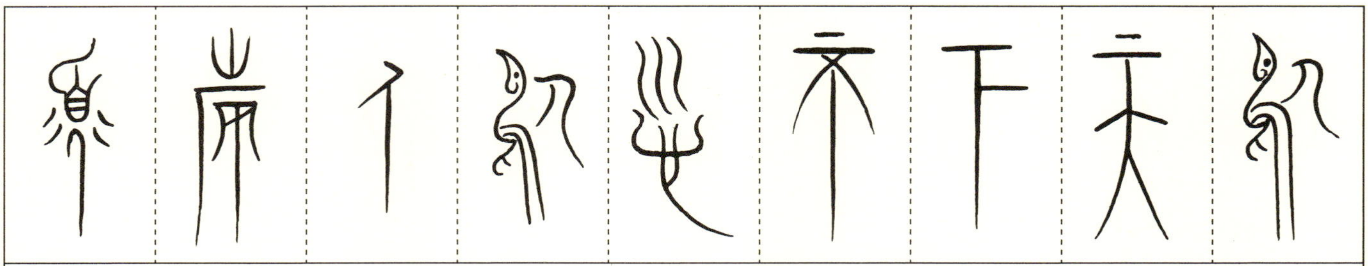

| | | | | | | | | |
|---|---|---|---|---|---|---|---|---|
| [illegible]（寡） | 施（也） | 人 | 於 | [illegible]（順） | 不 | 下 | 天 | 於 |

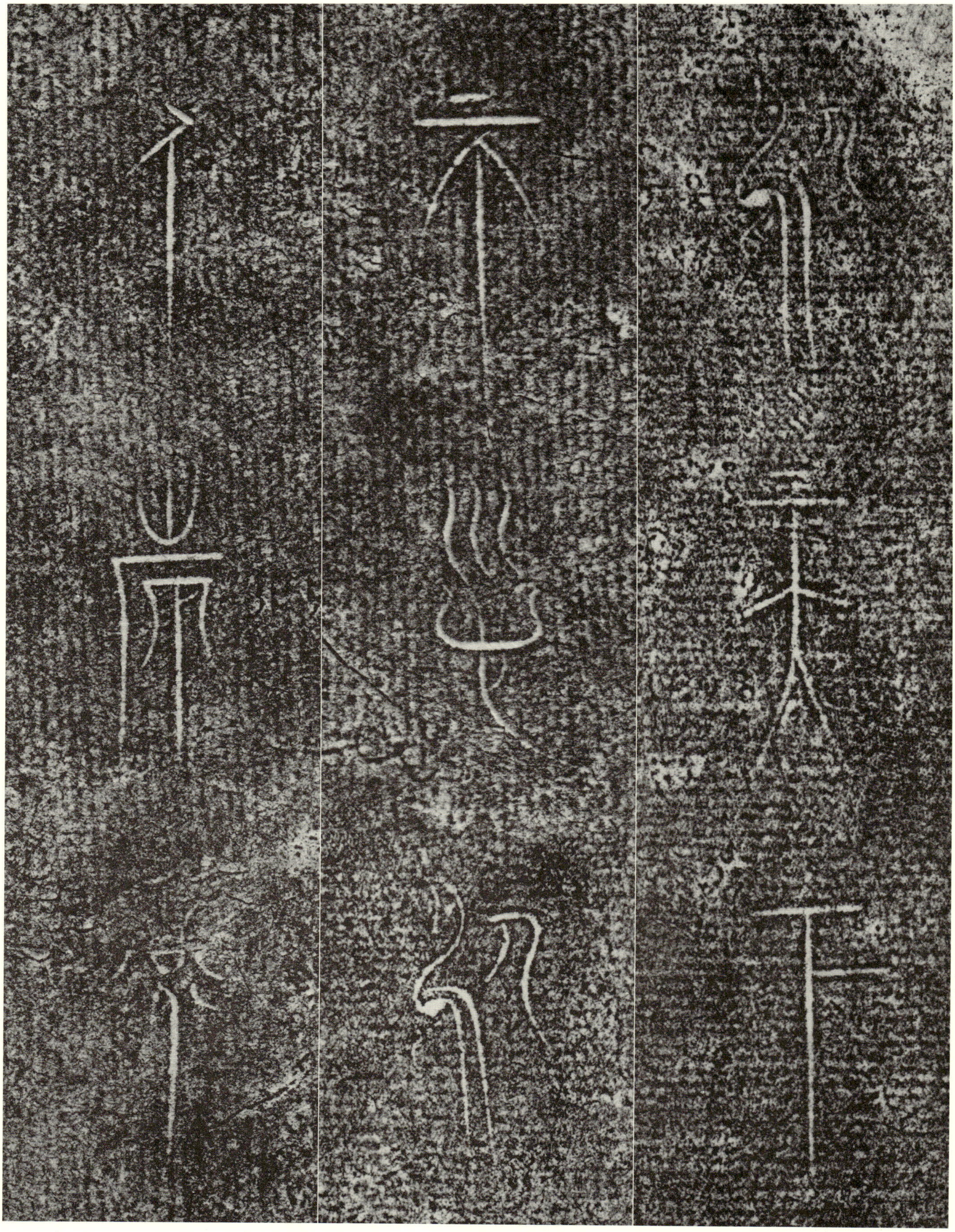

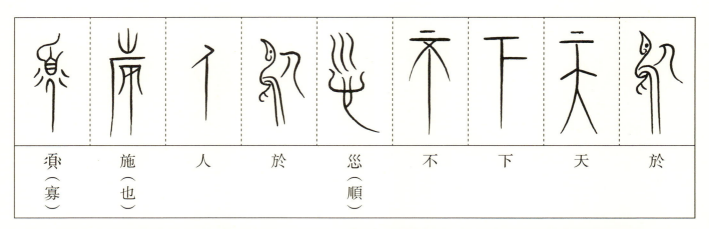

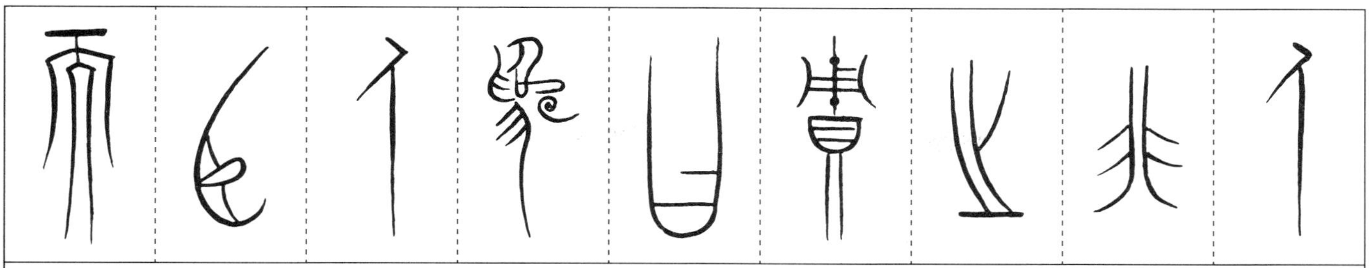

| | | | | | | | | |
|---|---|---|---|---|---|---|---|---|
| 而 | 臣 | 人 | 爲 | 曰 | 賈 | 之 | 非 | 人 |

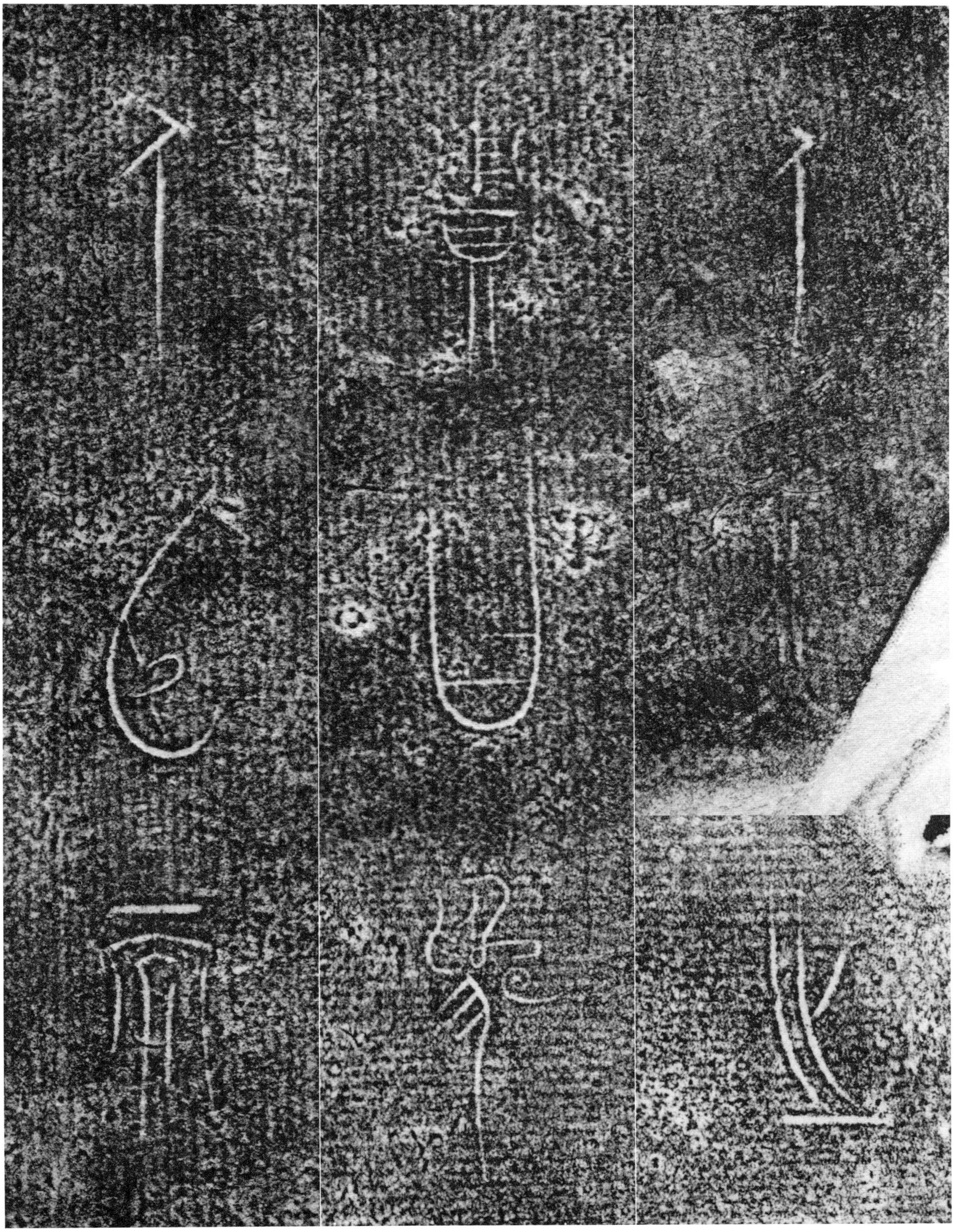

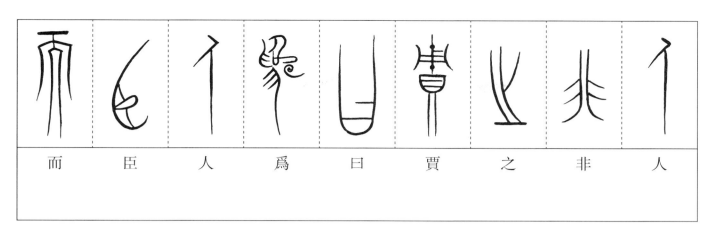

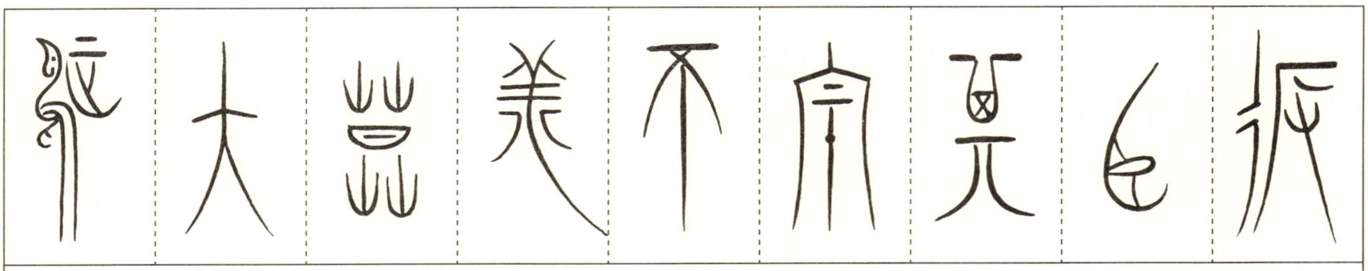

| | | | | | | | | |
|---|---|---|---|---|---|---|---|---|
| 仮（反） | 臣 | 其 | 宔（主） | 不 | 羕（祥） | 莫 | 大 | 焉 |

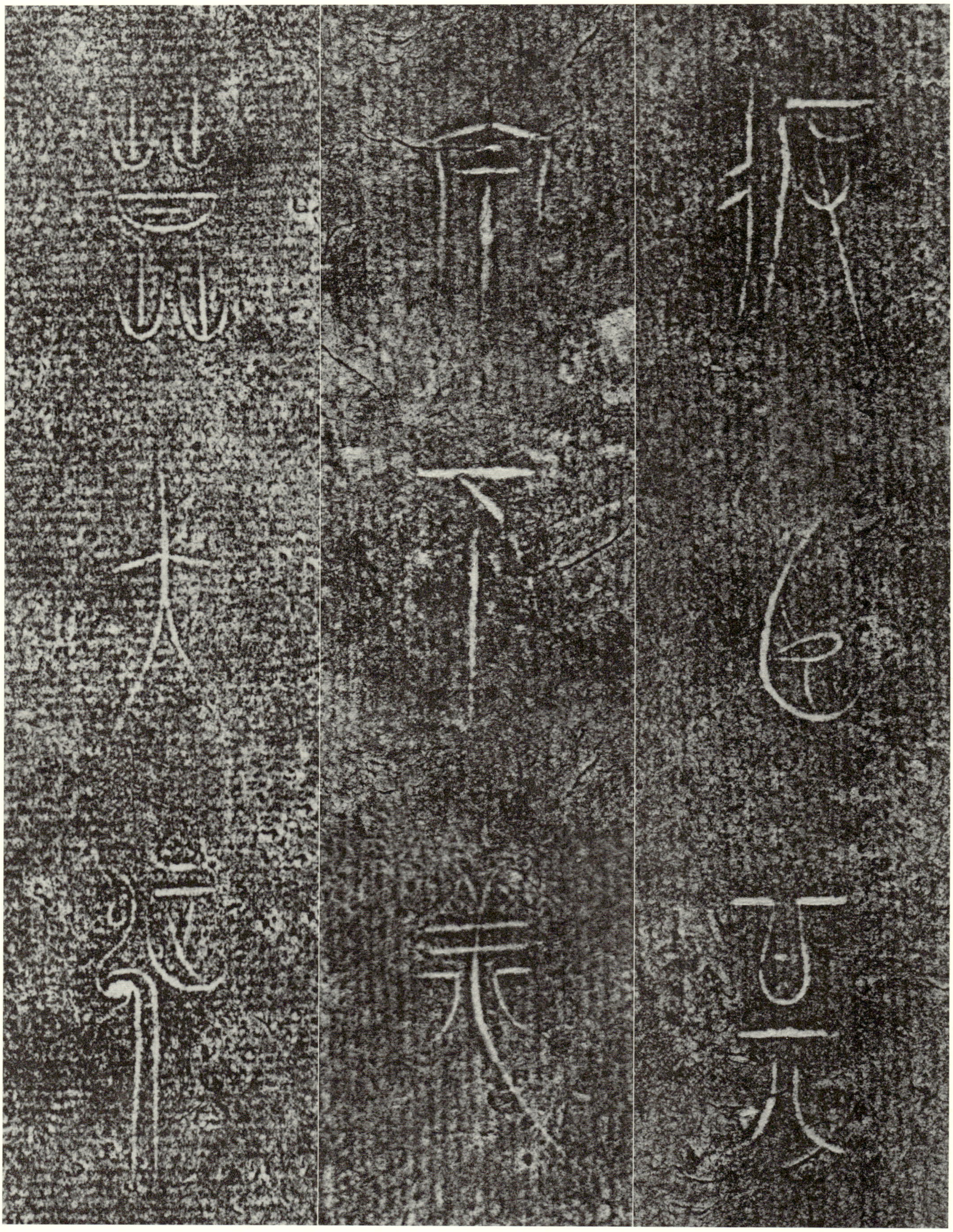

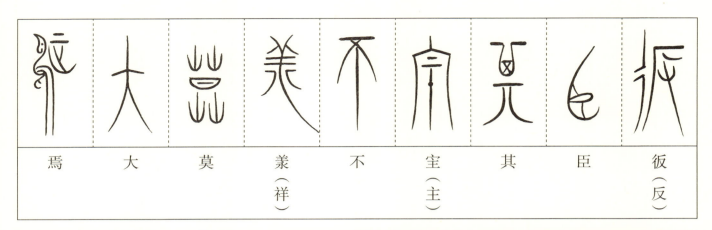

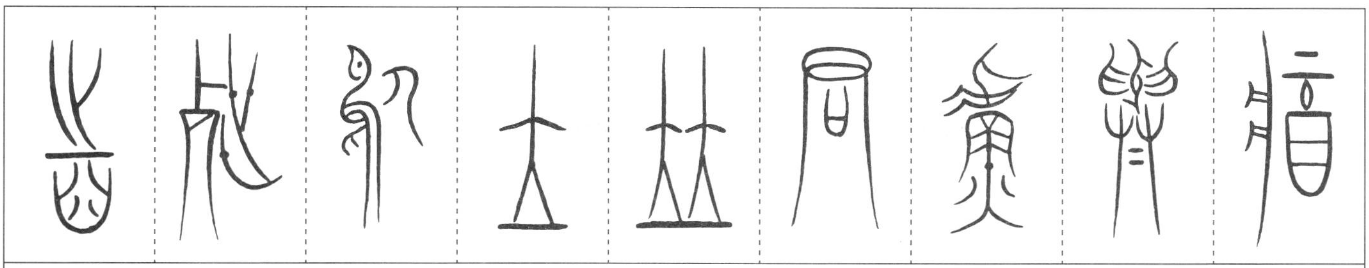

| | | | | | | | | |
|---|---|---|---|---|---|---|---|---|
| 齒 | ⿰歹世（世） | 於 | 立 | 並 | 君 | ⿱虍魚（吾） | 與 | ⿰爿酉（將） |

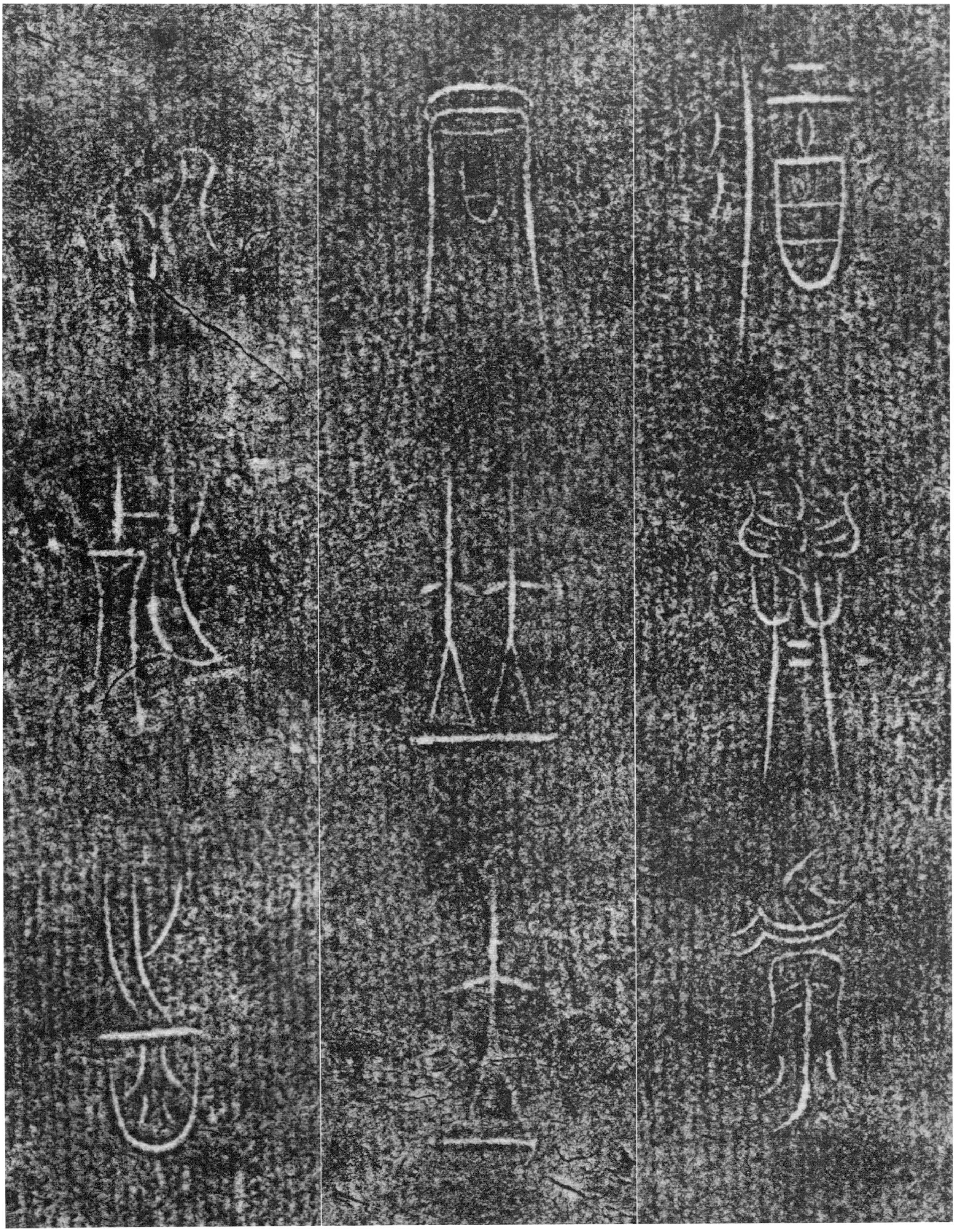

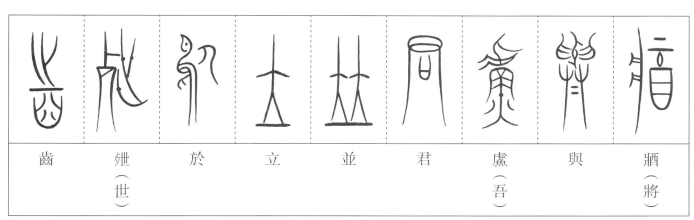

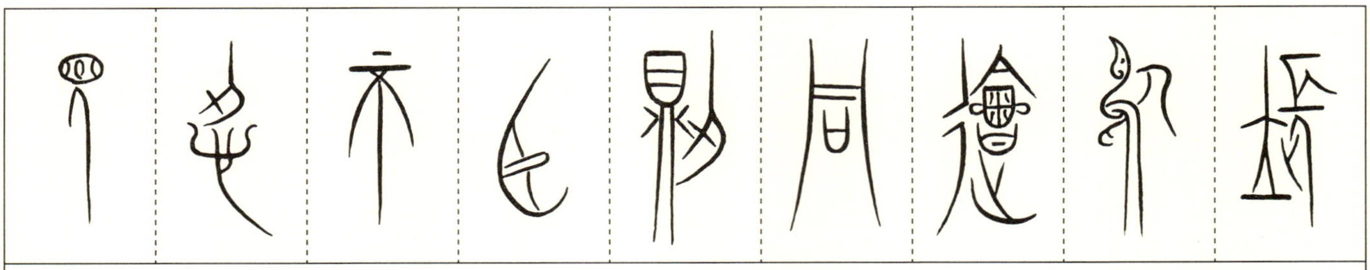

| | | | | | | | | |
|---|---|---|---|---|---|---|---|---|
| 見 | 忍 | 不 | 臣 | 則 | 同 | 遵（會） | 於 | ⿺辶長（長） |

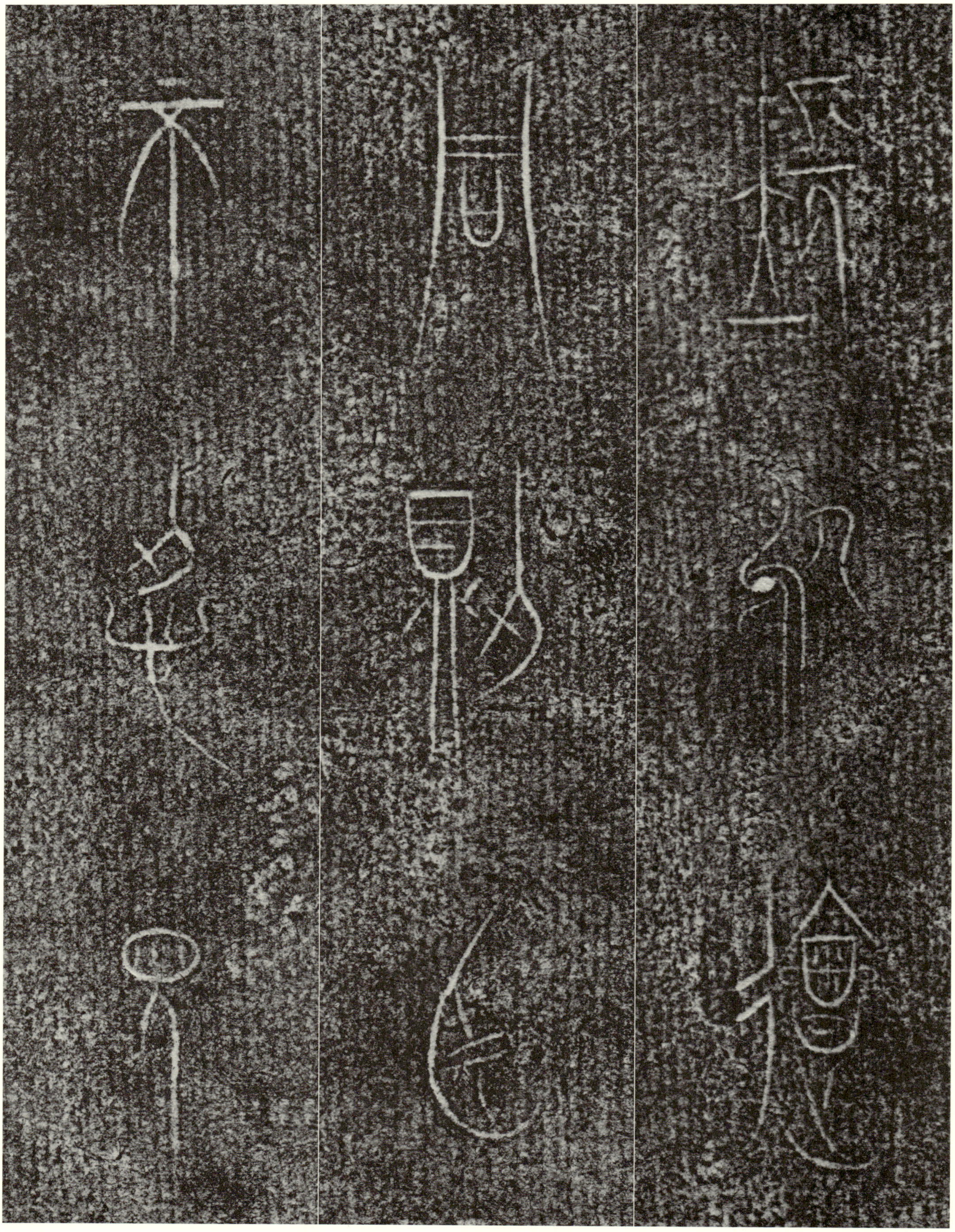

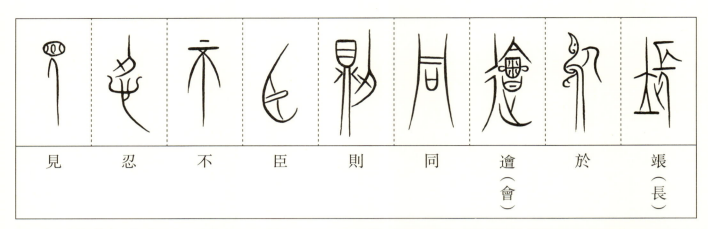

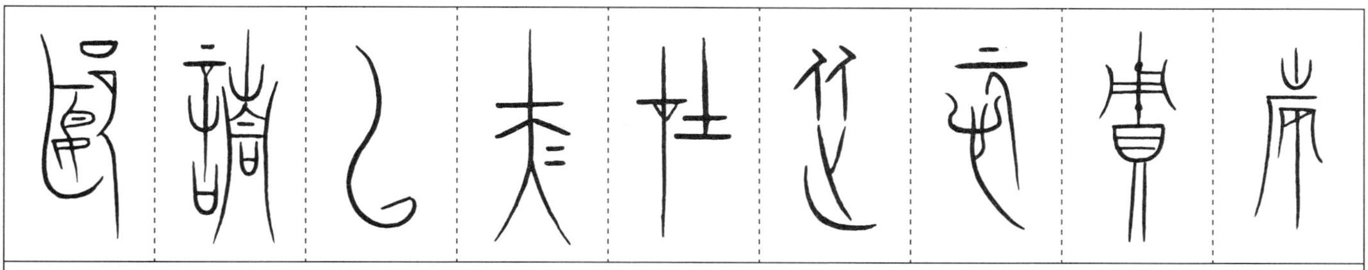

| 郾（燕） | 請 | 㠯（以） | 大夫 | 在（士） | 从（從） | 忨（願） | 賈 | 施（也） |
| --- | --- | --- | --- | --- | --- | --- | --- | --- |

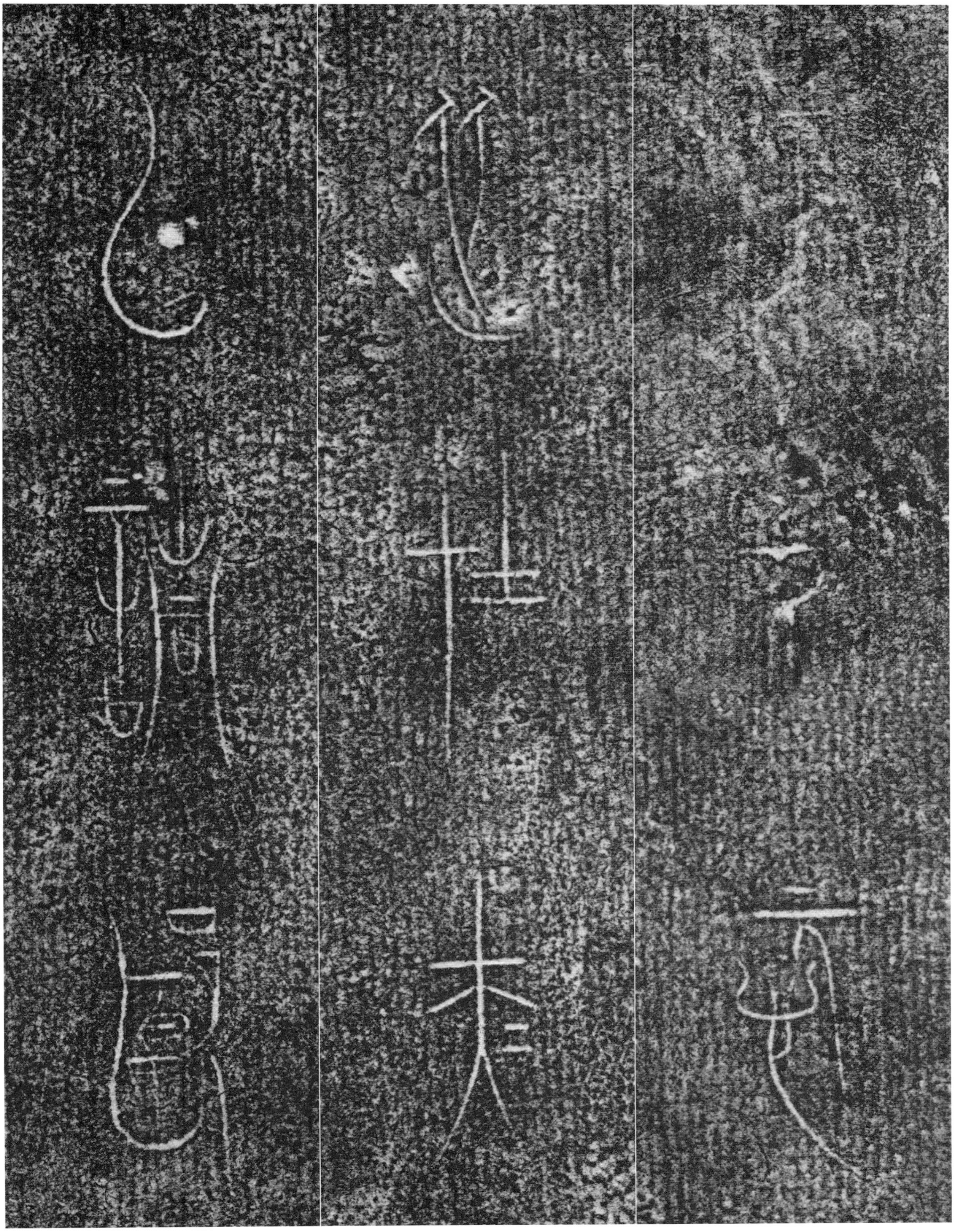

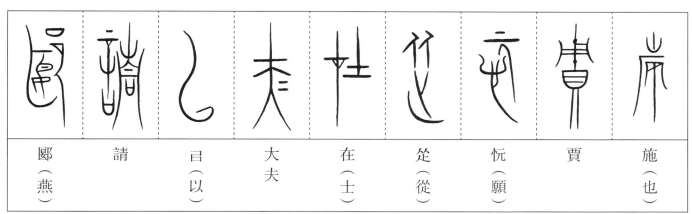

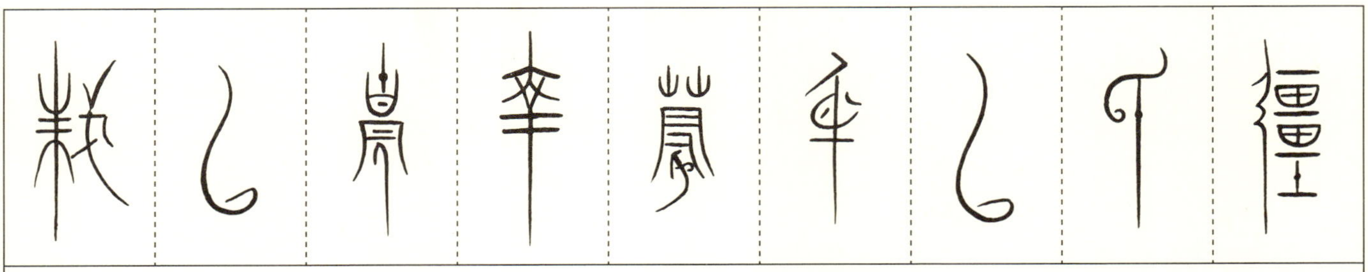

| | | | | | | | | |
|---|---|---|---|---|---|---|---|---|
| 𢧵（誅） | 㠯（以） | 胄 | 㚔（甲） | 蒙 | 身 | 㠯（以） | 氏（是） | 畺（疆） |

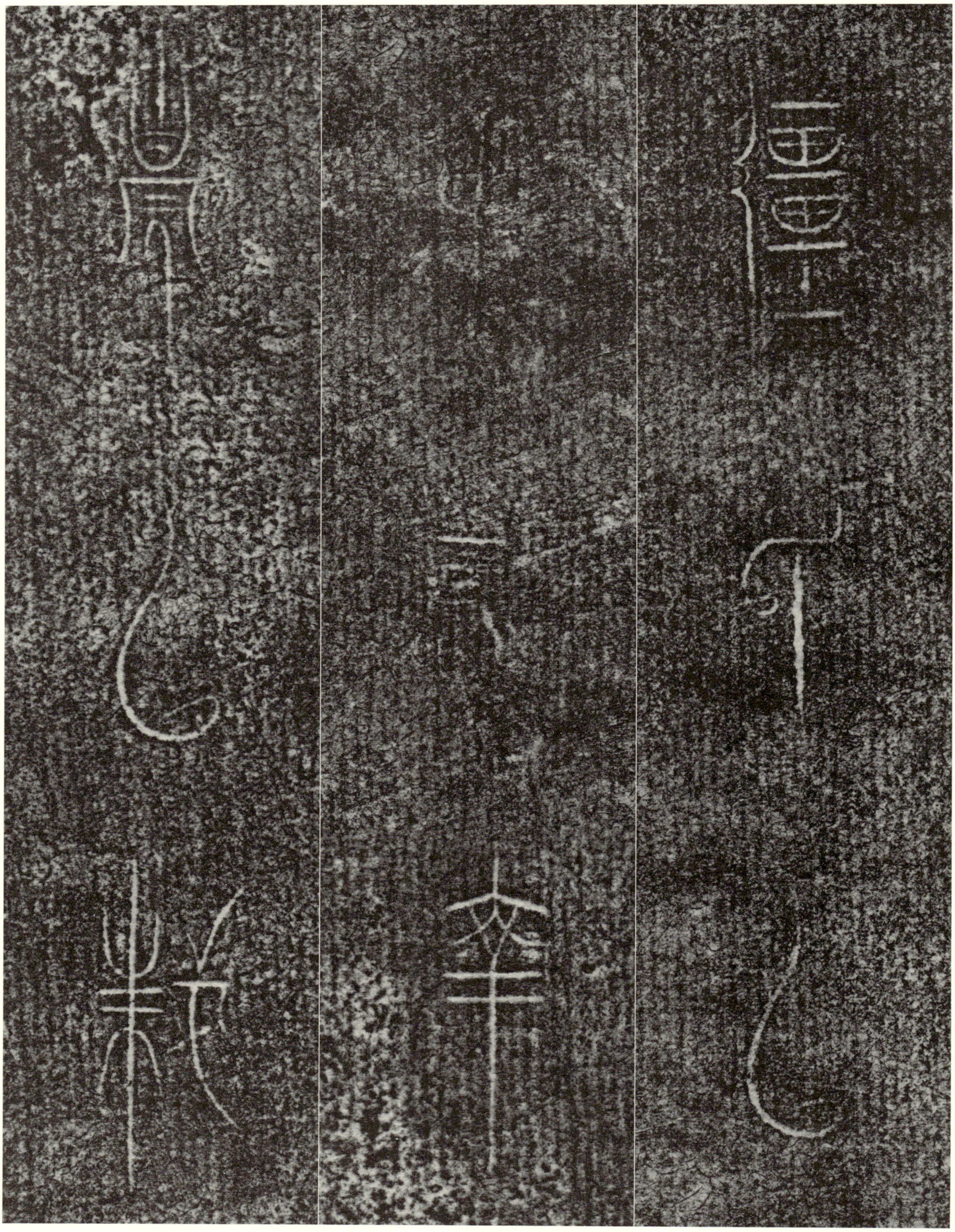

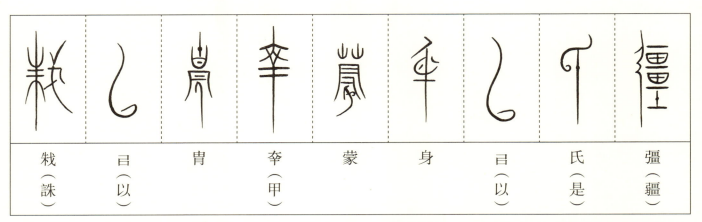

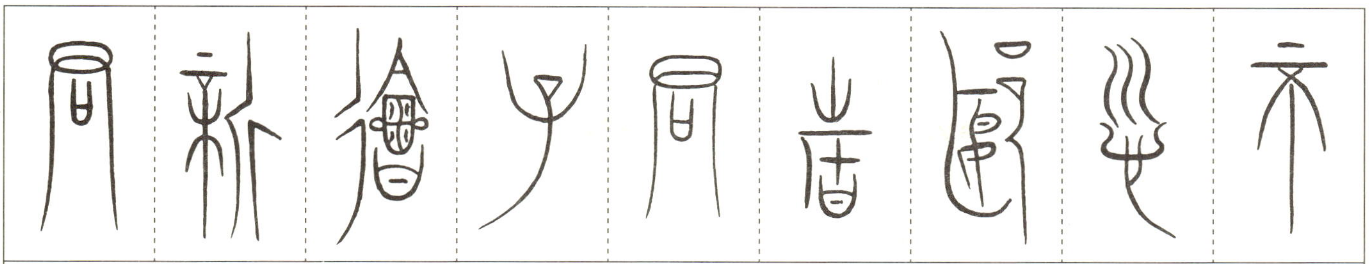

| | | | | | | | | |
|---|---|---|---|---|---|---|---|---|
| 君 | 新 | 儈（噲） | 子 | 君 | ⿸疒古（故） | 郾（燕） | ⿱巛心（順） | 不 |

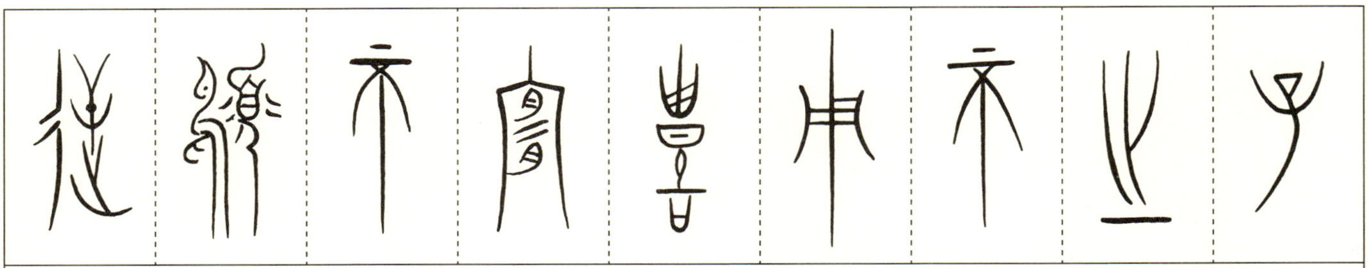

| | | | | | | | | |
|---|---|---|---|---|---|---|---|---|
| 逆 | 顧（顧） | 不 | 宜（義） | 豊（禮） | 用 | 不 | 之 | 子 |

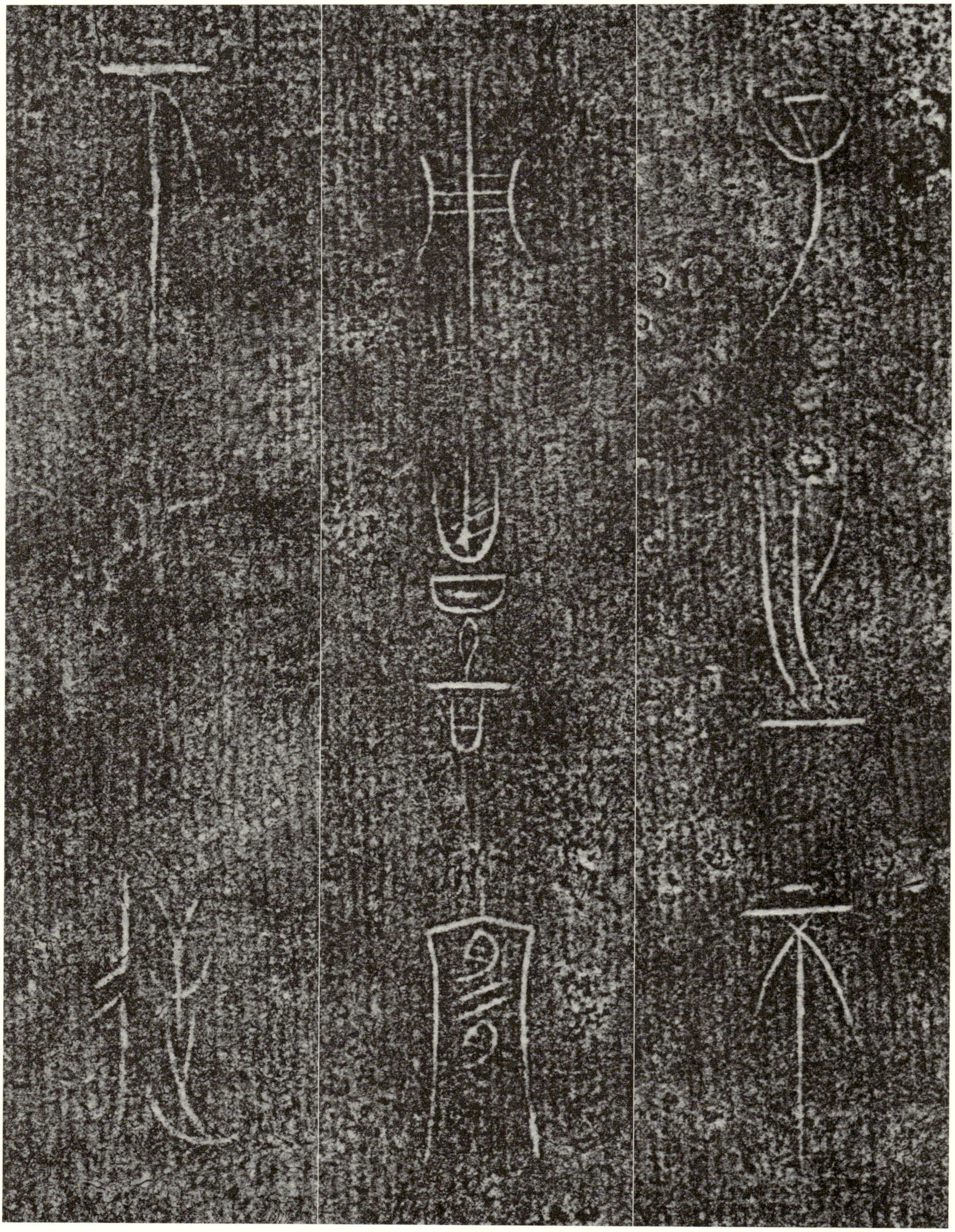

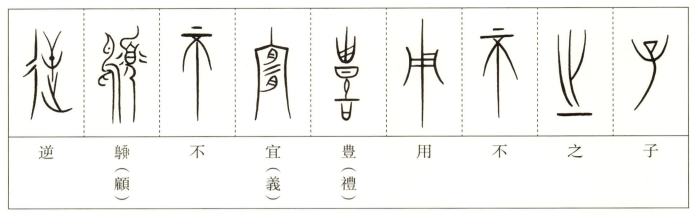

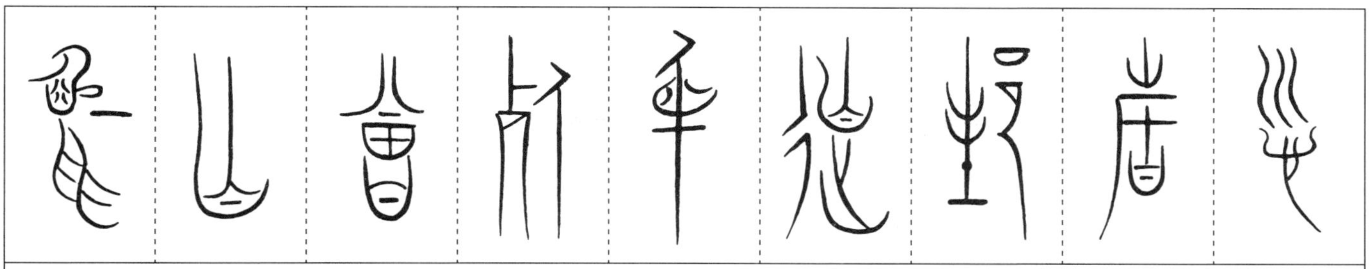

| | | | | | | | | |
|---|---|---|---|---|---|---|---|---|
| 巛心（順） | 舌古（故） | 邦 | 辶亡（亡） | 身 | 死 | 曾 | 亡（無） | 鼠一（一） |

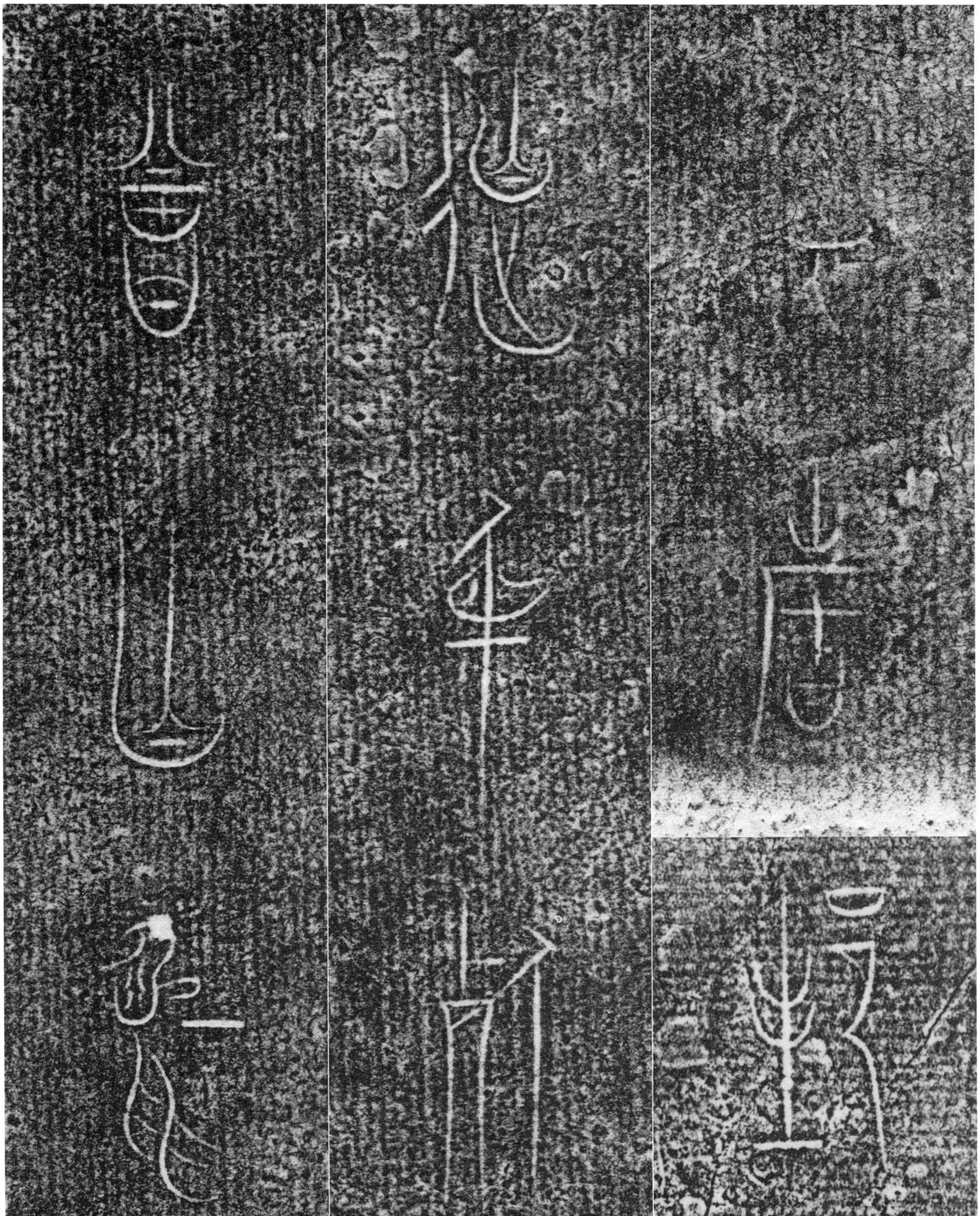

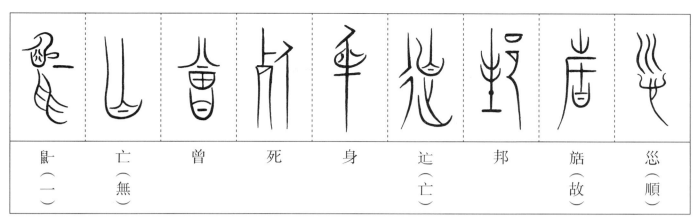

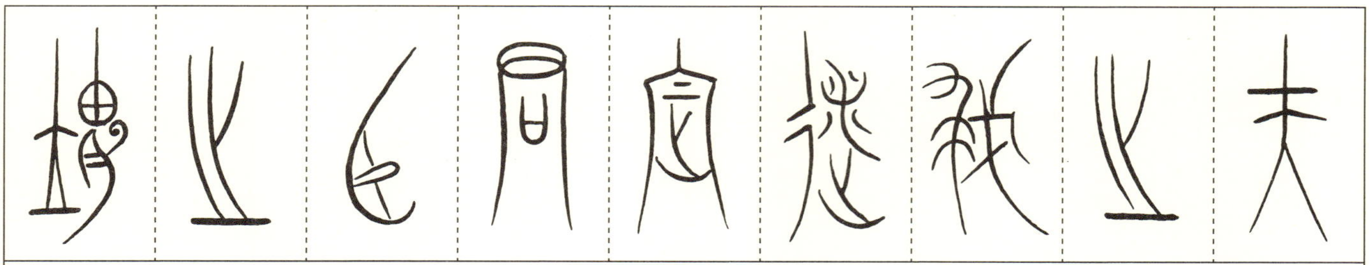

| | | | | | | | | |
|---|---|---|---|---|---|---|---|---|
| 竨（位） | 之 | 臣 | 君 | 定 | 述（遂） | ⿹戈求（救） | 之 | 夫 |

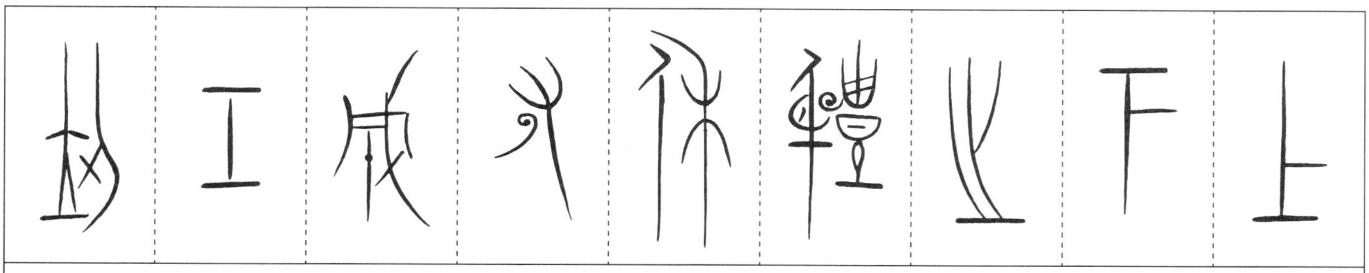

| | | | | | | | | |
|---|---|---|---|---|---|---|---|---|
| 刅（創） | 工（功） | 成 | 又（有） | 休 | 體（體） | 之 | 下 | 上 |

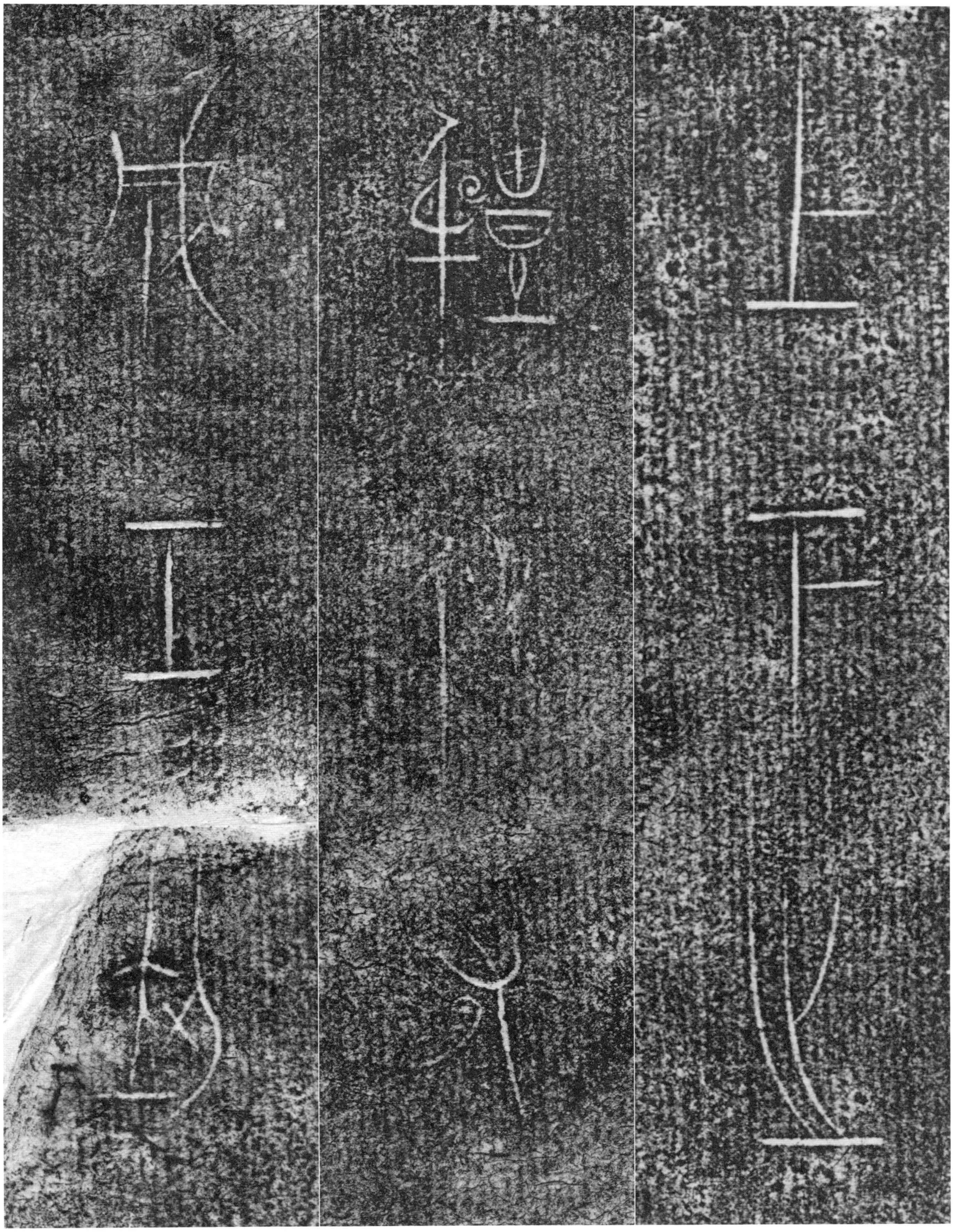

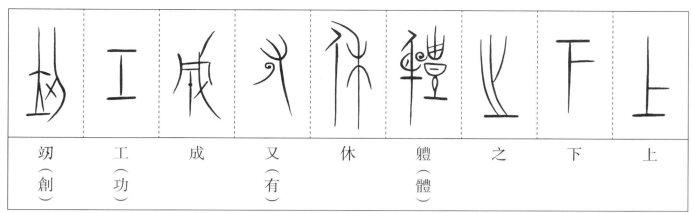

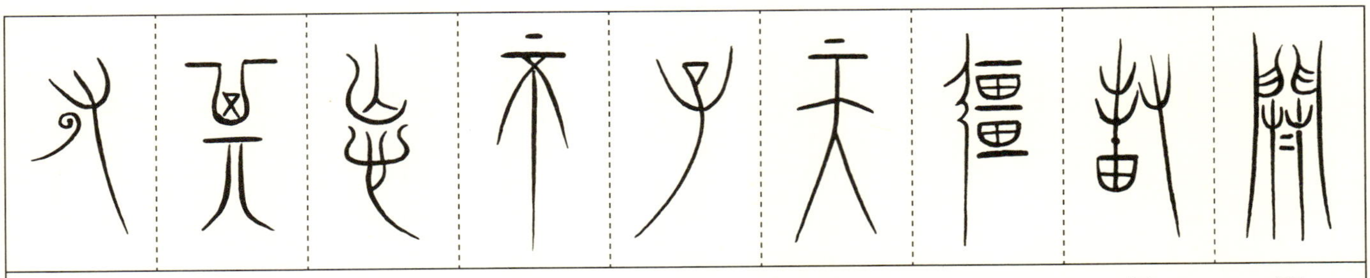

| | | | | | | | | |
|---|---|---|---|---|---|---|---|---|
| 又（有） | 其 | 忘 | 不 | 子 | 天 | 彊（疆） | ⿱封田（封） | 闢 |

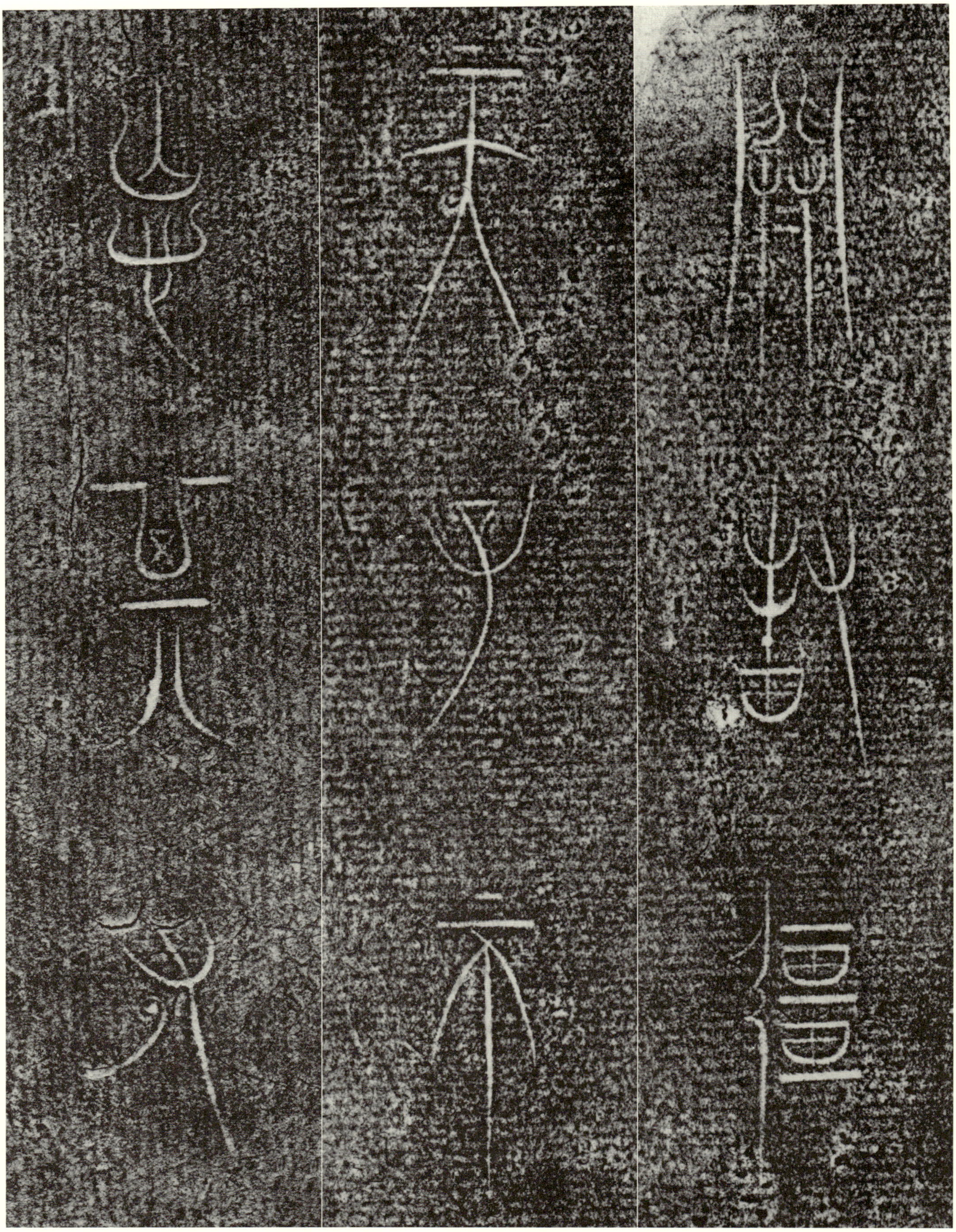

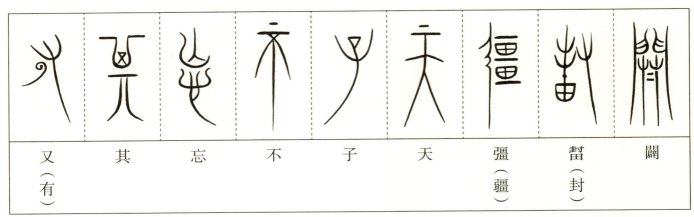

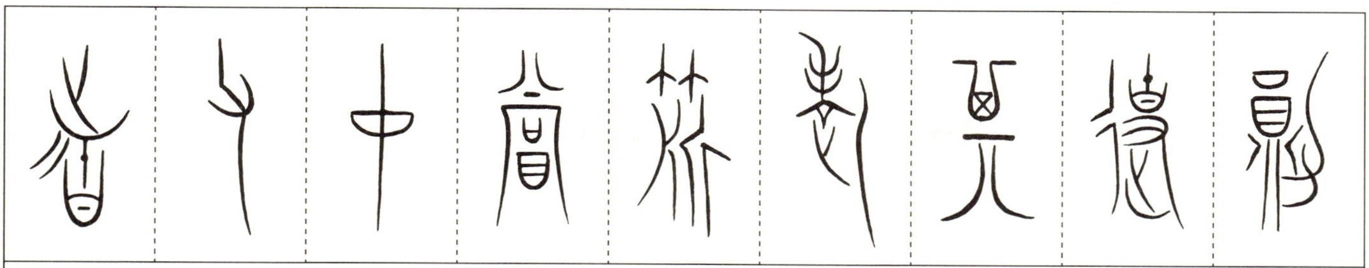

| 者（諸） | 父 | 中（仲） | 賞 | ⿱竹斤（策） | 老 | 其 | ⿺辶吏（使） | 勛 |
|---|---|---|---|---|---|---|---|---|

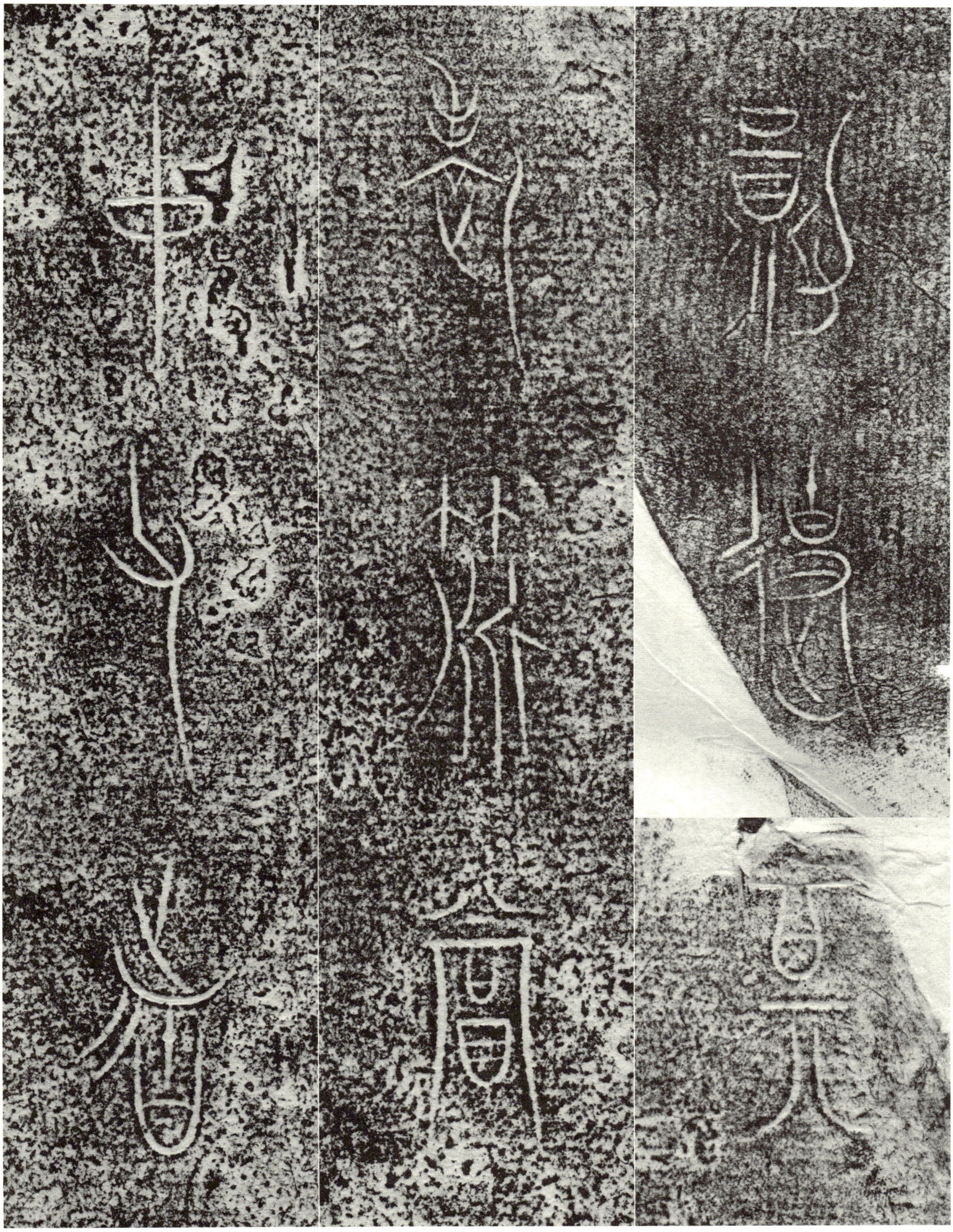

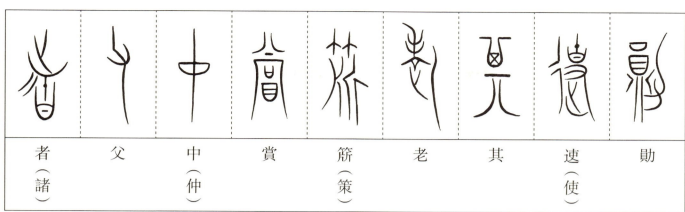

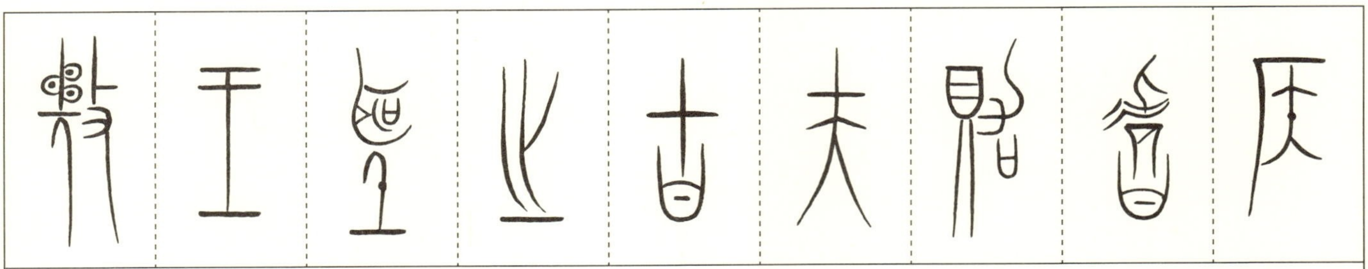

| | | | | | | | | |
|---|---|---|---|---|---|---|---|---|
| 敄（務） | 王 | 聖 | 之 | 古 | 夫 | 賀 | [illegible]（皆） | 侯 |

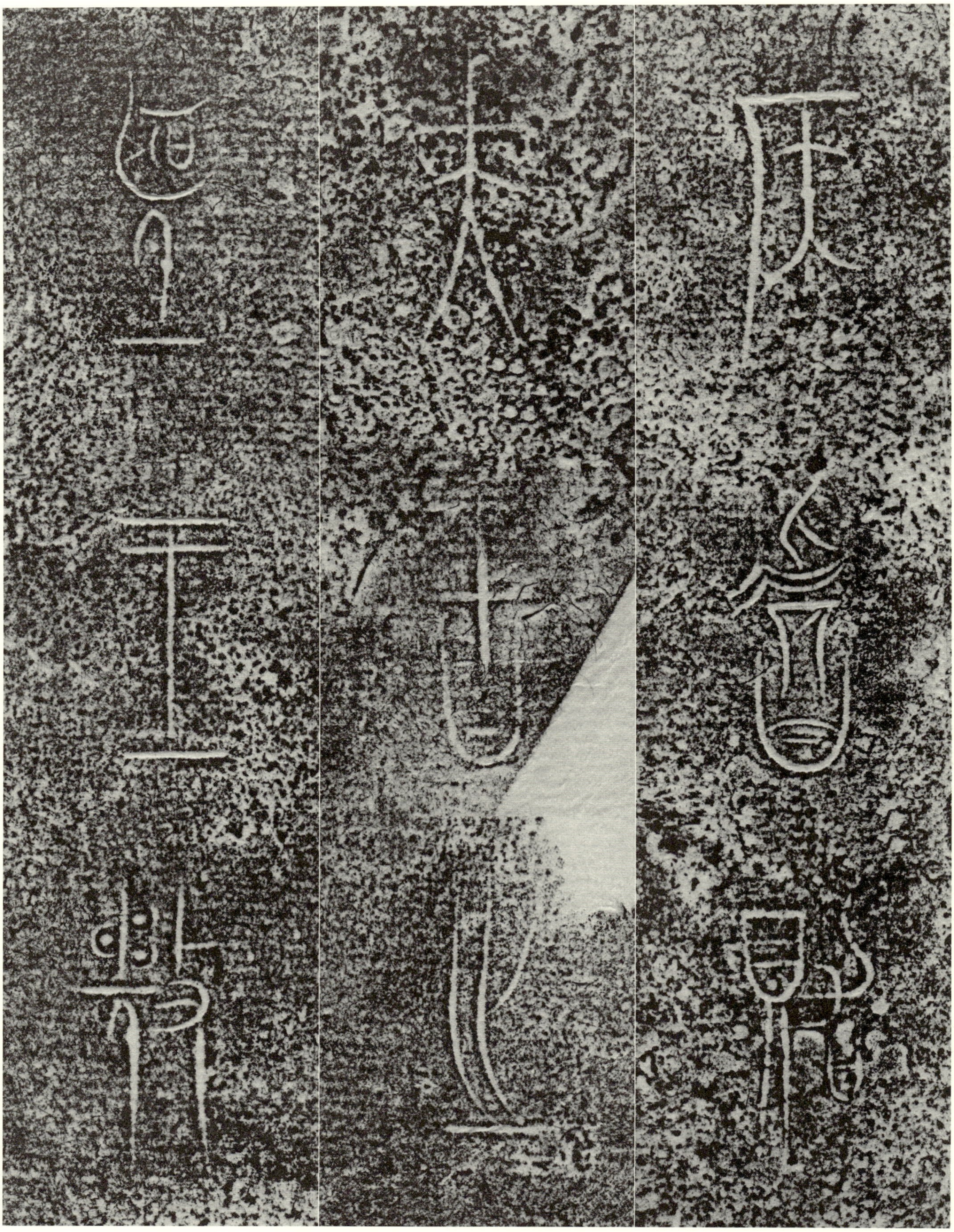

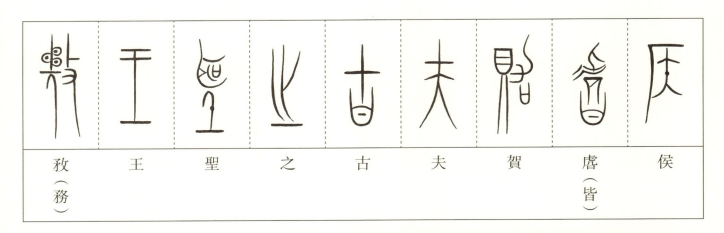

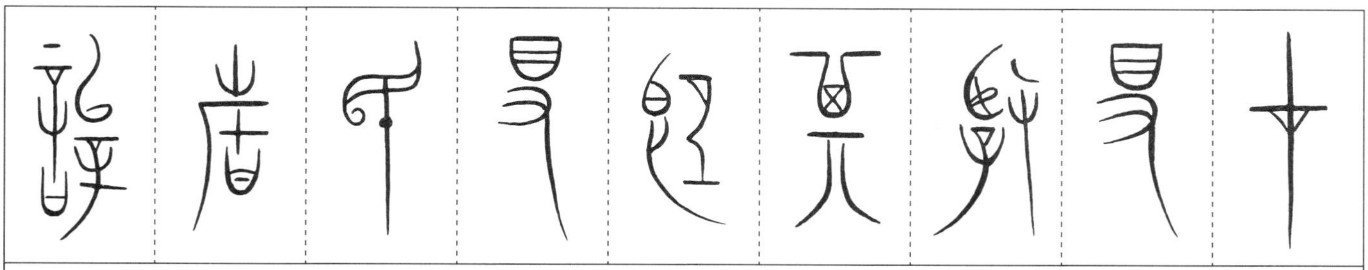

| | | | | | | | | |
|---|---|---|---|---|---|---|---|---|
| 諍（辭） | ⿸广古（故） | 民 | 㝵（得） | 即（次） | 其 | 掔（賢） | 㝵（得） | 才（在） |

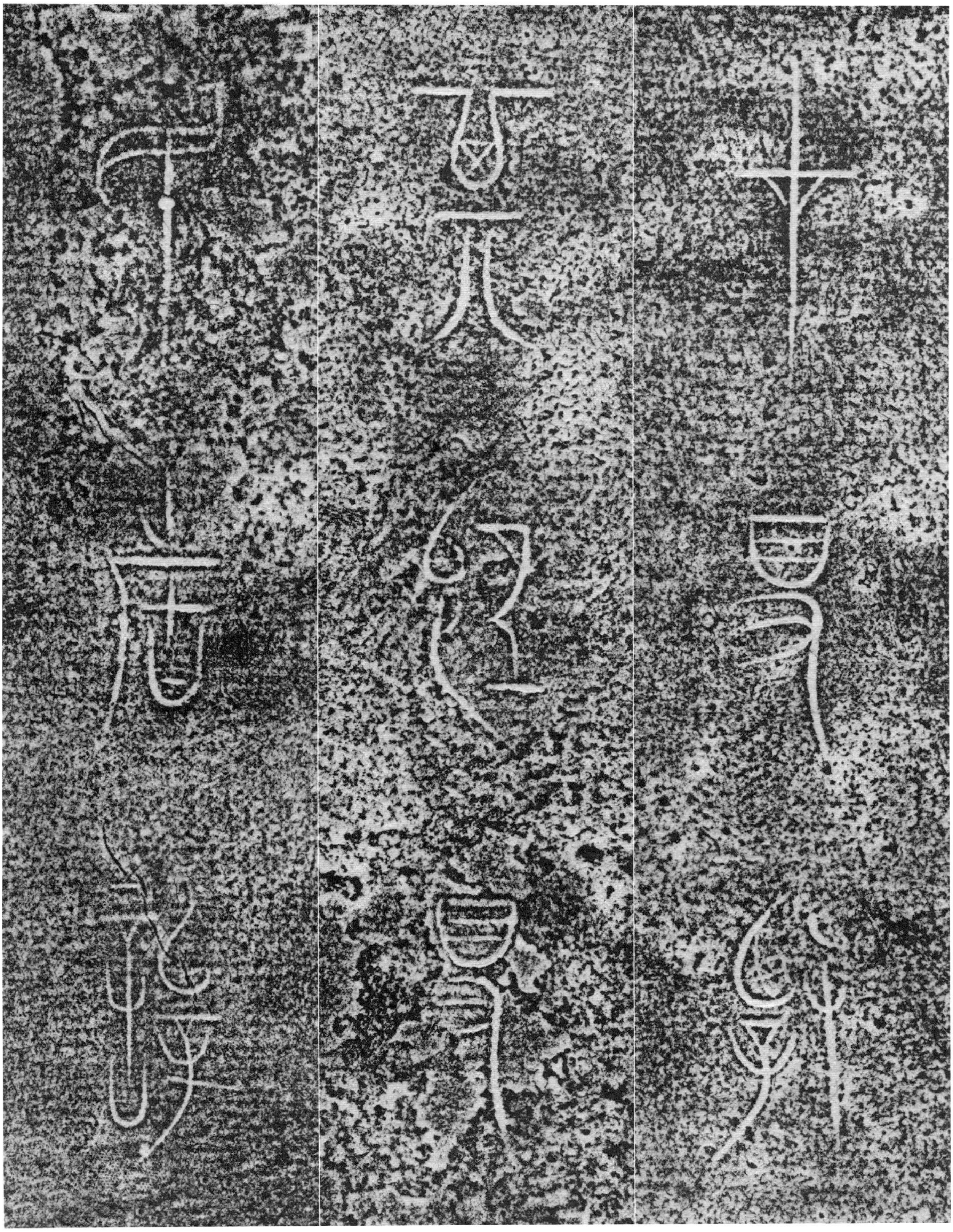

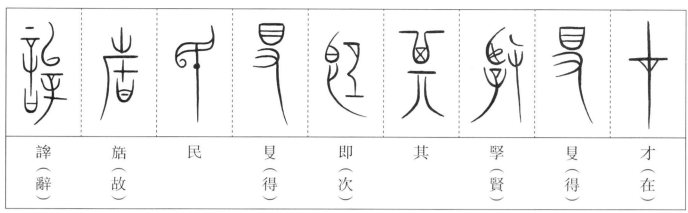

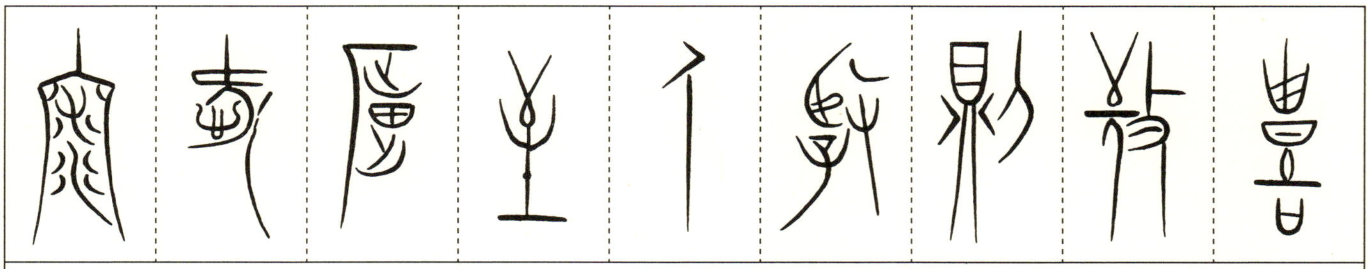

| | | | | | | | | |
|---|---|---|---|---|---|---|---|---|
| 深 | 㤅（愛） | 𠩺（陟） | 至 | 人 | 掔（賢） | 則 | 敬 | 豊（禮） |

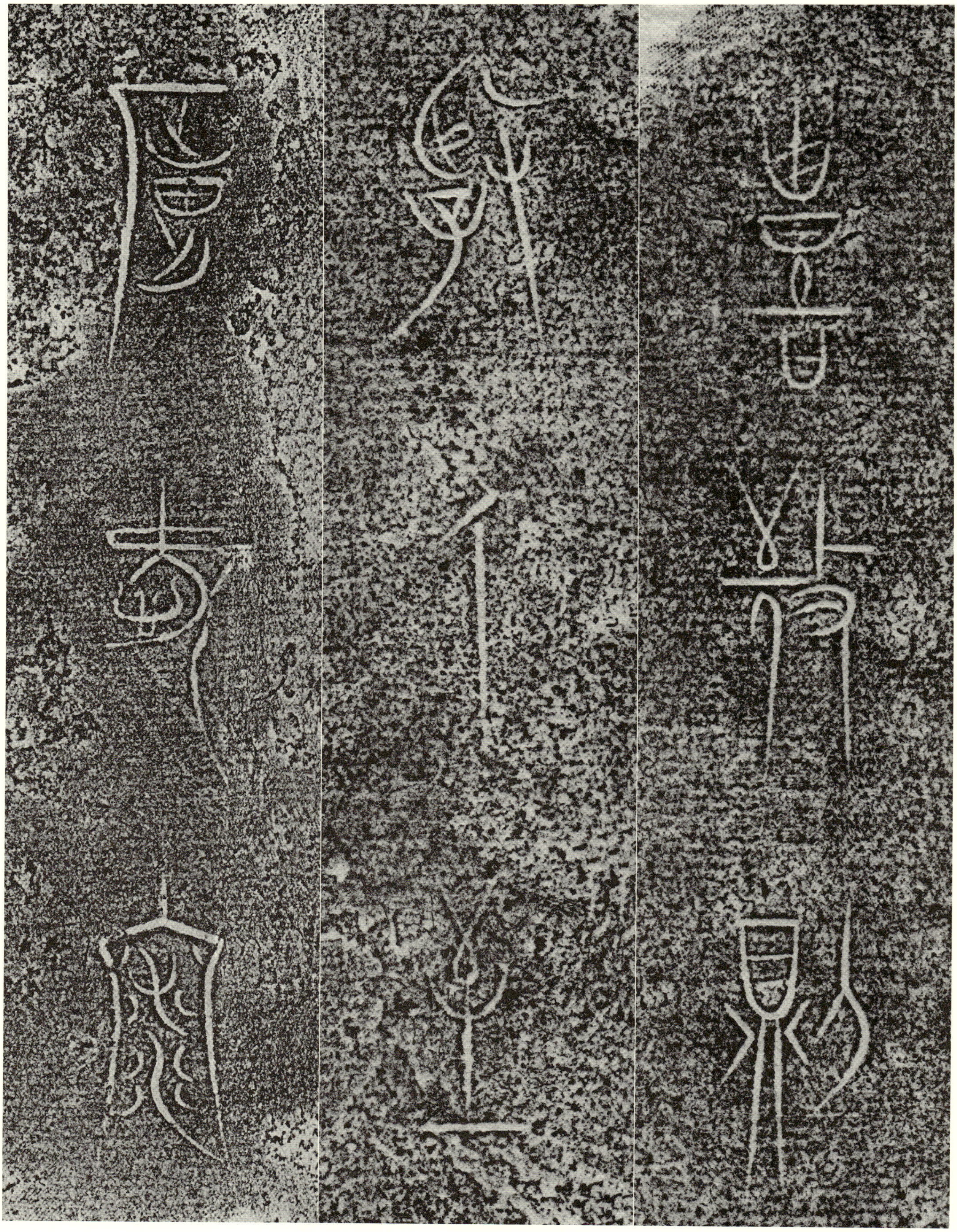

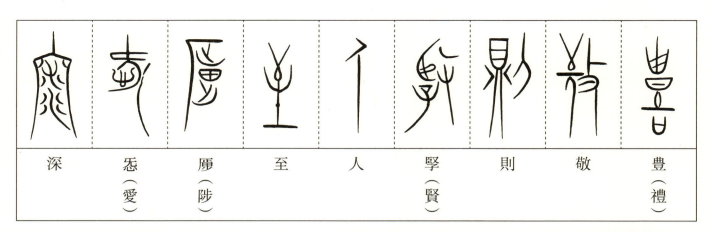

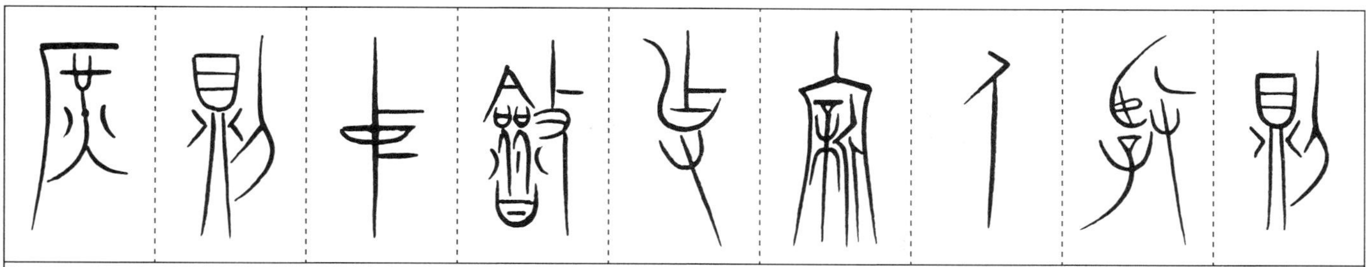

| | | | | | | | | |
|---|---|---|---|---|---|---|---|---|
| 庶 | 則 | 中 | 歛（斂） | 乍（乍） | 新（親） | 人 | 臤（賢） | 則 |

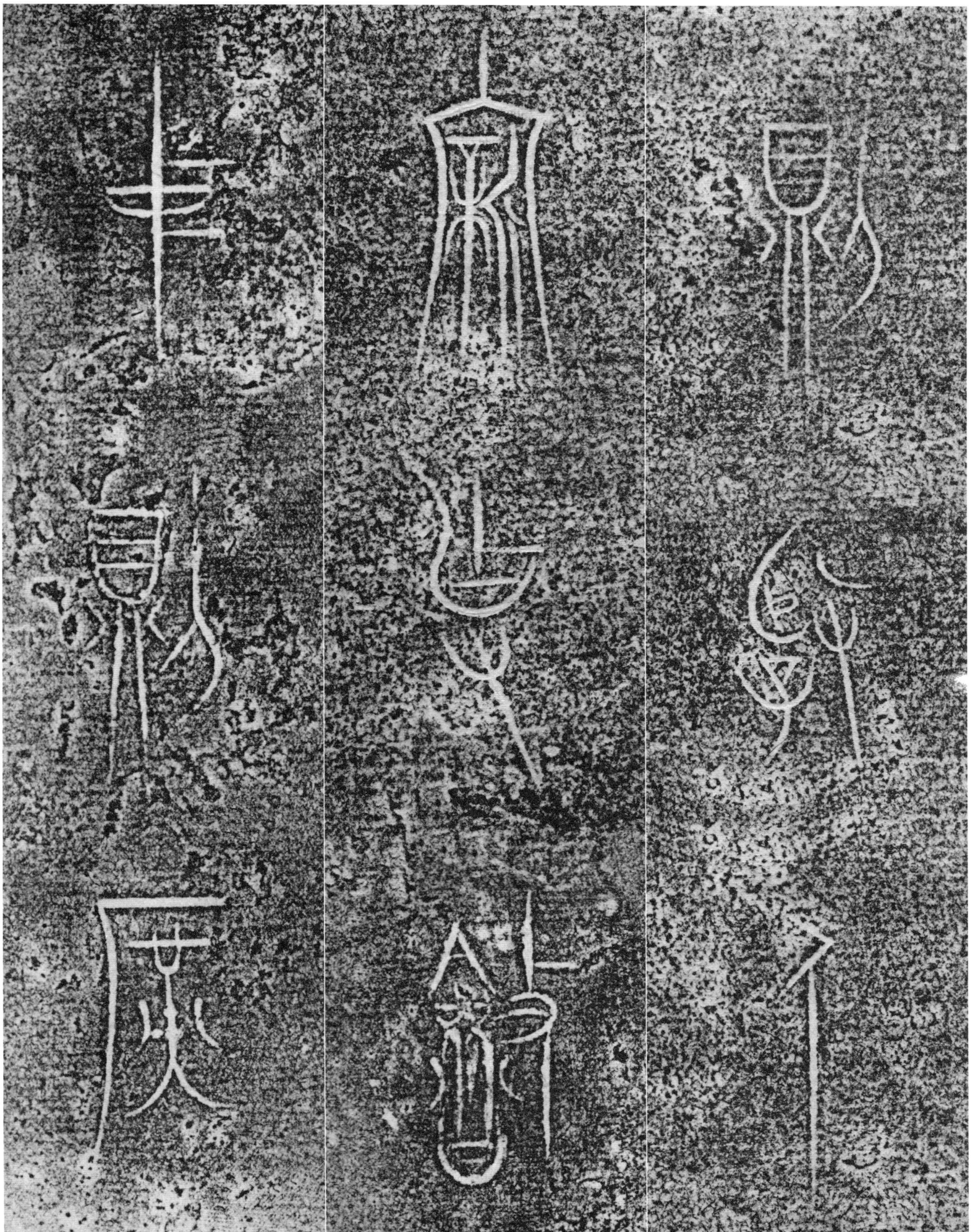

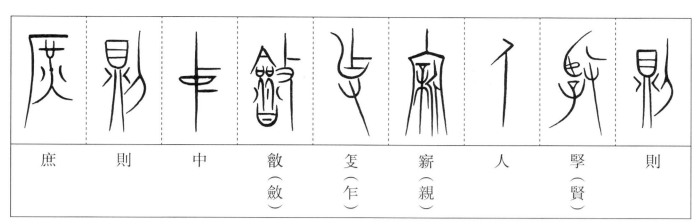

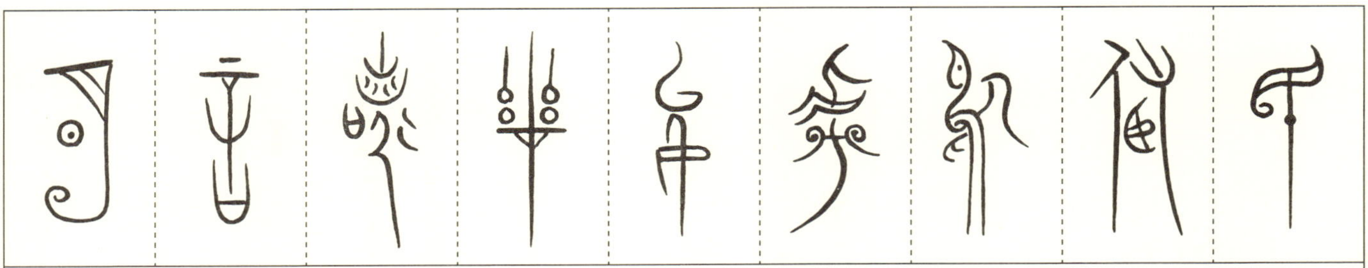

| | | | | | | | | |
|---|---|---|---|---|---|---|---|---|
| 明 | 言 | 若 | 䖒（哉） | 允 | 虖（呼） | 於（嗚） | 㝵（附） | 民 |

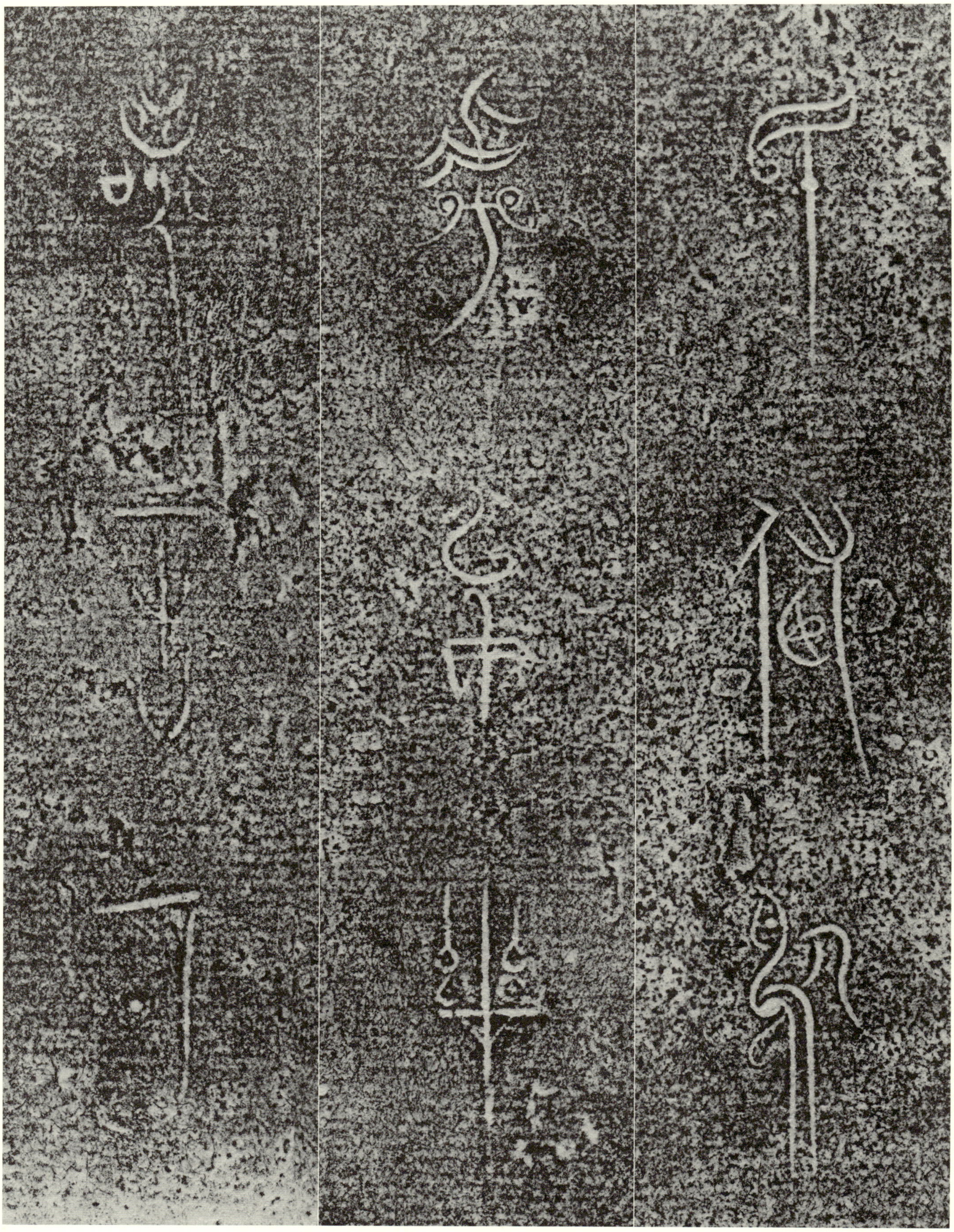

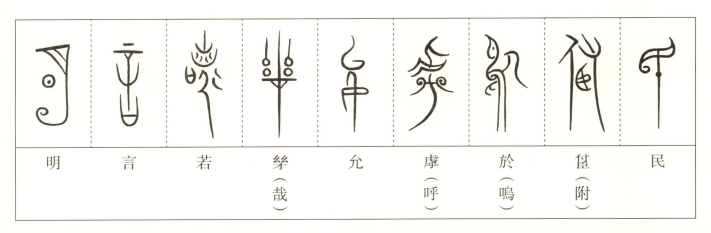

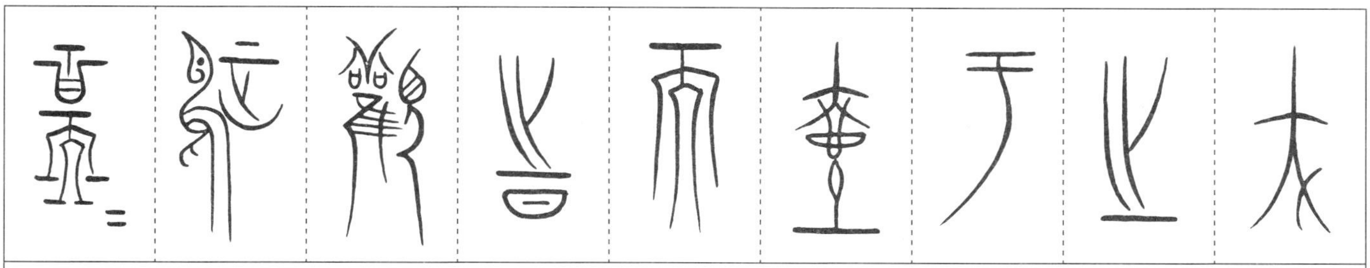

| | | | | | | | | |
|---|---|---|---|---|---|---|---|---|
| 友 | 之 | 于 | 壺 | 而 | 旹（時） | 觀 | 焉 | 祗祗 |

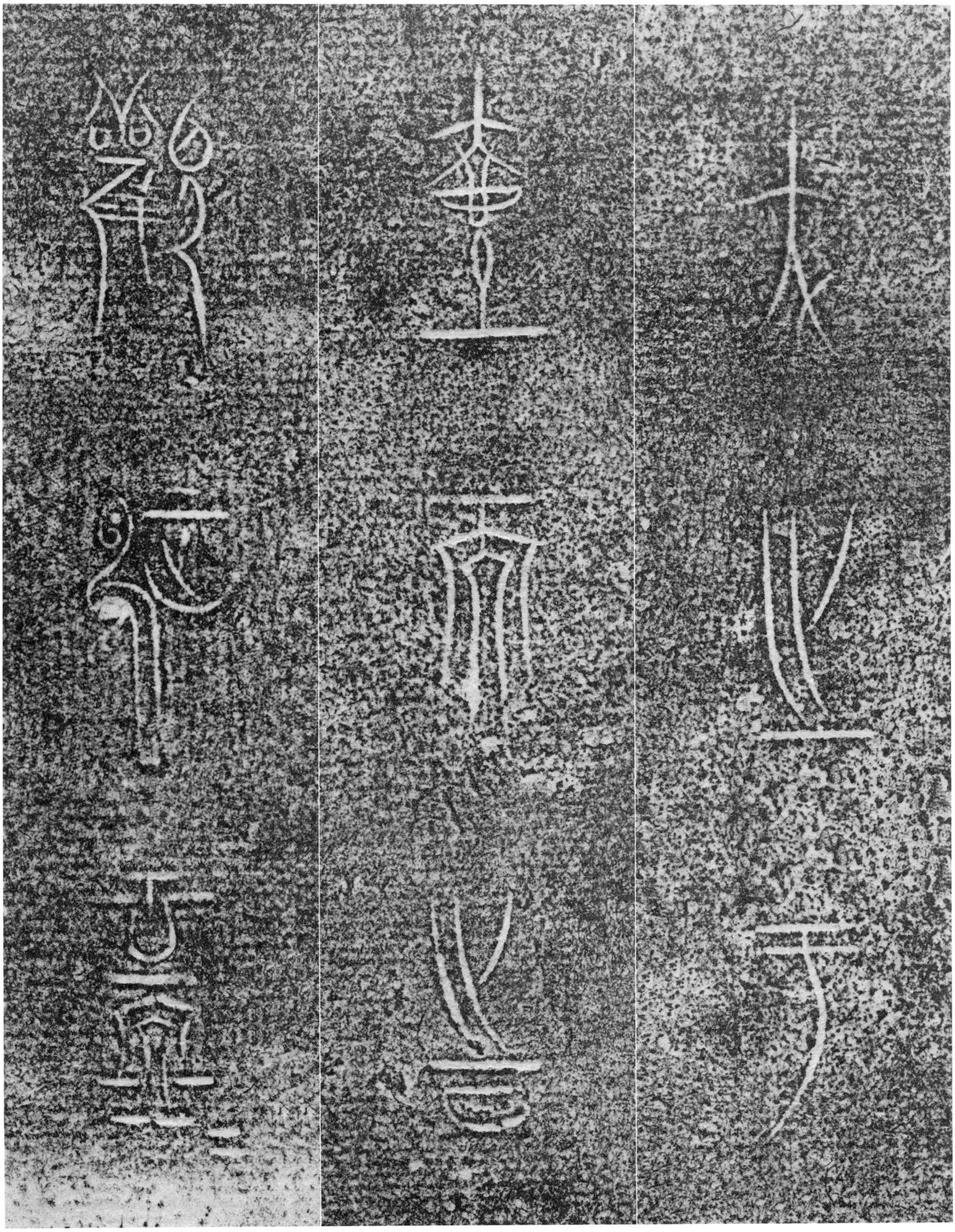

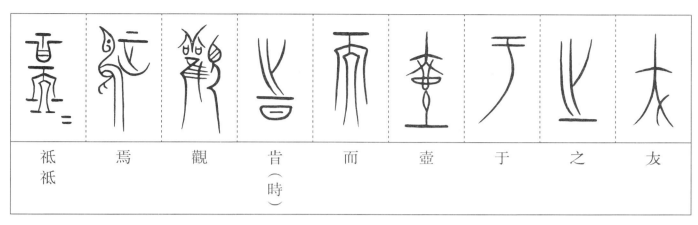

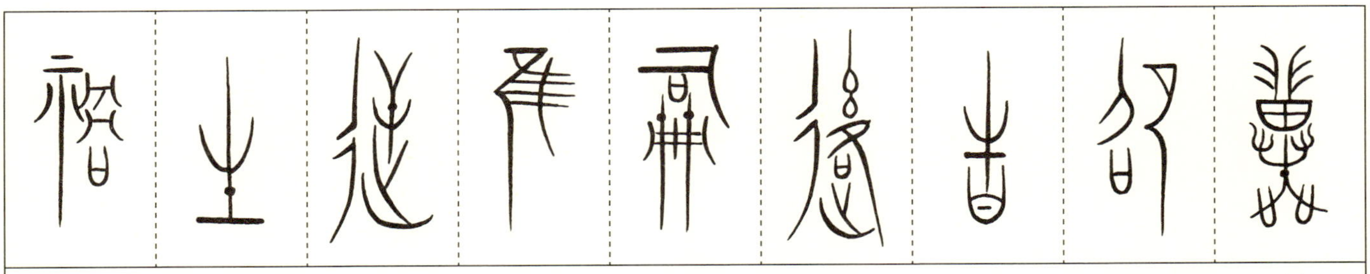

翼　卲（昭）　告　後　嗣　隹（惟）　逆　生　禍

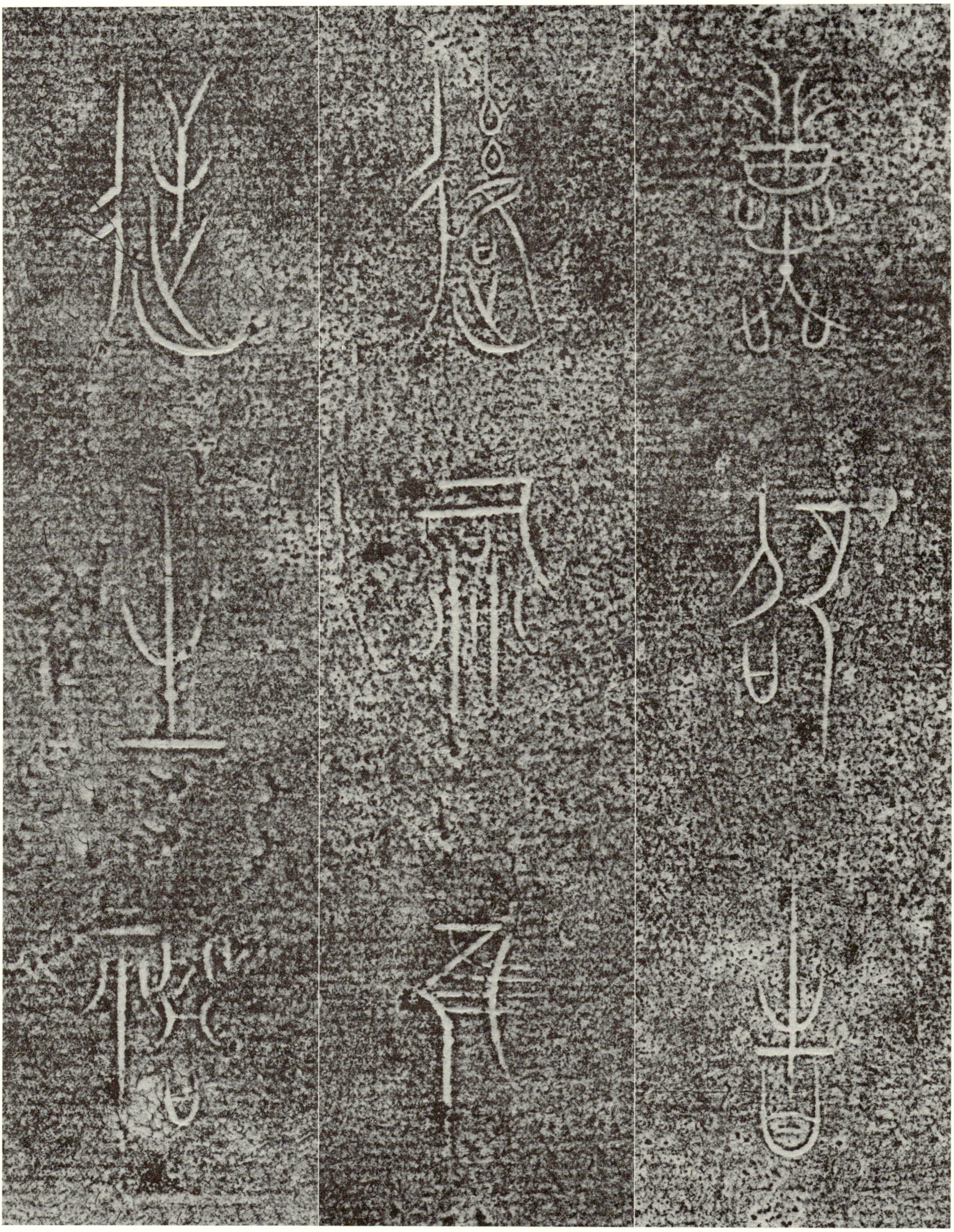

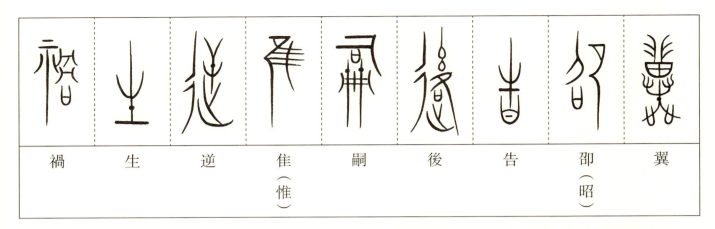

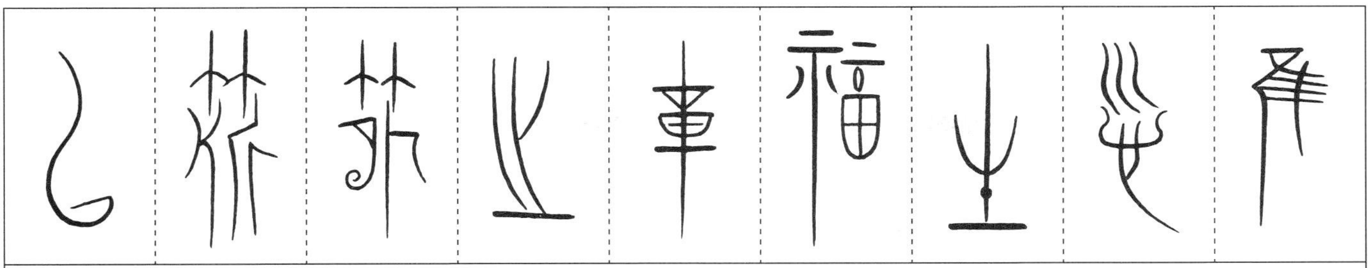

| | | | | | | | | |
|---|---|---|---|---|---|---|---|---|
| 㠯（以） | ⿱竹析（策） | ⿱竹外（簡） | 之 | ⿱才車（載） | 福 | 生 | ⿱巛心（順） | 隹（惟） |

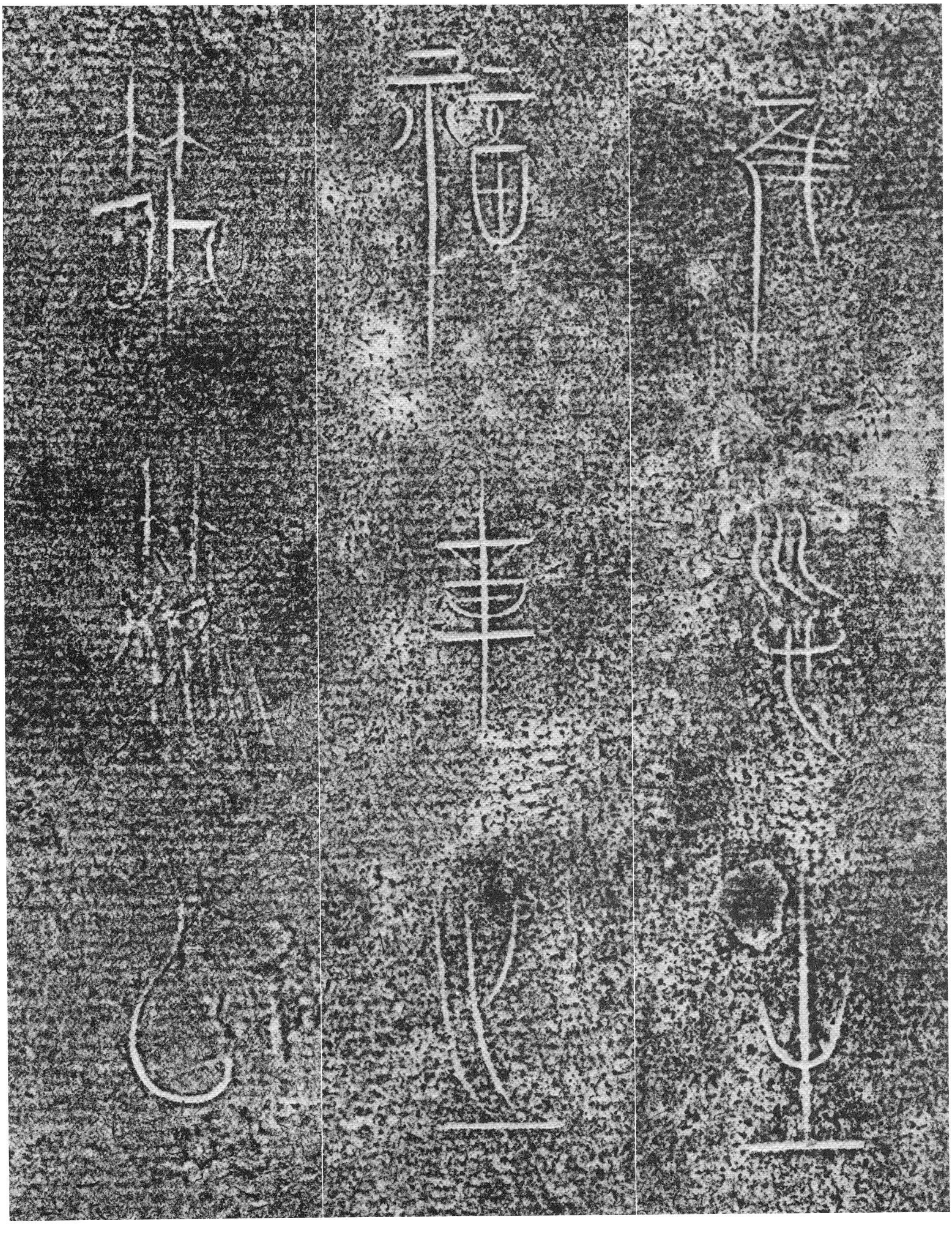

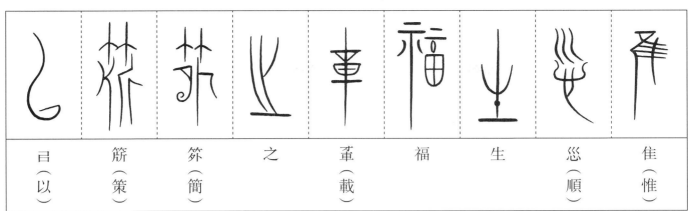

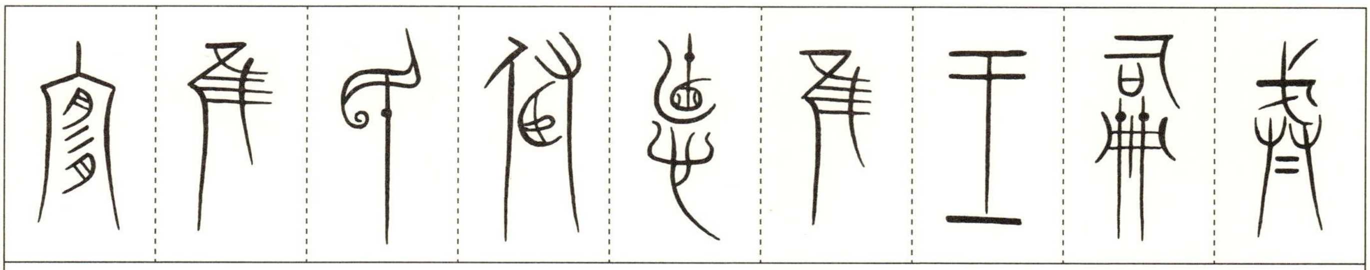

| | | | | | | | | |
|---|---|---|---|---|---|---|---|---|
| 宜（義） | 隹（惟） | 民 | ⿸付臣（附） | 悳（德） | 隹（惟） | 王 | 嗣 | 戒 |

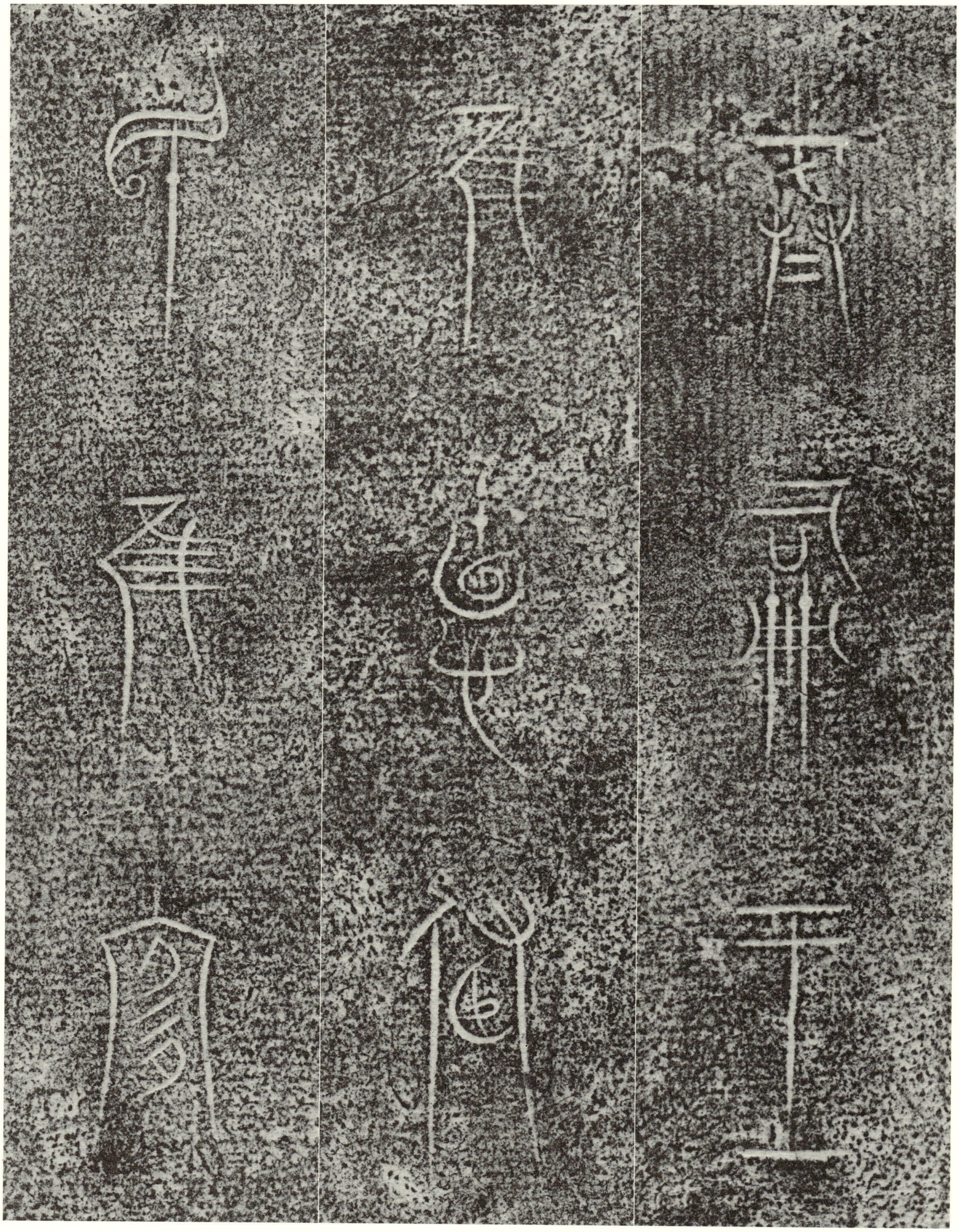

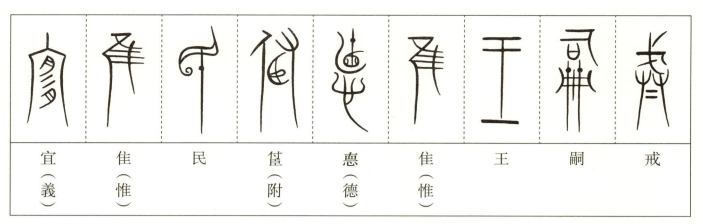

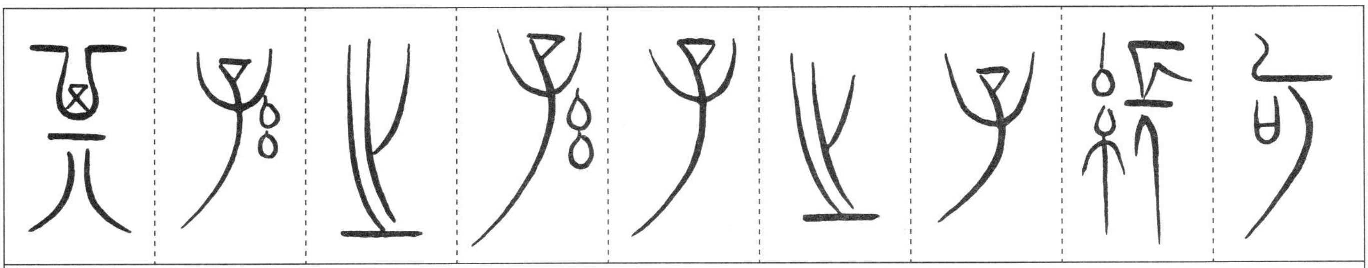

| | | | | | | | | |
|---|---|---|---|---|---|---|---|---|
| 其 | 孫 | 之 | 孫 | 子 | 之 | 子 | 綡（張） | 可 |

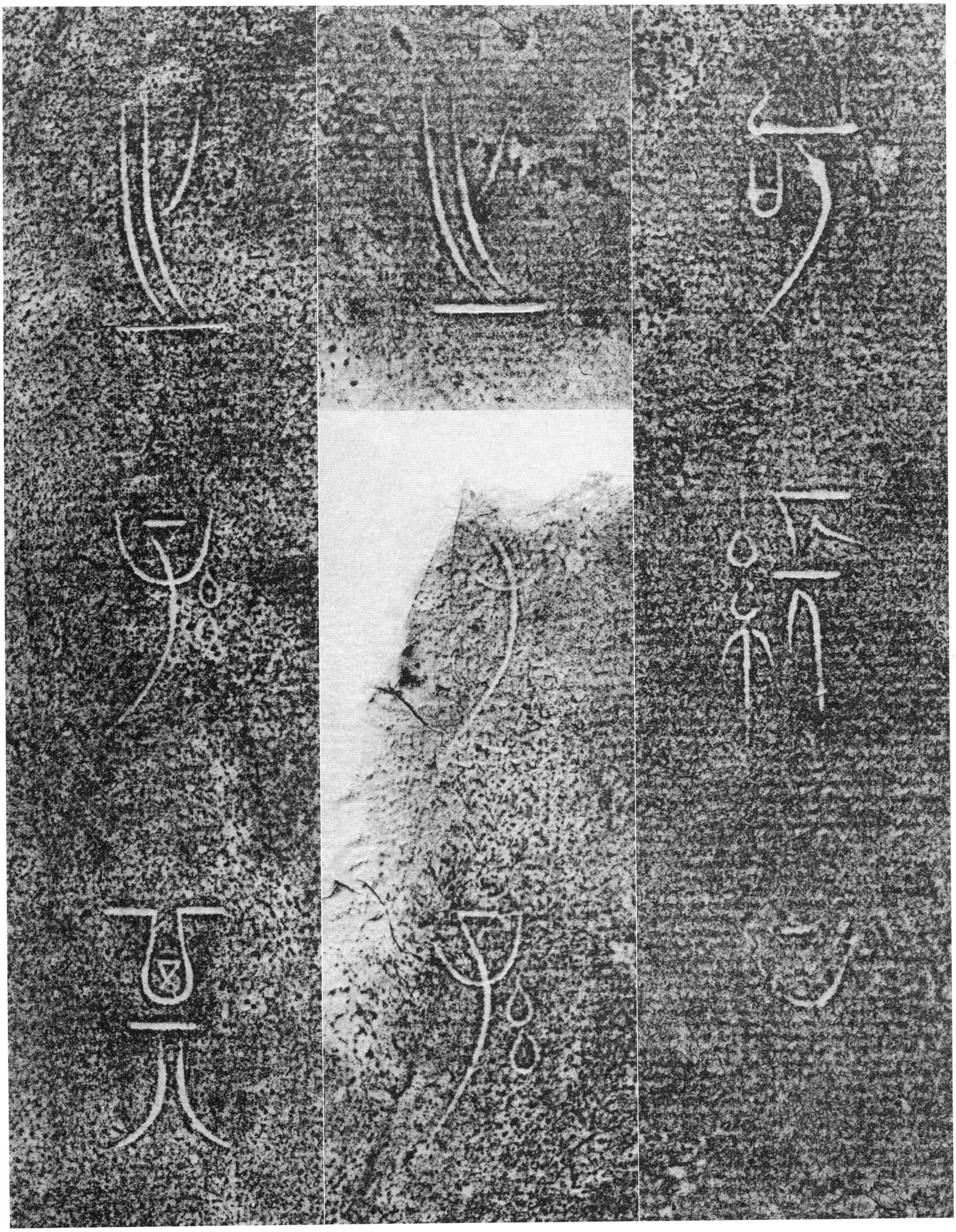

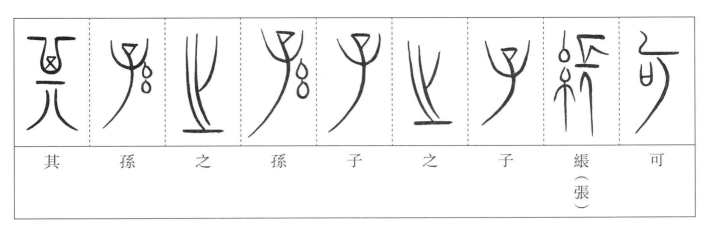

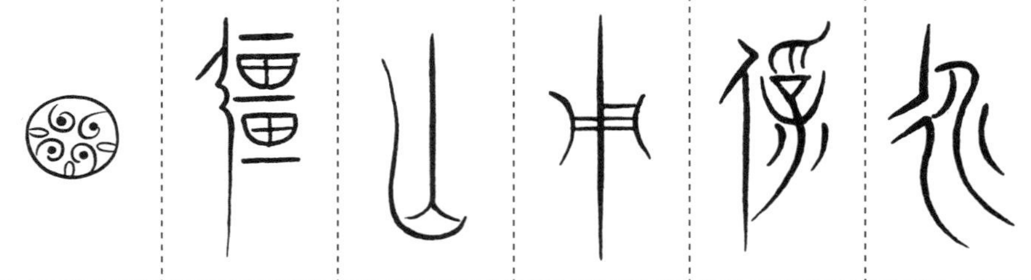

| | | | | |
|---|---|---|---|---|
| 永 | 保 | 用 | 亡（無） | 彊（疆） |

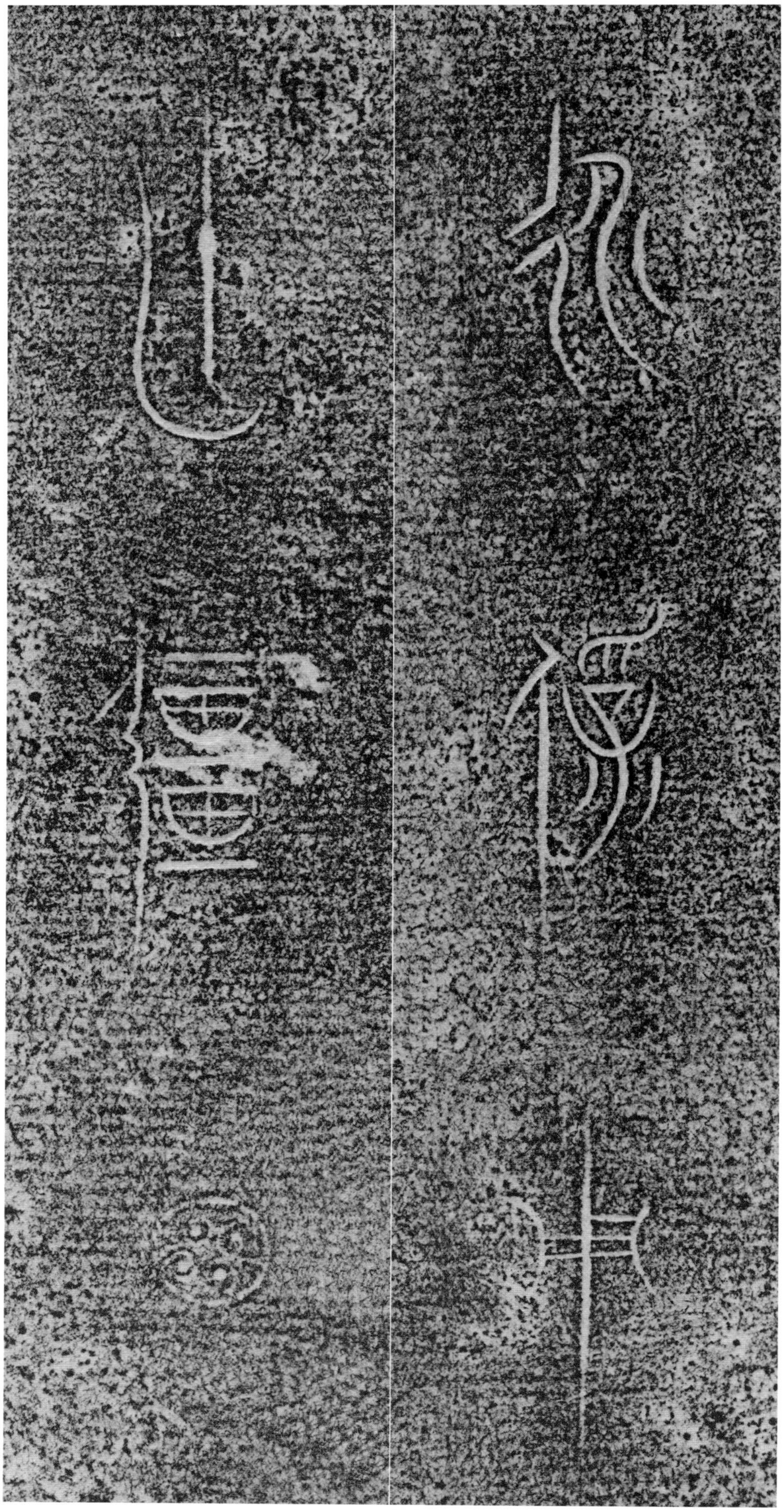

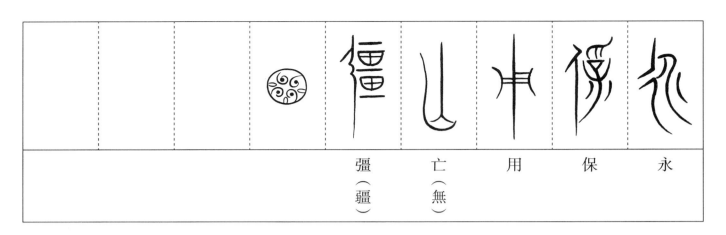

# 中山胤嗣圓壺

**中山胤嗣圓壺** 通高44.9、口徑14.6、腹徑31.2厘米，重13.65千克；器身刻銘一百八十二字，內有重文五字，圈足鑄、刻銘文二十三字。

圓壺

0 5厘米

# 圆壶释文

胤𢍏（嗣）𡚱盗敢明昜（揚）告：昔者先王，孳（慈）㤅（愛）百每（敏），竹（篤）胄亡（無）彊（疆），日炙（夜）不忘，大𡌥（去）型（刑）罰，㠯（以）悳（憂）氒（厥）民之隹（惟）不𣏟（辜），或㝵（得）賢（賢）狴（佐）司馬賈，而冡（重）貢（任）之邦。逢（逢）郾（燕）亡（無）道，湯（易）上子之大臂（辟）不宜（義），仮（反）臣丌（其）宔（主）。隹（惟）司馬賈訢詻戰怒（怒），不能寍（寧）處，逹（率）師征郾（燕），大啓邦沜（宇），枋（方）譽（數）百里。隹（惟）邦之榦，隹（惟）送先王，茅（苗）蒐（蒐）猅（田）獵，于皮（彼）新杢（土），其遾（會）女（如）林，馶（馭）右和同，亖（四）𩡧（牡）汸（騯）汸（騯），㠯（以）取鮮蒿（藁），卿（饗）祀先王，悳（德）行盛㞷（旺），隱逸先王。於（嗚）虖（呼），先王之悳（德），弗可復㝵（得），霖（潸）霖（潸）流䨨（涕），不敢寧處，敬命新墬（地），雨祠先王，𠀬（世）𠀬（世）母（毋）𢀣（犯），以追庸（誦）先王之工（功）剌（烈），子子孫孫，母（毋）有不敬，寅（寅）祇承祀。

附圆壶圈足铭文

十三祀，左使車（庫），嗇夫孫固，工𤰈。冡（重）一石三百三十九刀之冡（重）。

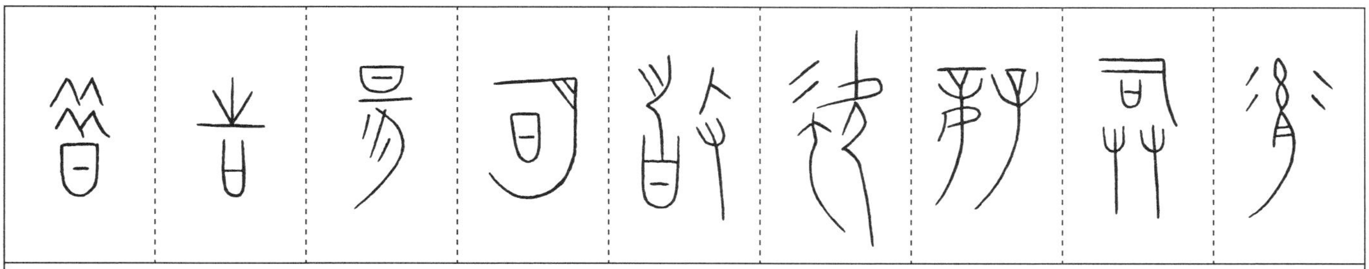

| 昔 | 告 | 昜（揚） | 明 | 敢 | 盗 | 好 | 孠（嗣） | 亂 |
|---|---|---|---|---|---|---|---|---|

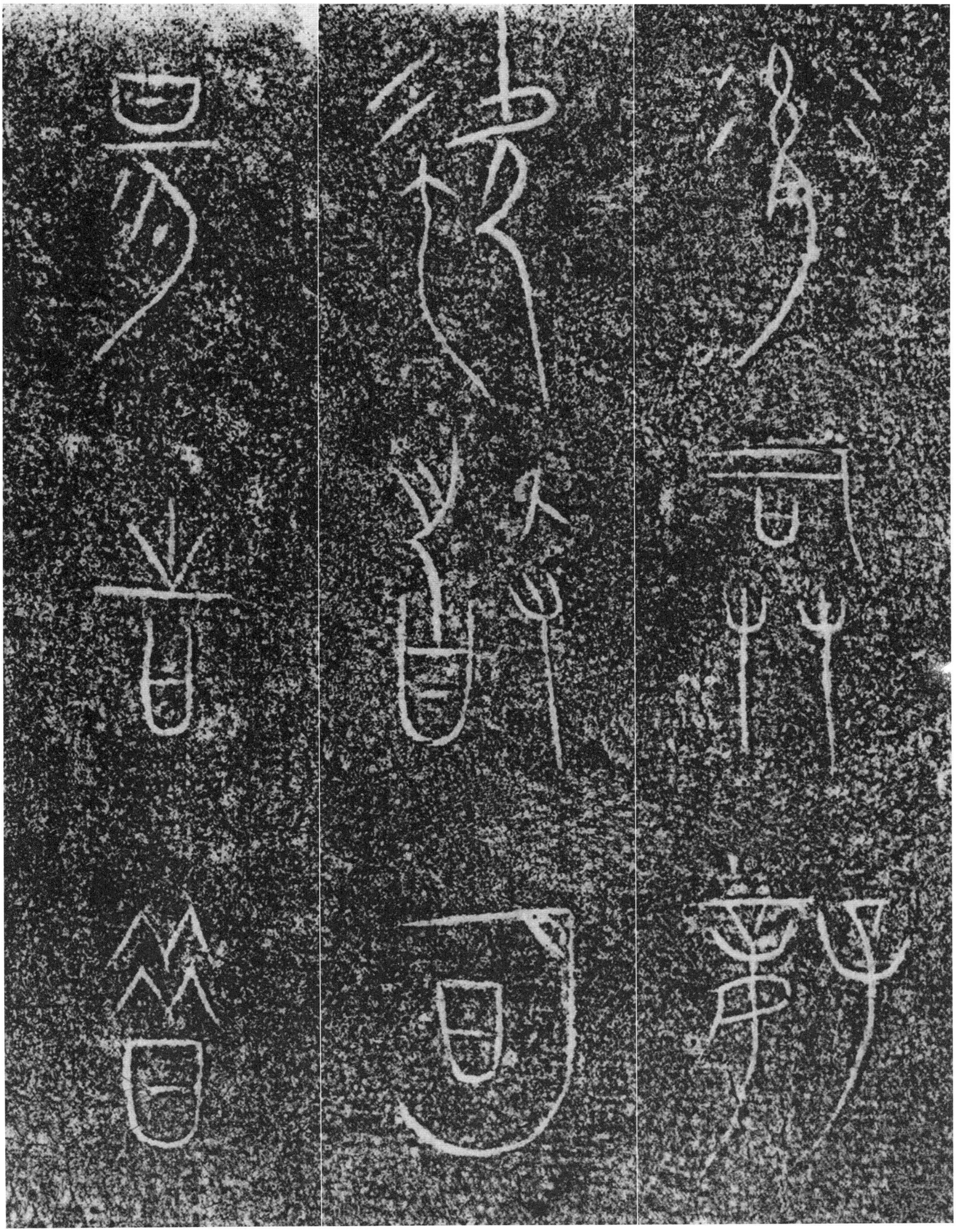

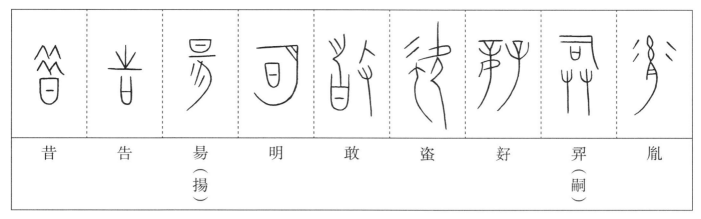

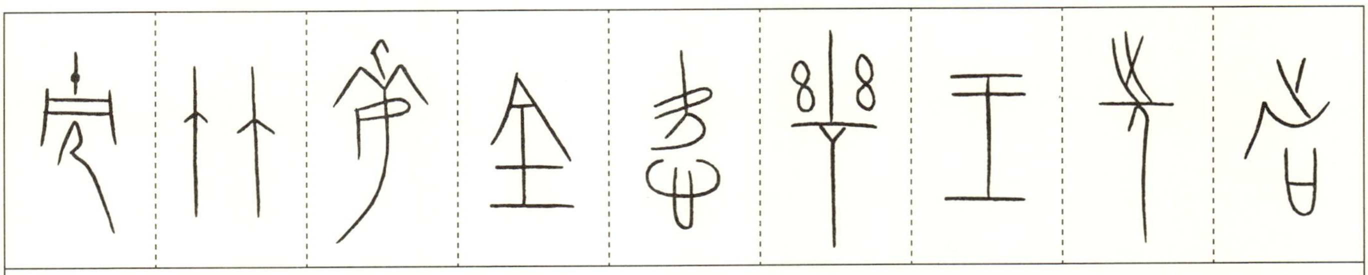

| 胄 | 竹（篤） | 每（敏） | 百 | 㤅（愛） | 孶（慈） | 王 | 先 | 者 |
|---|---|---|---|---|---|---|---|---|

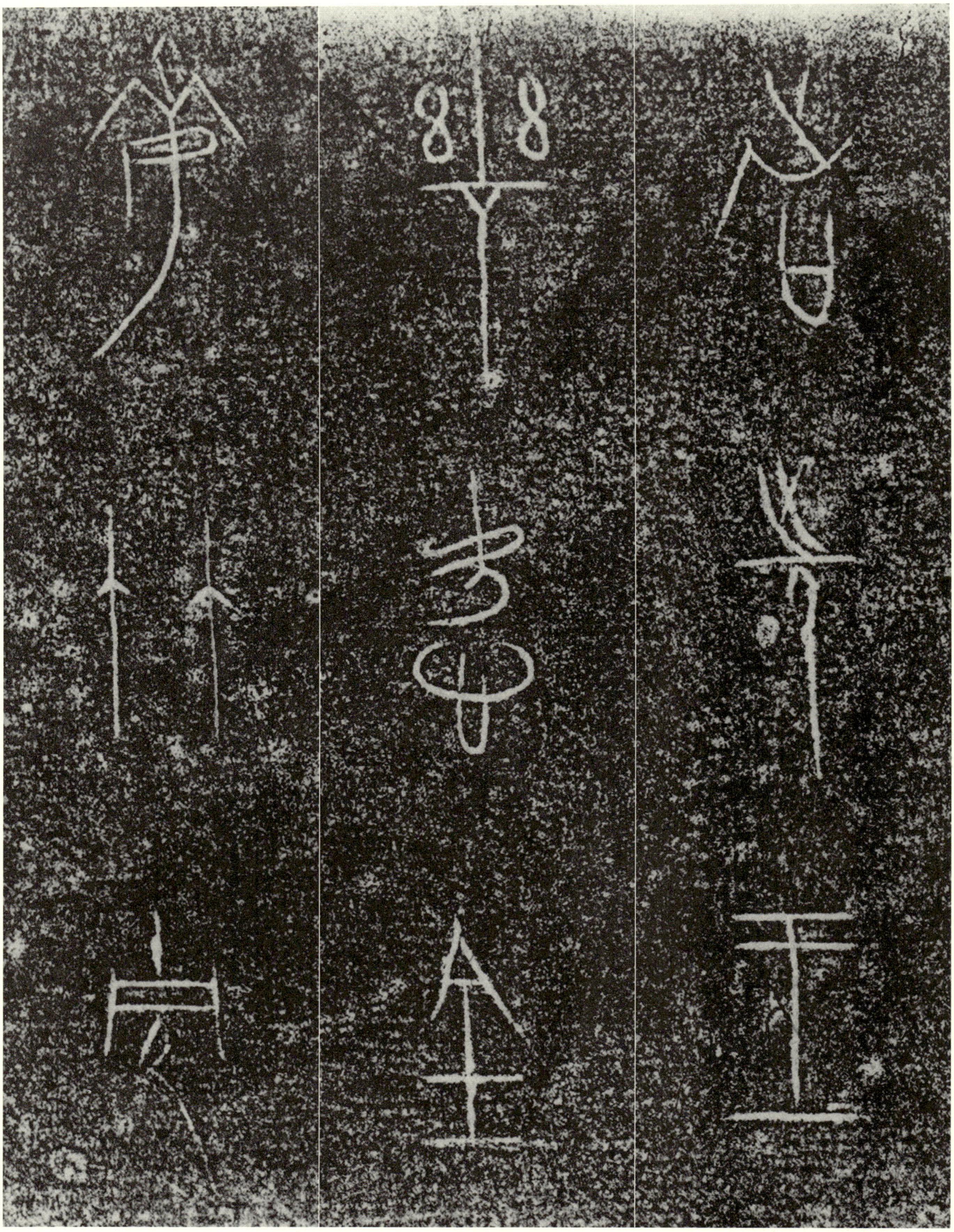

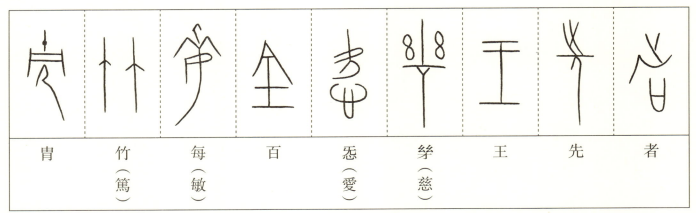

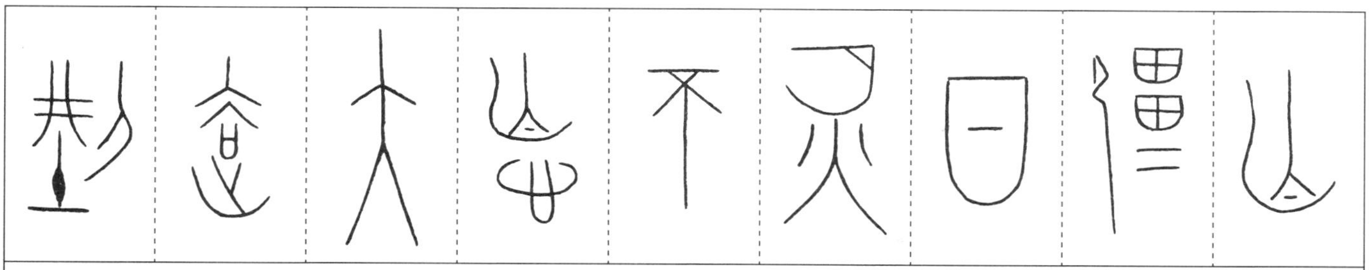

| | | | | | | | | |
|---|---|---|---|---|---|---|---|---|
| 型（刑） | 㚎（去） | 大 | 忘 | 不 | 灸（夜） | 日 | 彊（疆） | 亡（無） |

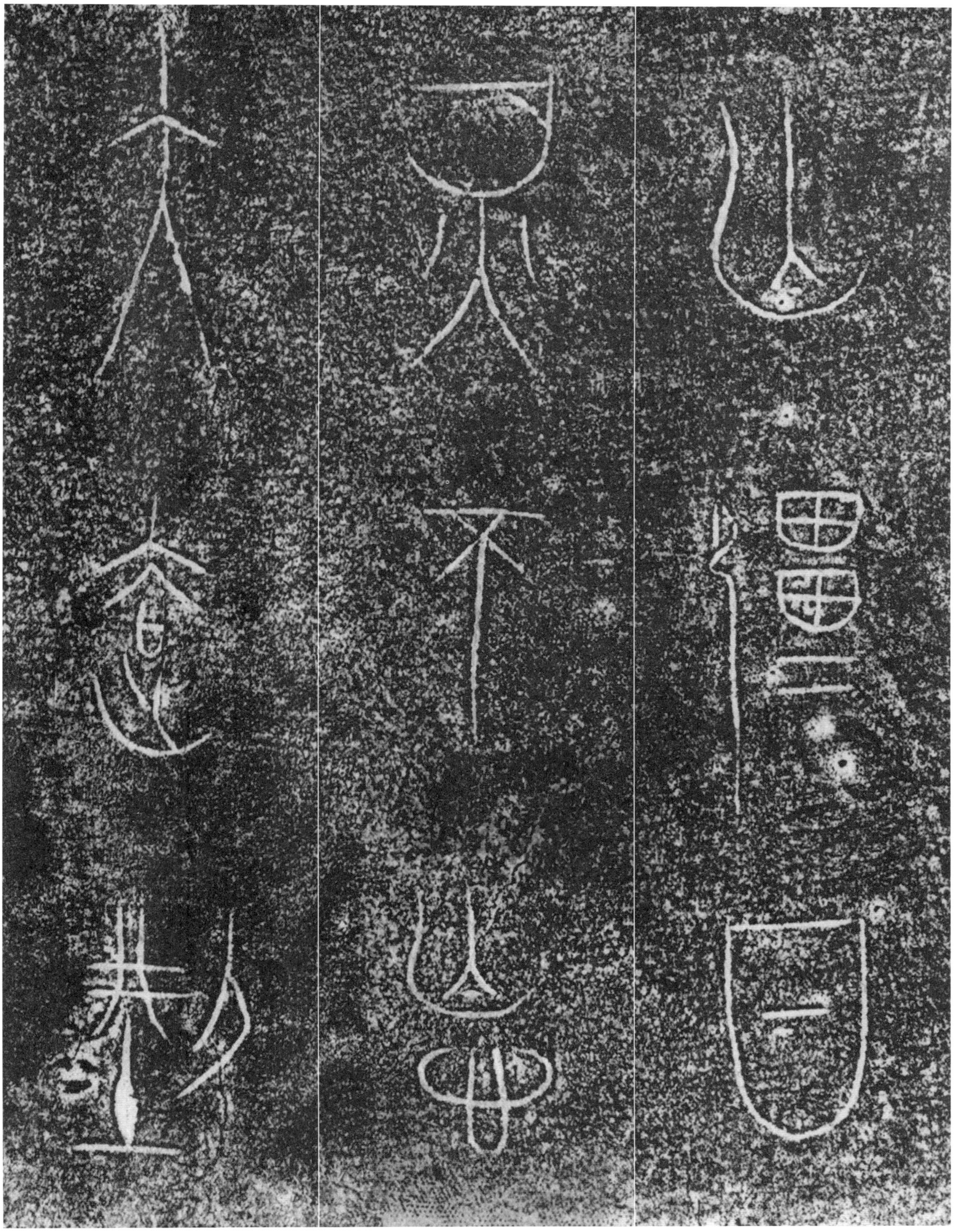

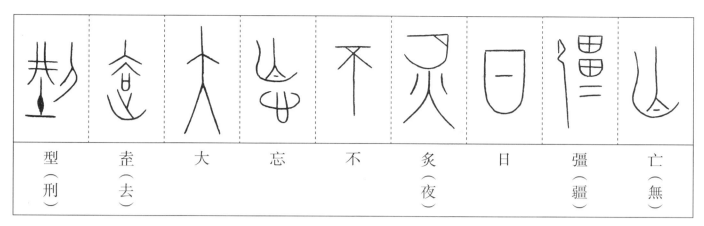

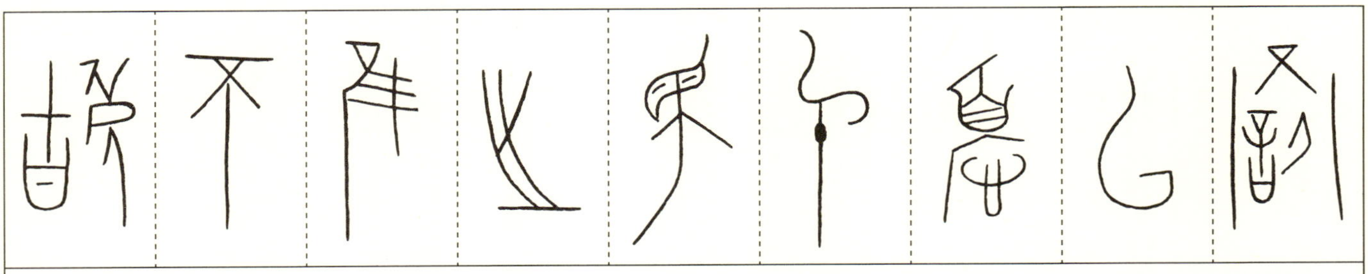

| | | | | | | | | |
|---|---|---|---|---|---|---|---|---|
| 罰 | 㠯（已） | 慐（憂） | 氒（厥） | 民 | 之 | 隹（惟） | 不 | 𣦼（辜） |

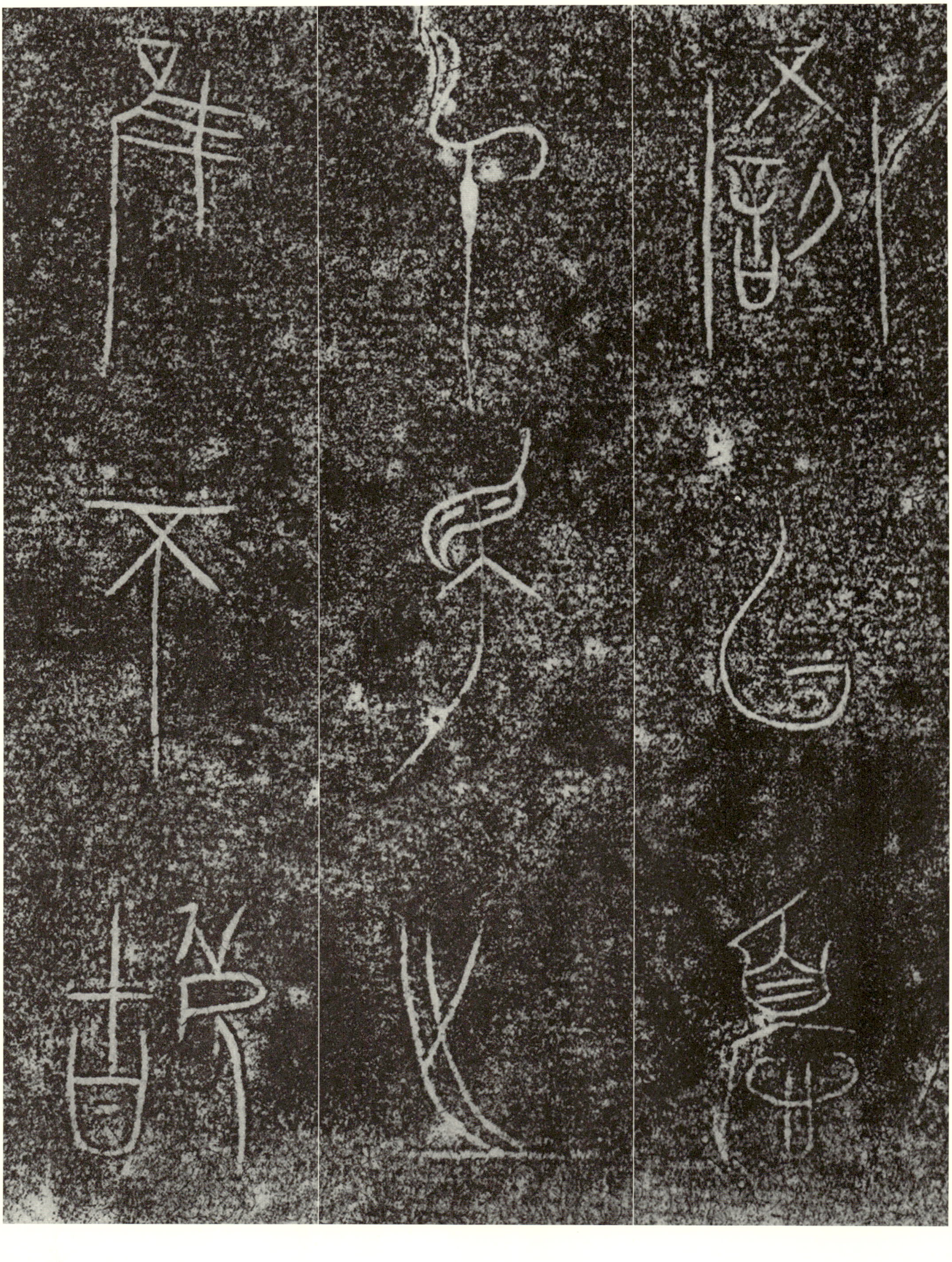

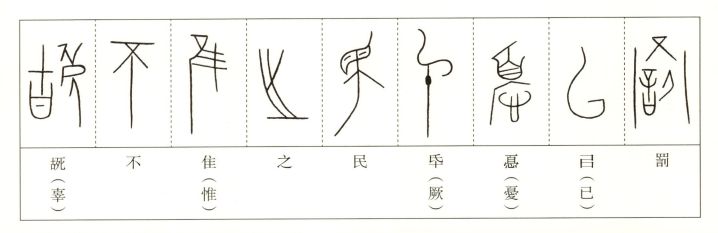

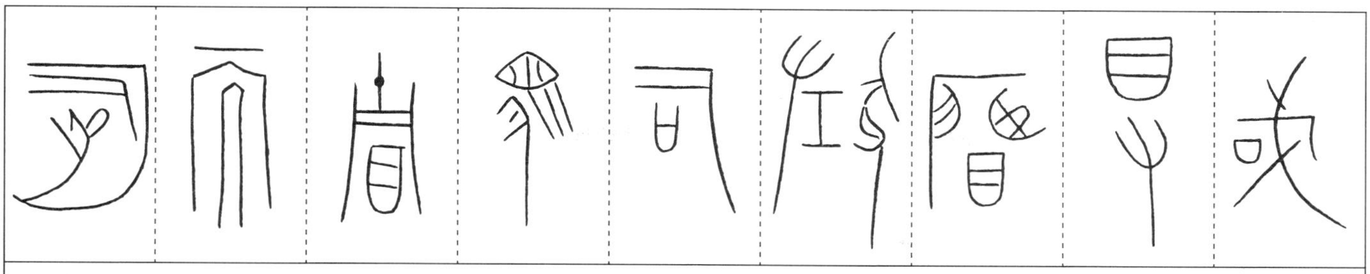

| | | | | | | | | |
|---|---|---|---|---|---|---|---|---|
| 冢（重） | 而 | 賈 | 馬 | 司 | 狌（佐） | ⿸厂⿱臣貝（賢） | 㝵（得） | 或 |

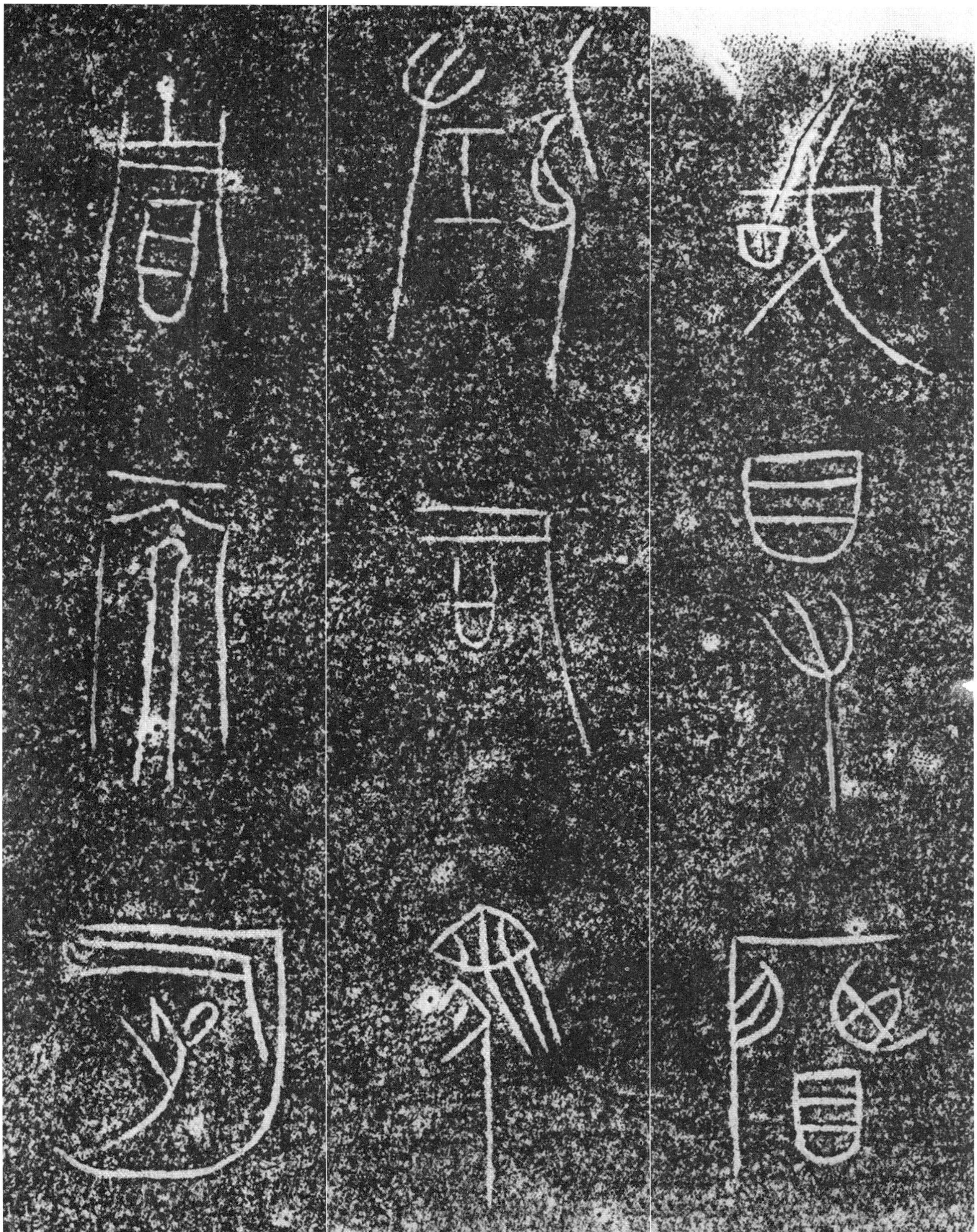

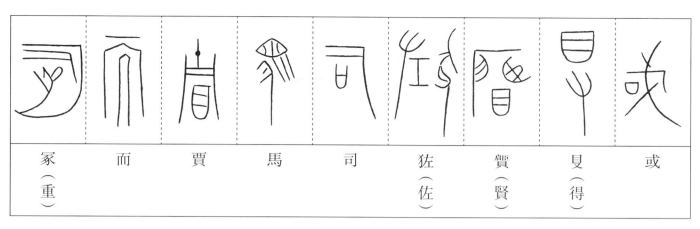

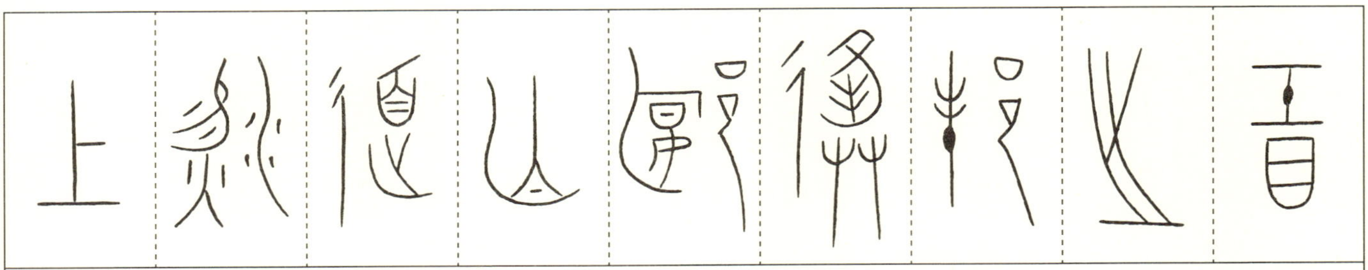

| 賃(任) | 之 | 邦 | 𢓜(逢) | 郾(燕) | 亡(無) | 道 | 湯(易) | 上 |
|---|---|---|---|---|---|---|---|---|

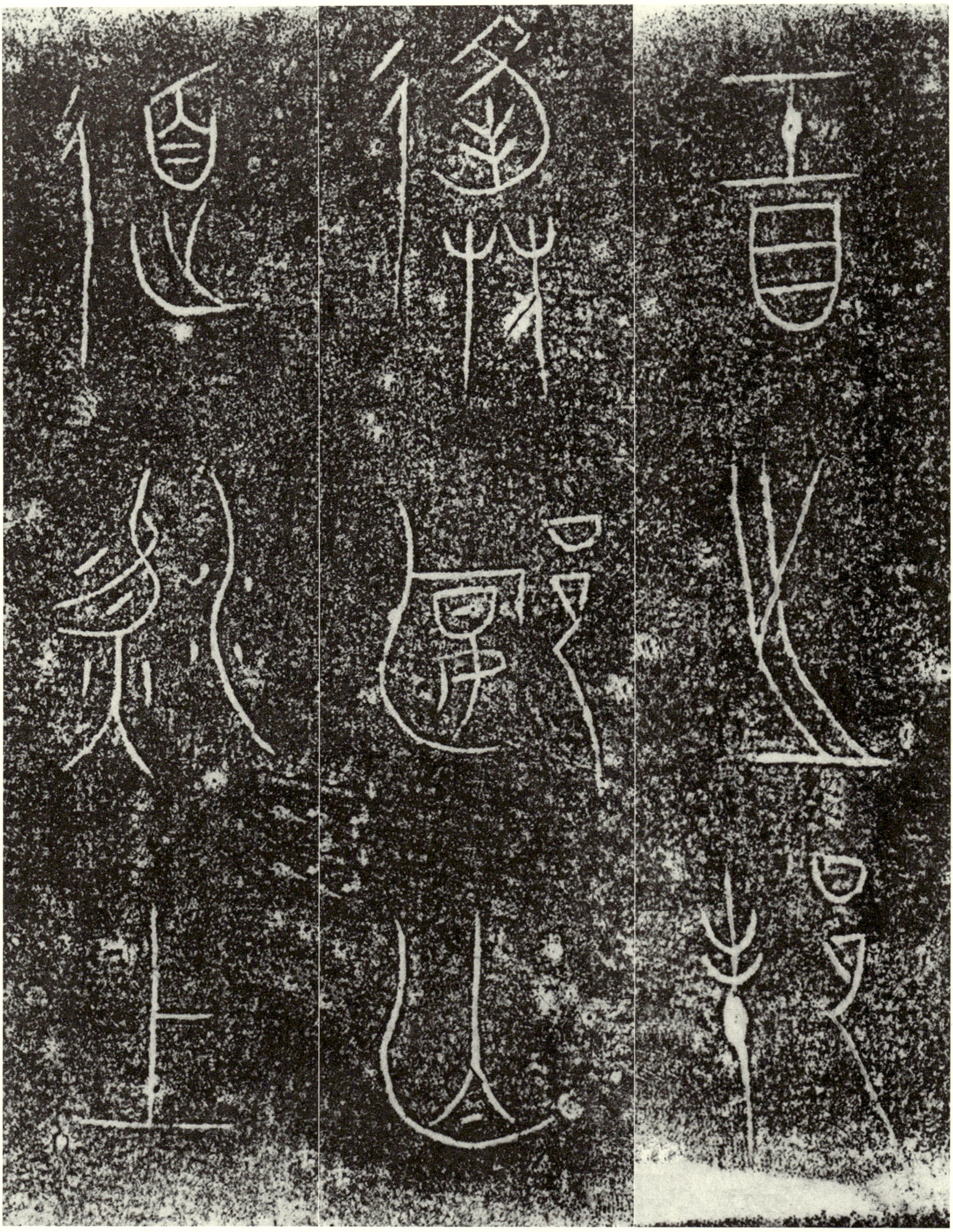

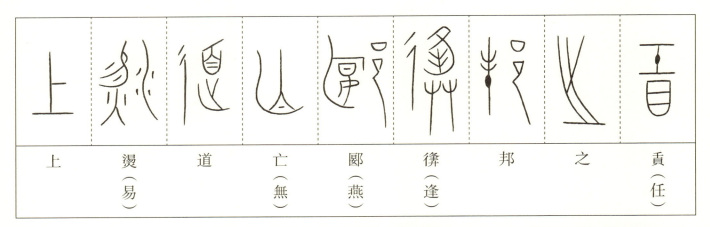

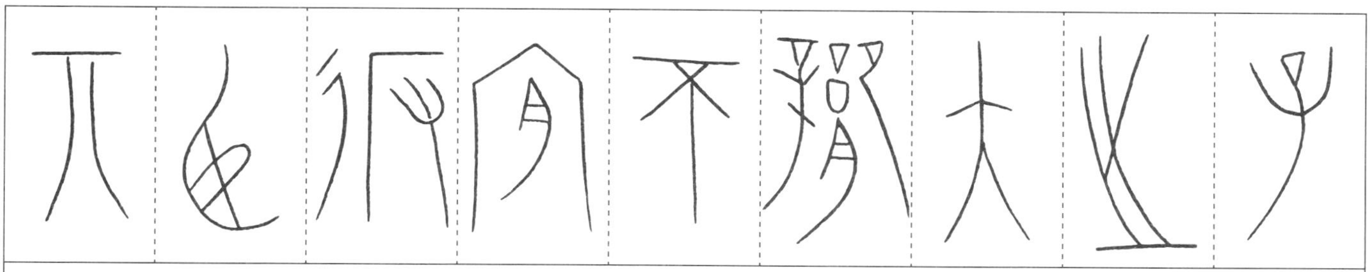

| | | | | | | | | |
|---|---|---|---|---|---|---|---|---|
| 丌（其） | 臣 | 彶（反） | 宜（義） | 不 | 臂（辟） | 大 | 之 | 子 |

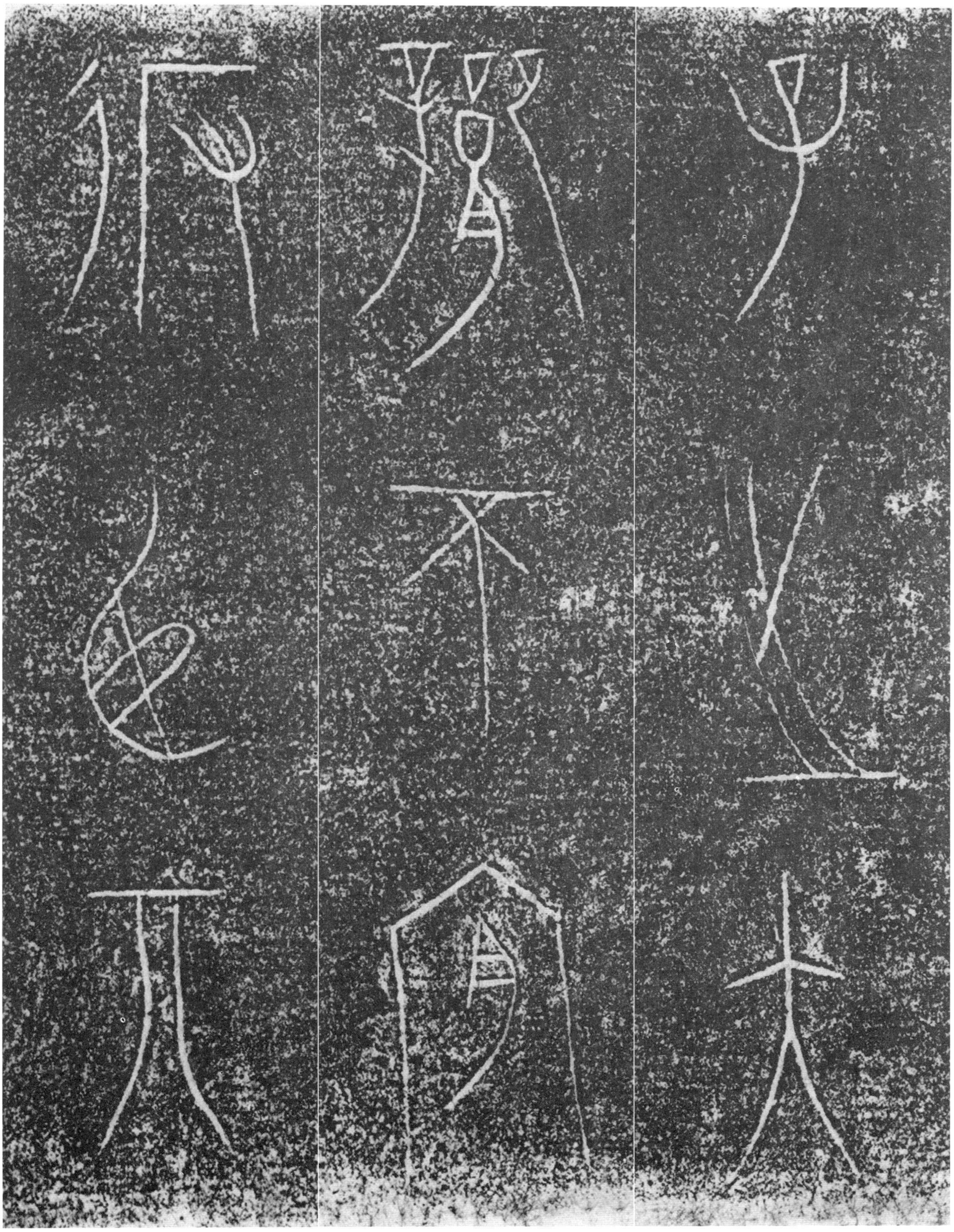

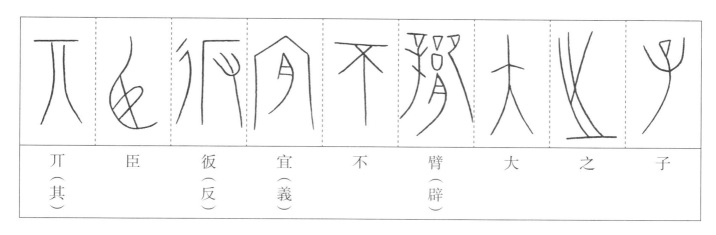

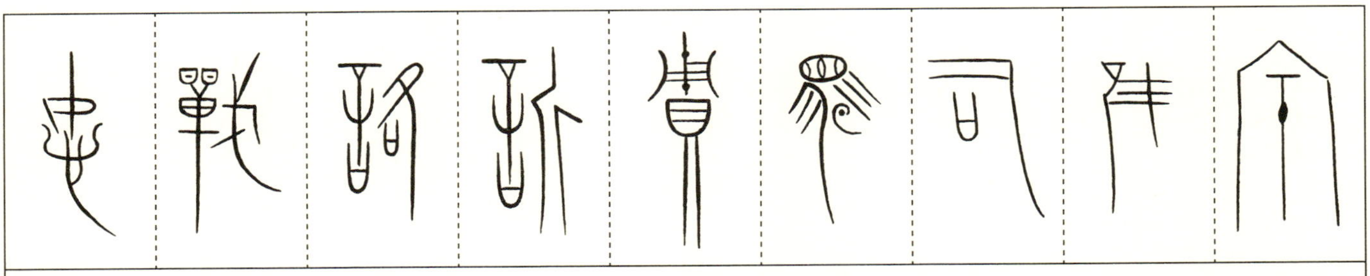

| | | | | | | | | |
|---|---|---|---|---|---|---|---|---|
| 忞（怒） | 戰 | 詻 | 訢 | 賈 | 馬 | 司 | 隹（惟） | 宔（主） |

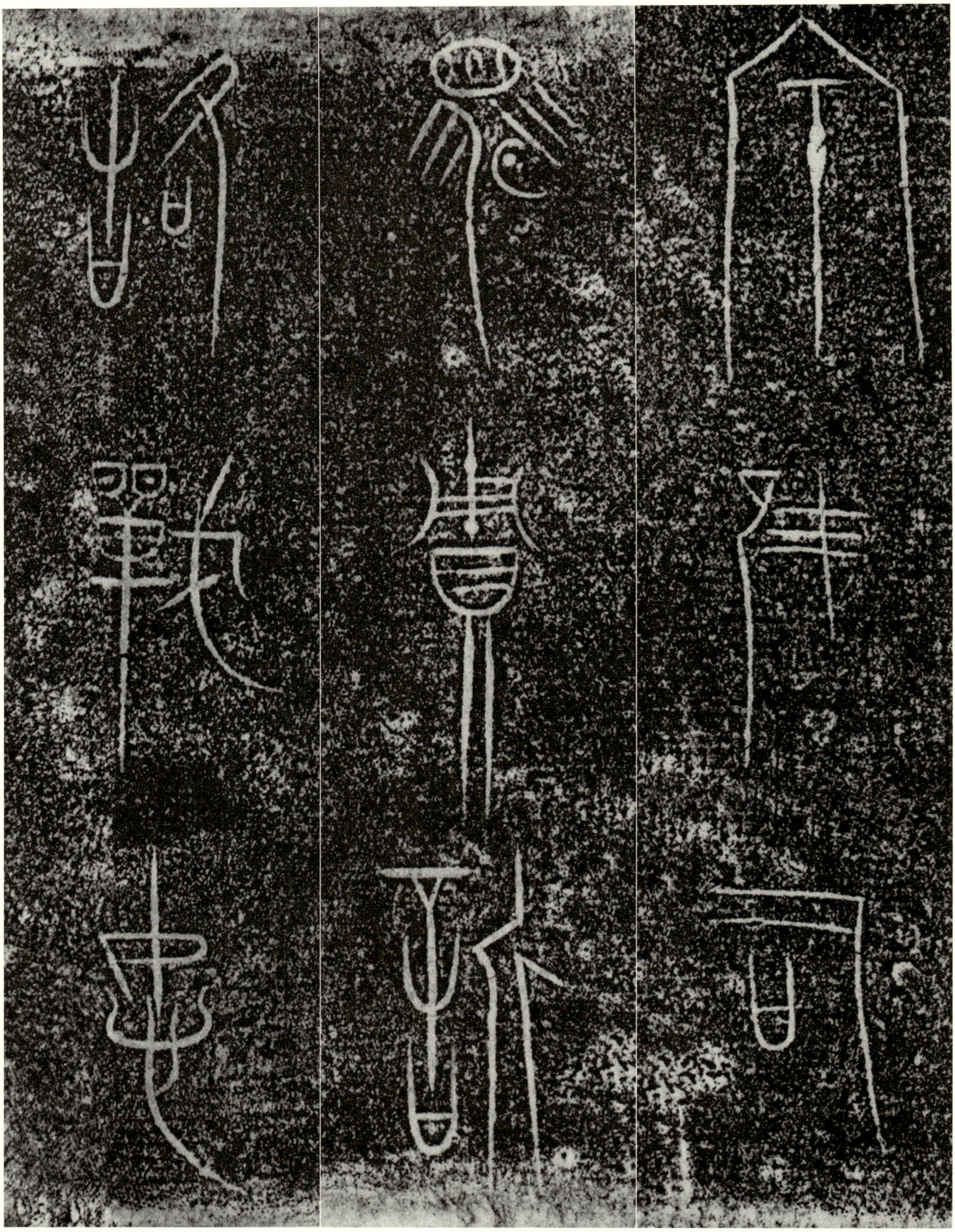

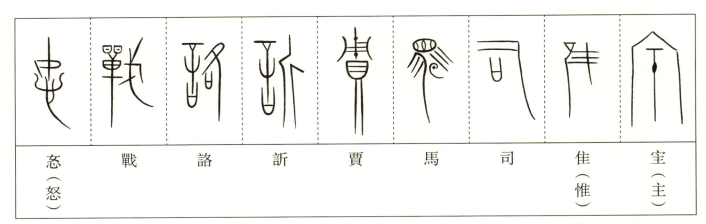

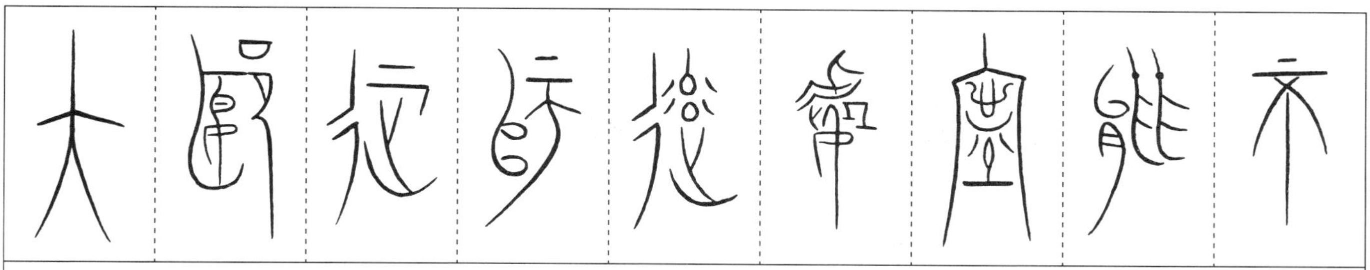

| | | | | | | | | |
|---|---|---|---|---|---|---|---|---|
| 大 | 郾（燕） | 征 | 師 | 逵（率） | 處 | 寍（寧） | 能 | 不 |

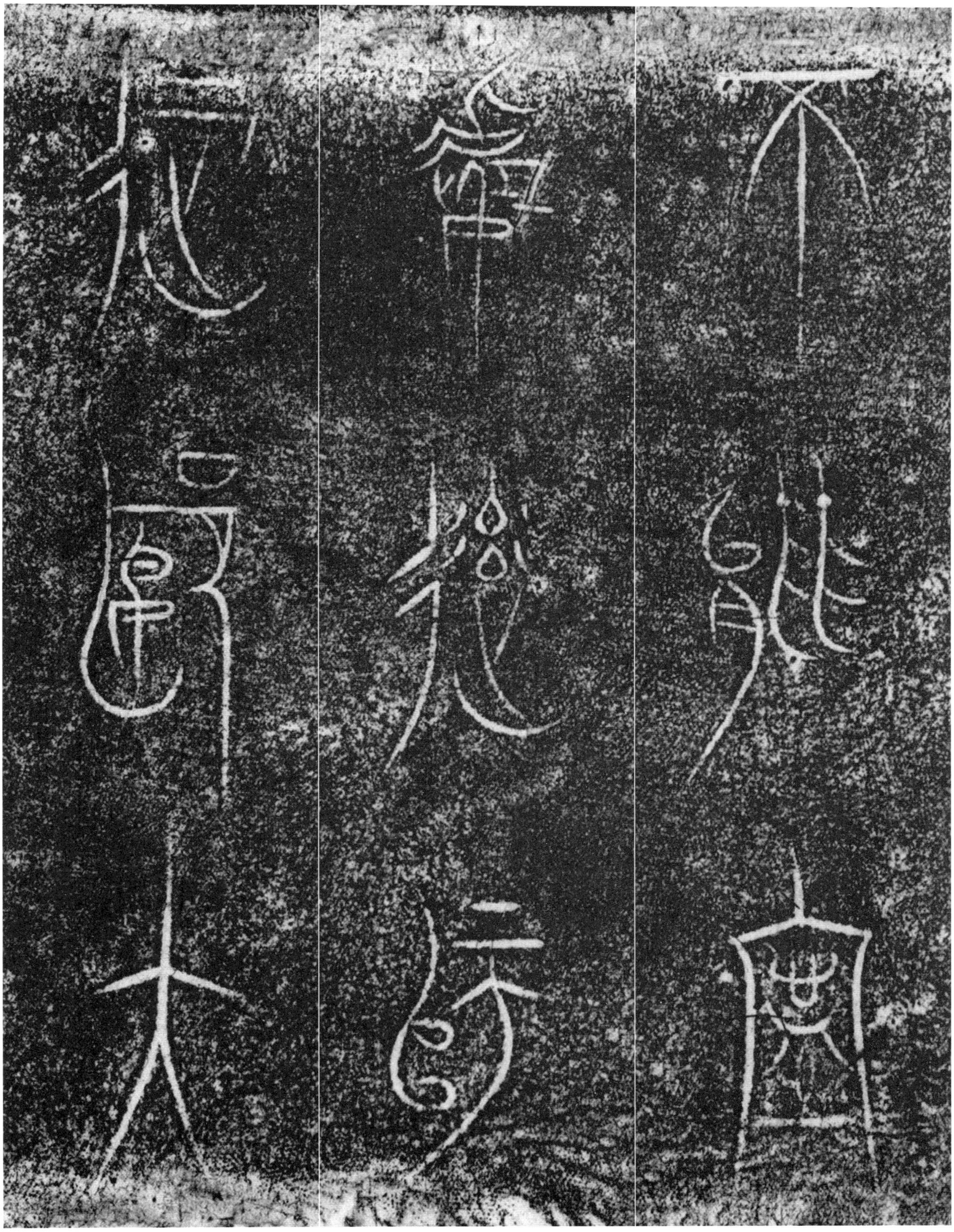

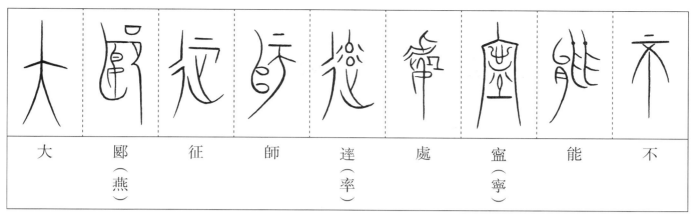

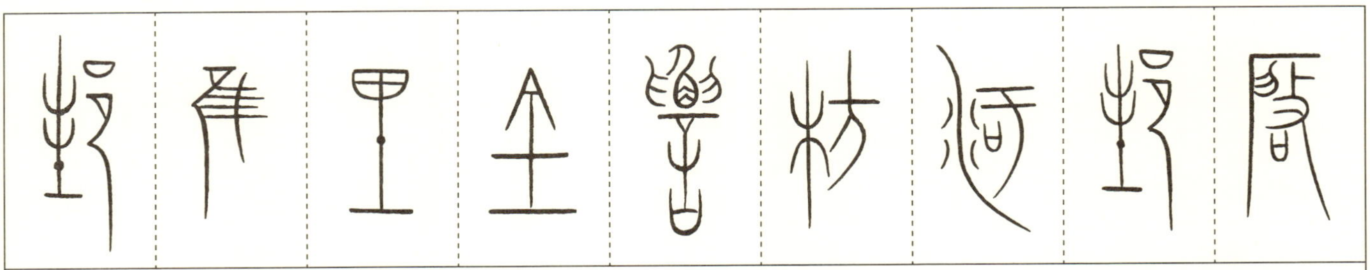

| | | | | | | | | |
|---|---|---|---|---|---|---|---|---|
| 邦 | 隹（惟） | 里 | 百 | 譽（數） | 枋（方） | 洍（宇） | 邦 | 啓 |

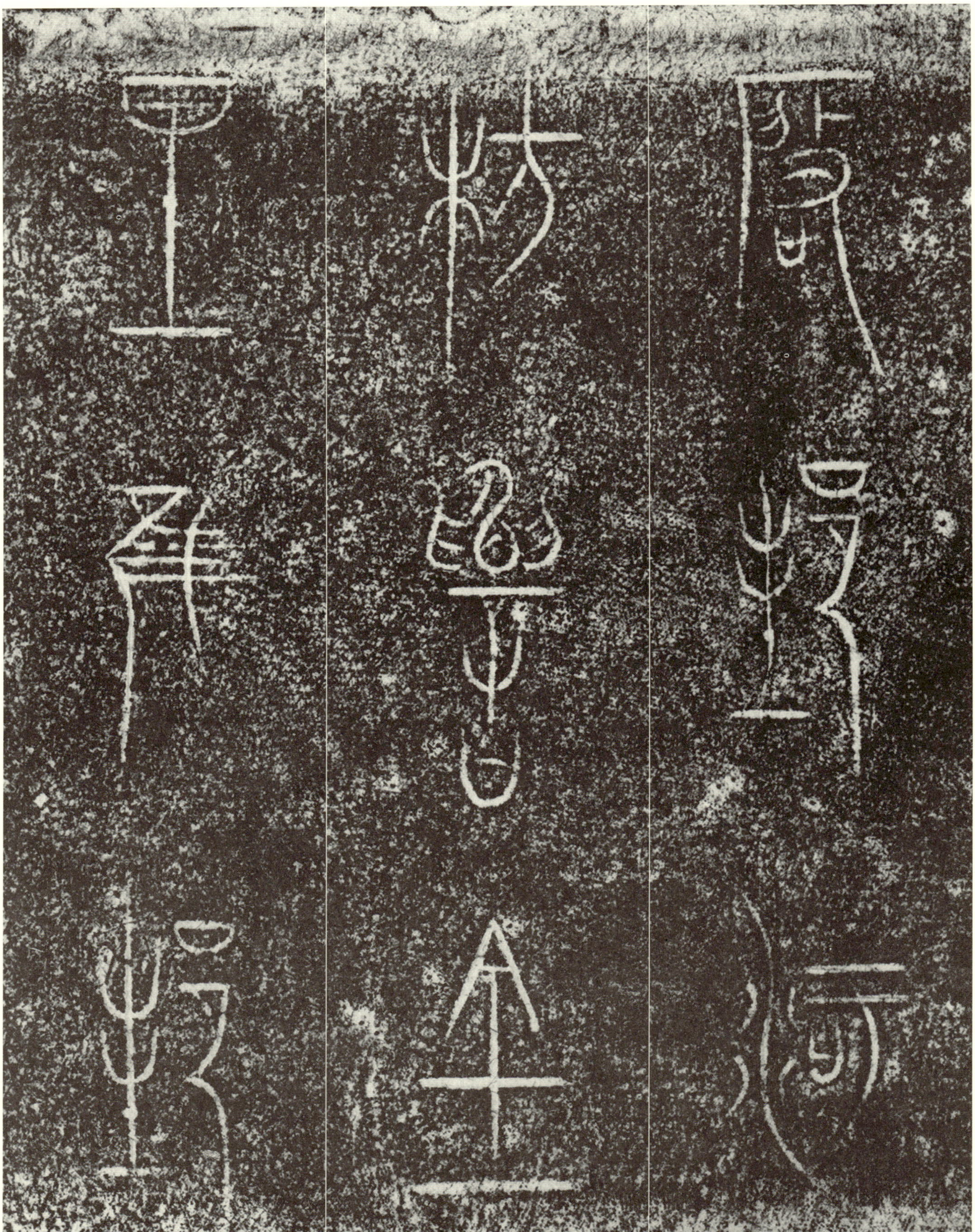

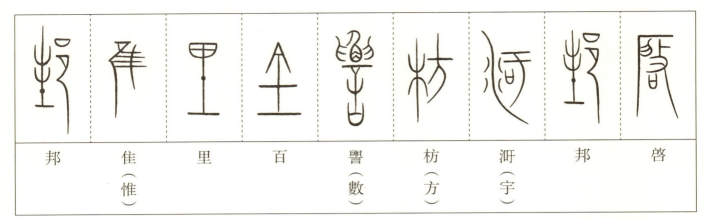

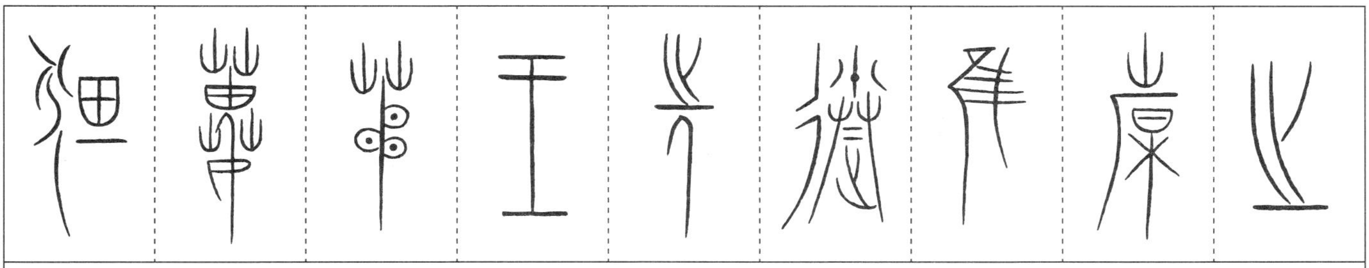

| | | | | | | | | |
|---|---|---|---|---|---|---|---|---|
| ⿰犭田（田） | ⿱艹⿱甶廾（蒐） | 茅（苗） | 王 | 先 | 送 | 隹（惟） | 榦 | 之 |

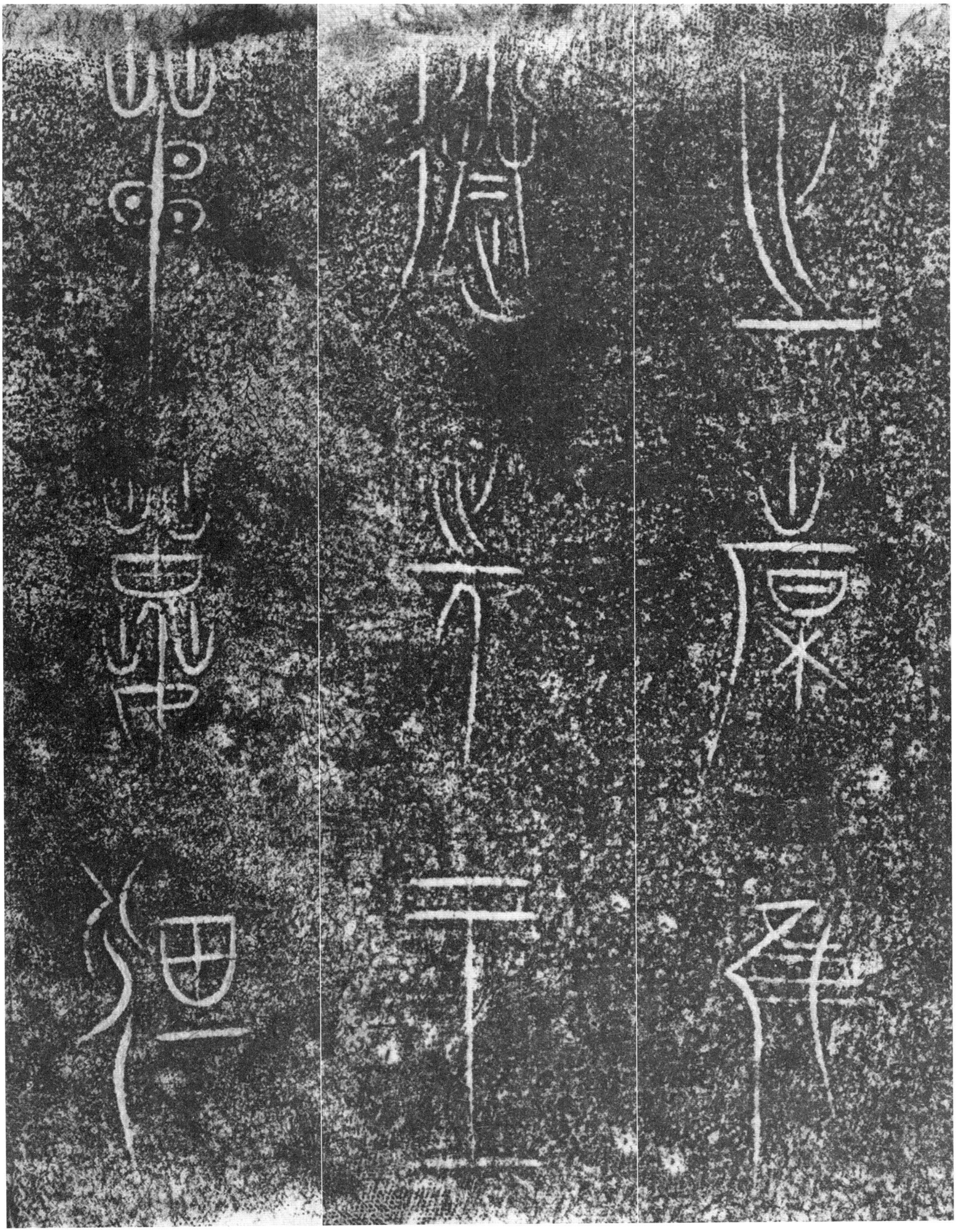

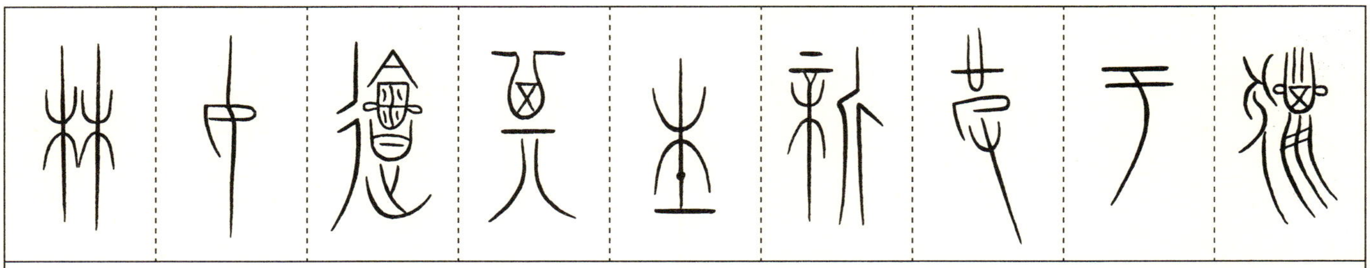

| | | | | | | | | |
|---|---|---|---|---|---|---|---|---|
| 林 | 女（如） | ⿺辶會（會） | 其 | 坴（土） | 新 | 皮（彼） | 于 | 獵 |

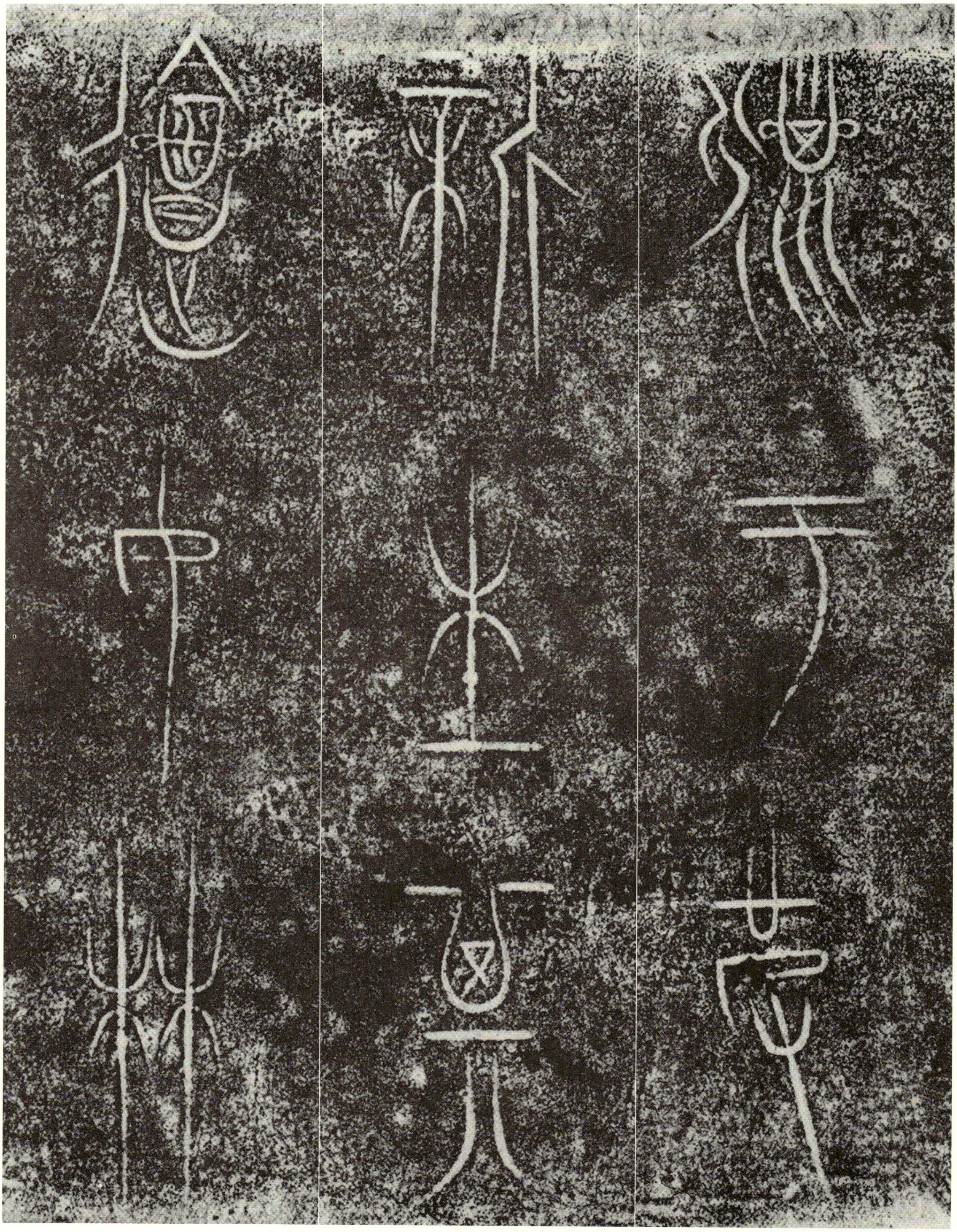

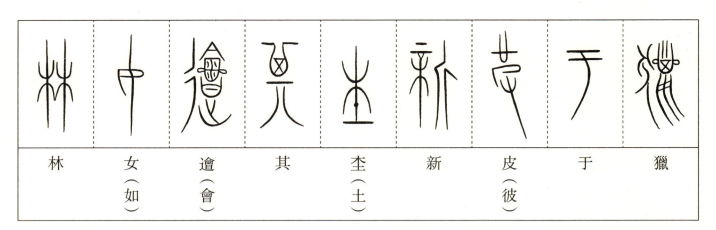

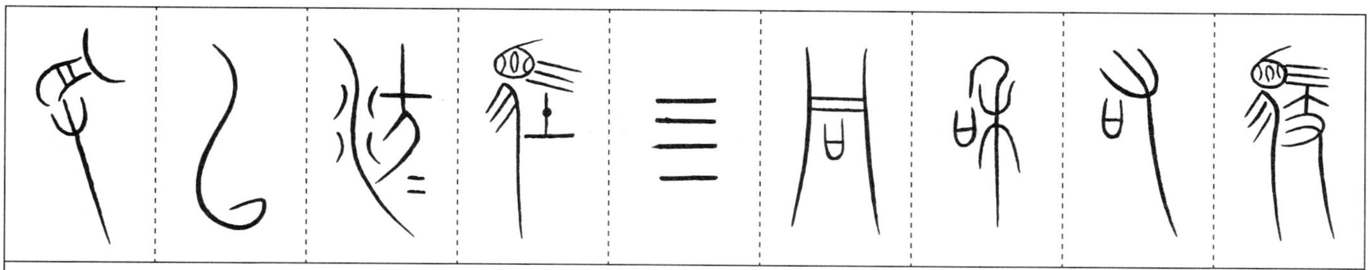

| | | | | | | | | |
|---|---|---|---|---|---|---|---|---|
| 取 | 目（以） | 汸（騯）汸（騯） | 駐（牡） | 亖（四） | 同 | 和 | 右 | 駇（馭） |

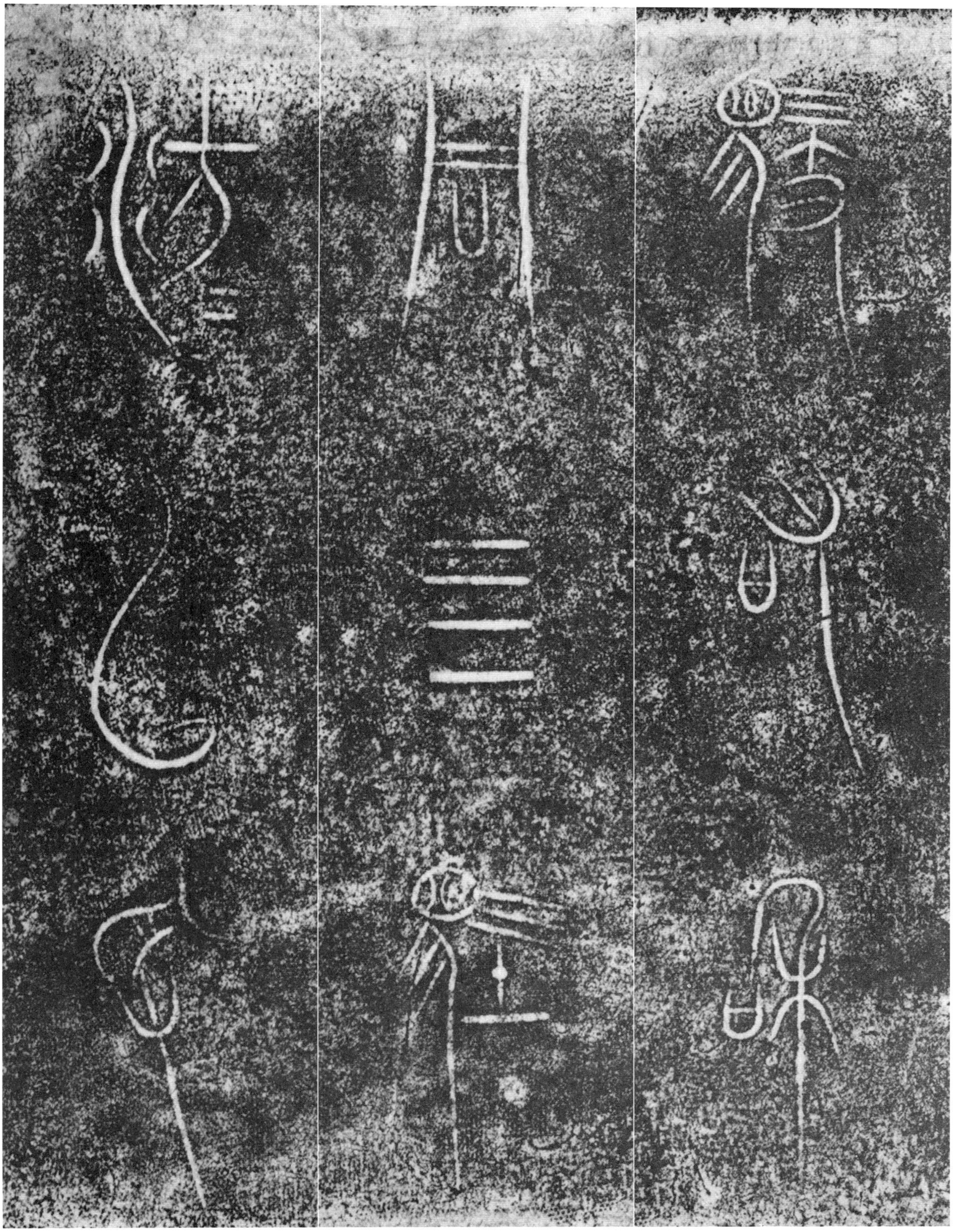

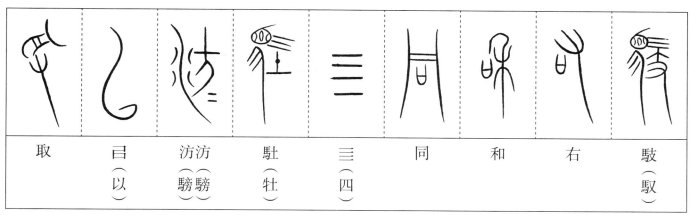

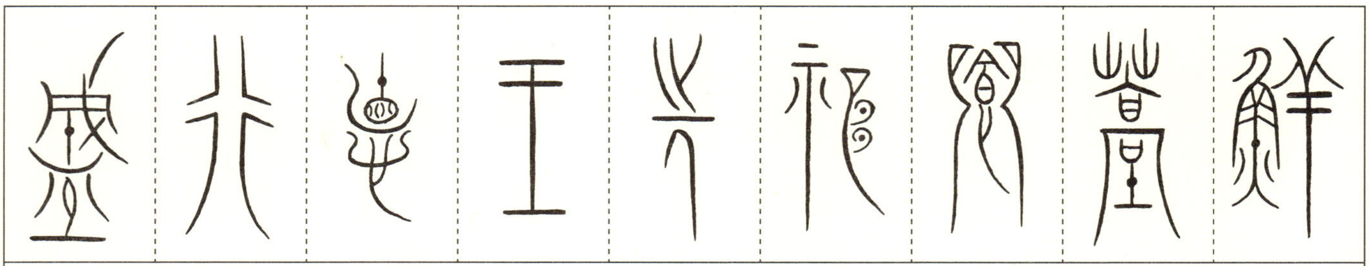

| | | | | | | | | |
|---|---|---|---|---|---|---|---|---|
| 盛 | 行 | 悳（德） | 王 | 先 | 祀 | 卿（饗） | 堇（覲） | 鮮 |

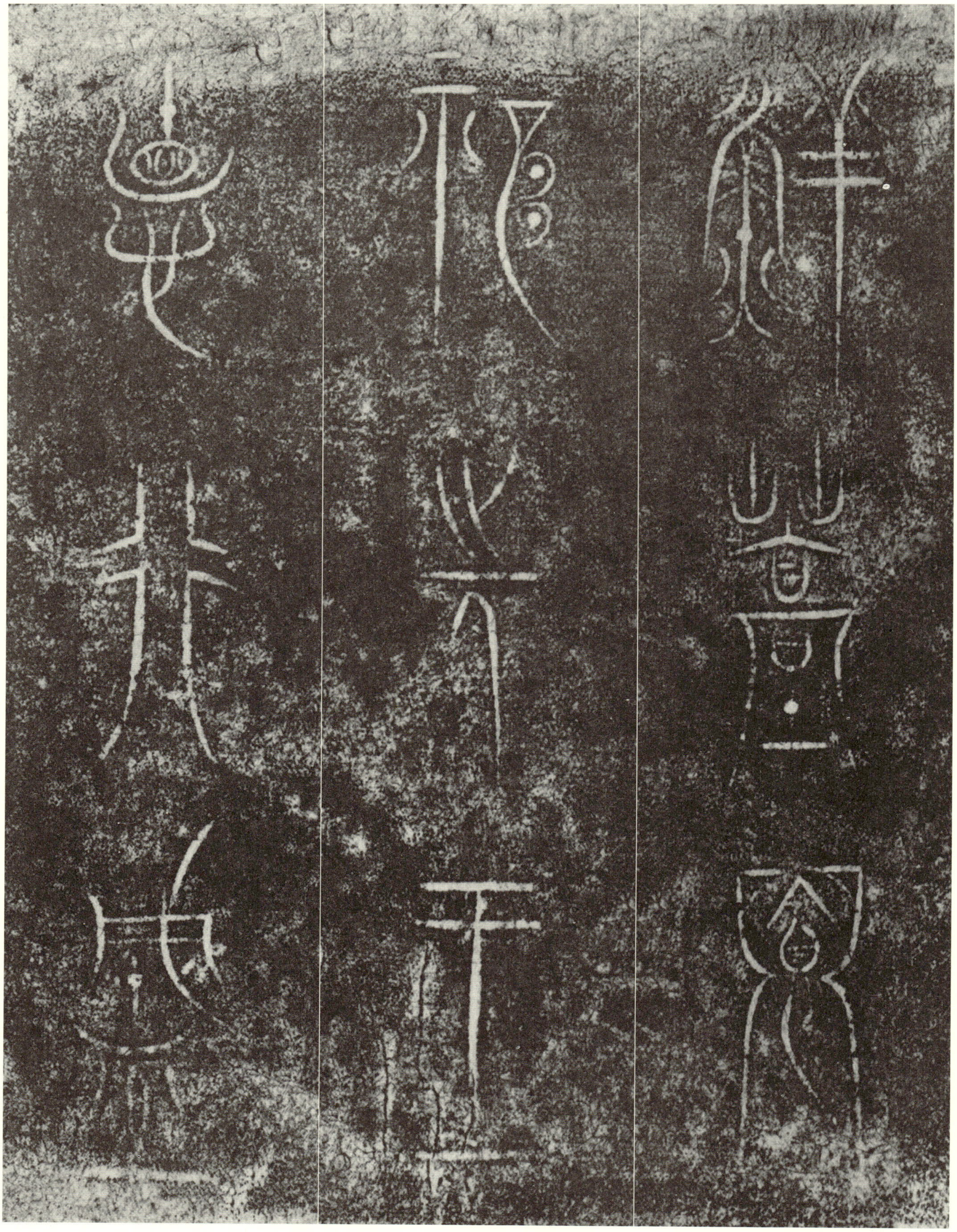

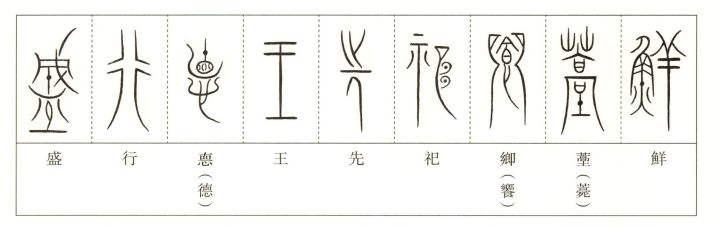

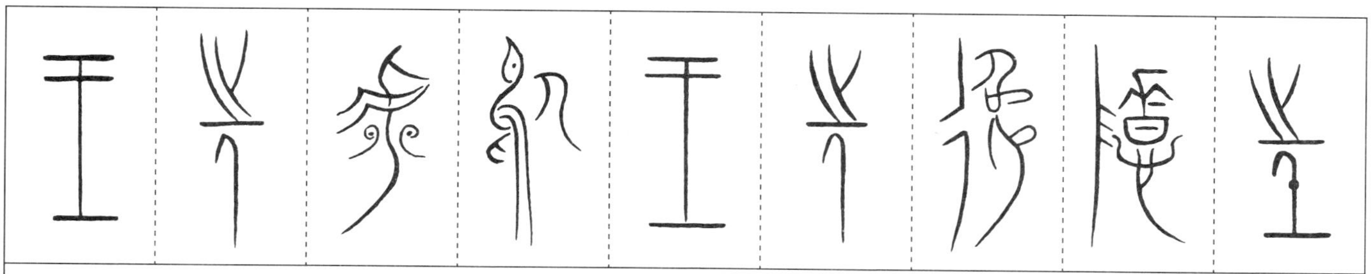

| | | | | | | | | |
|---|---|---|---|---|---|---|---|---|
| 王 | 先 | 虖（呼） | 於（嗚） | 王 | 先 | 逸 | 隱 | 㞷（旺） |

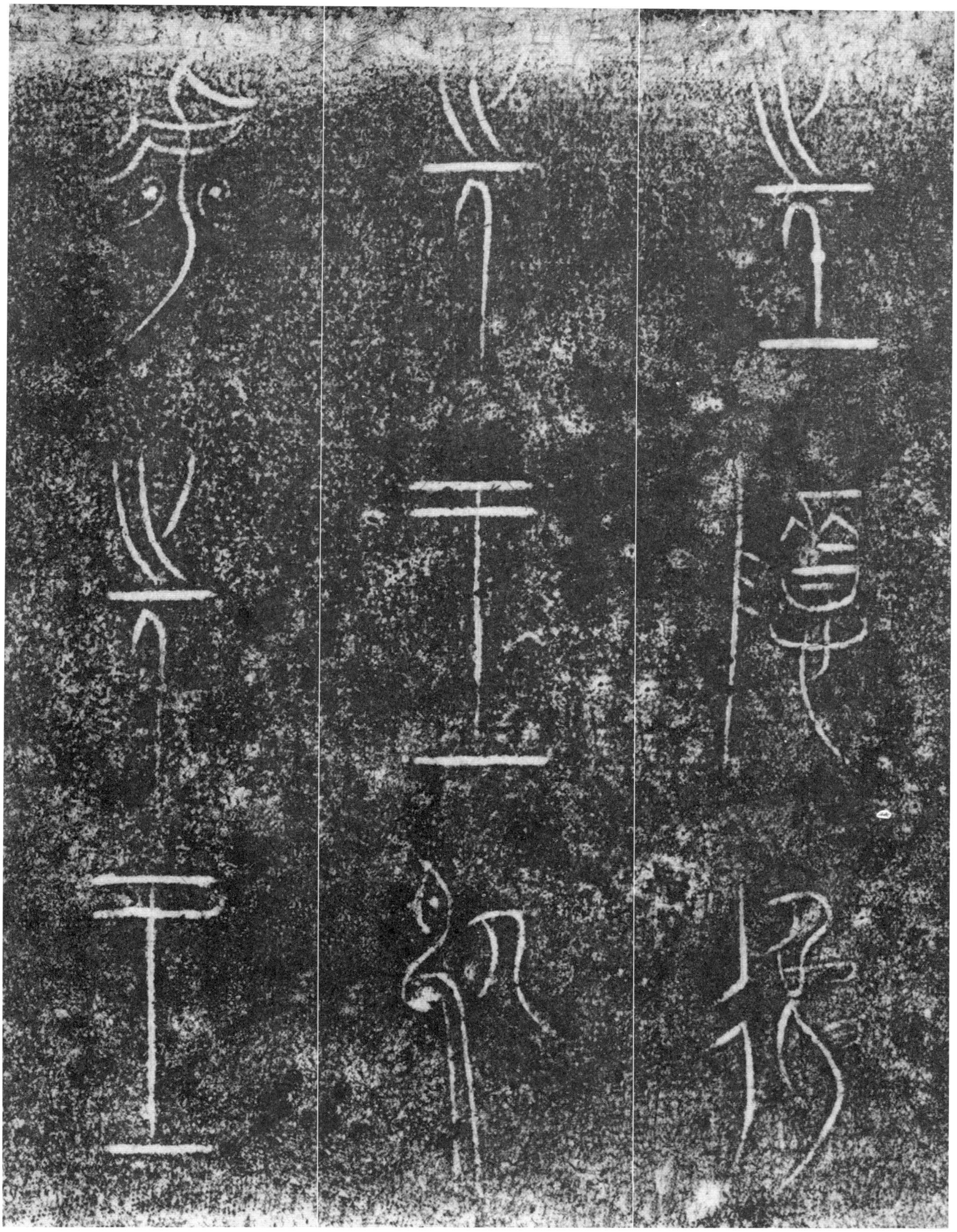

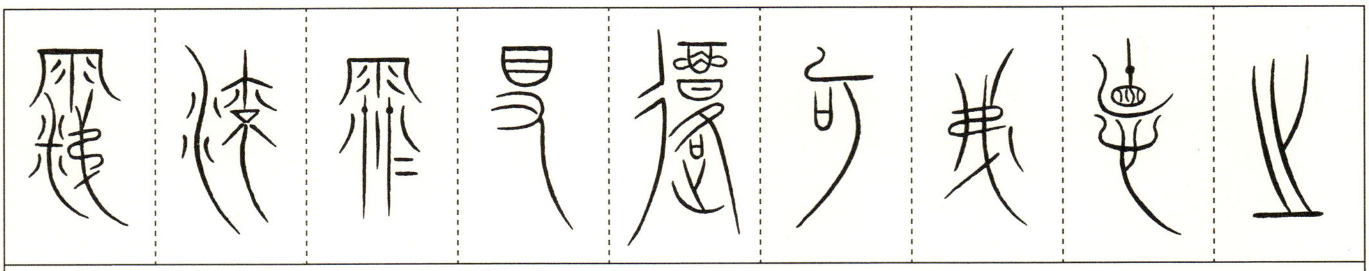

| 之 | 悳（德） | 弗 | 可 | 復 | 旻（得） | 霖霖（潛潛） | 流 | ⿱雨梯（涕） |
|---|---|---|---|---|---|---|---|---|

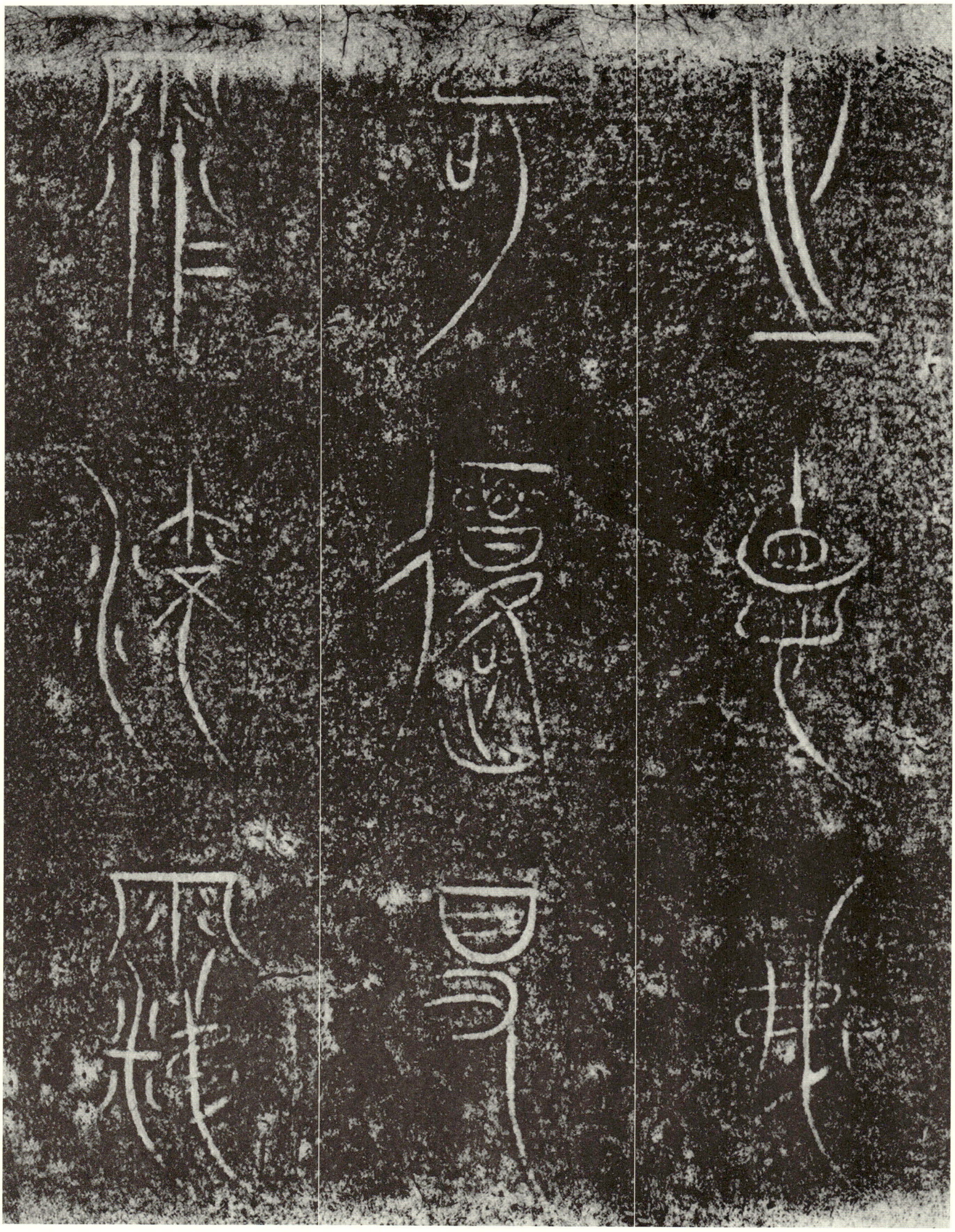

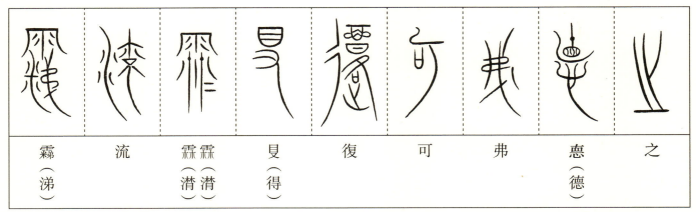

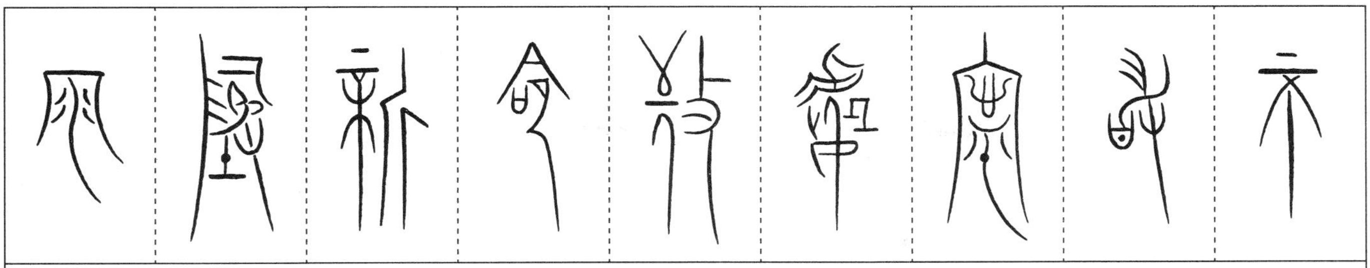

不　敢　寧　處　敬　命　新　墜（地）　雨

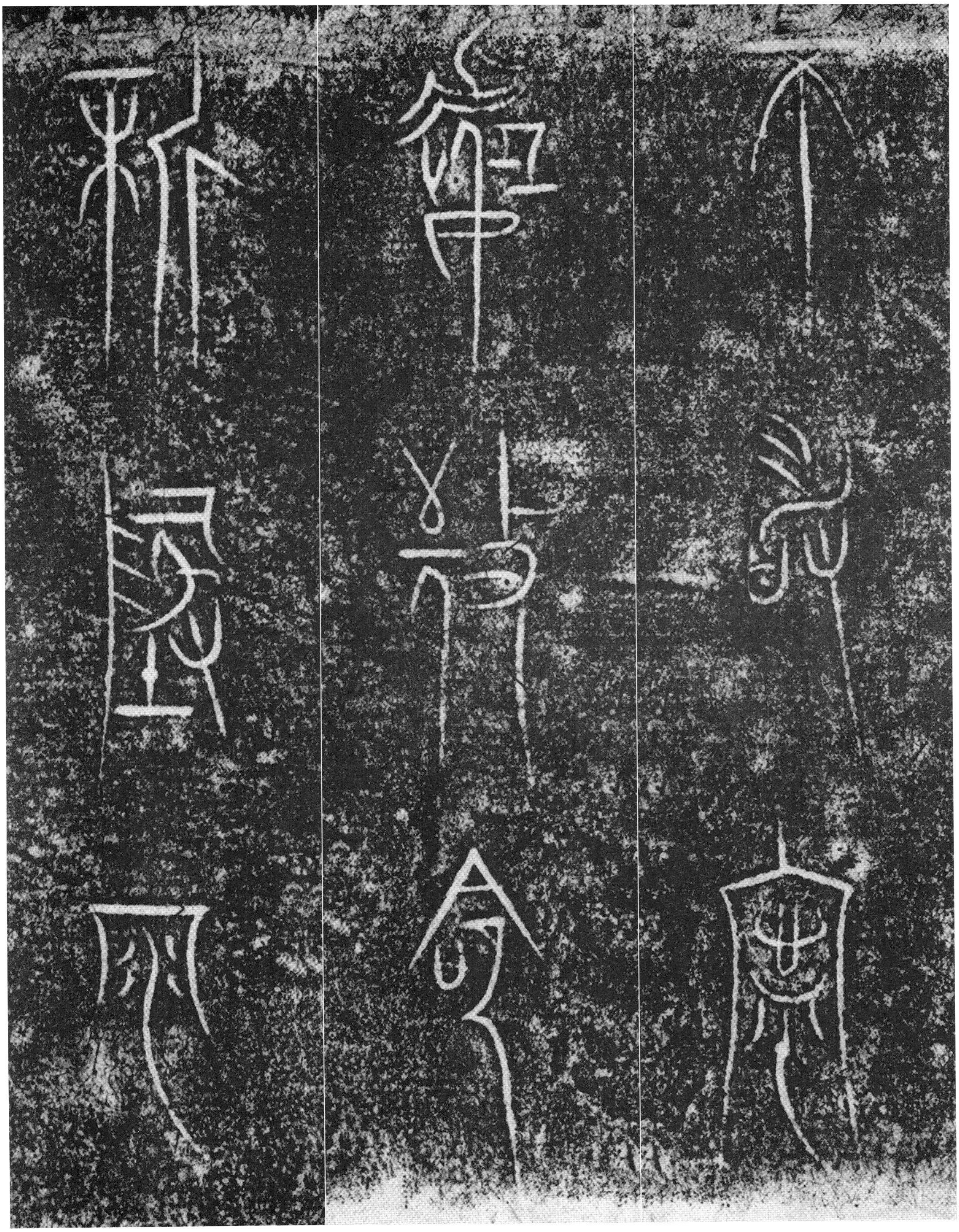

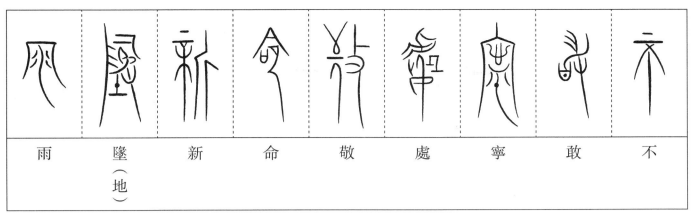

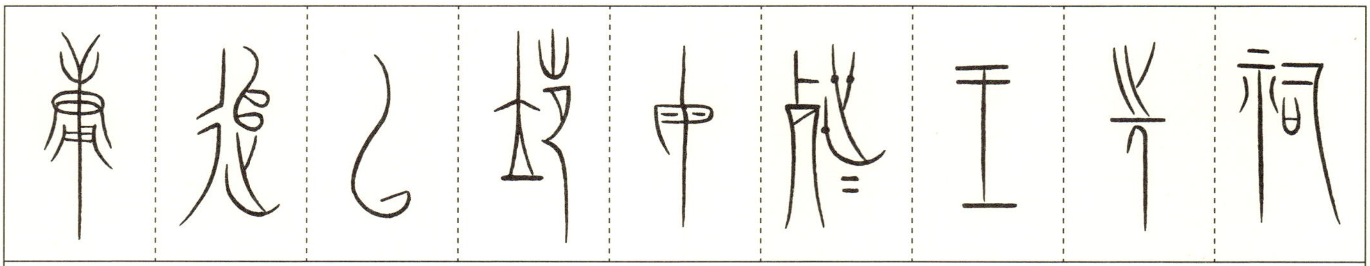

祠　先　王　𣧍𣧍（世世）　母（毋）　𥩲（犯）　以　追　庸（诵）

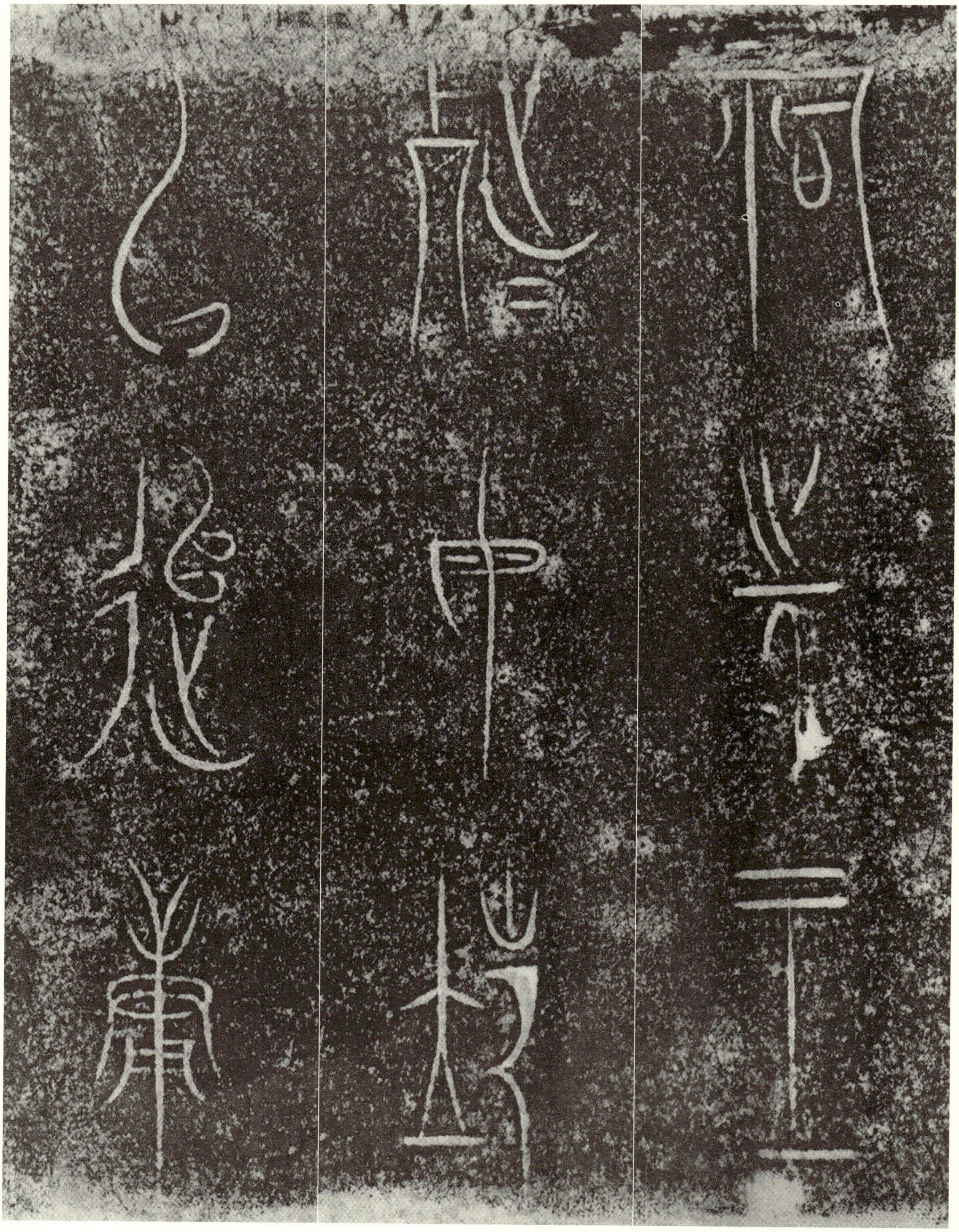

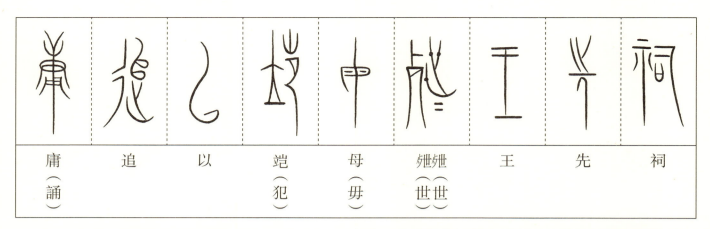

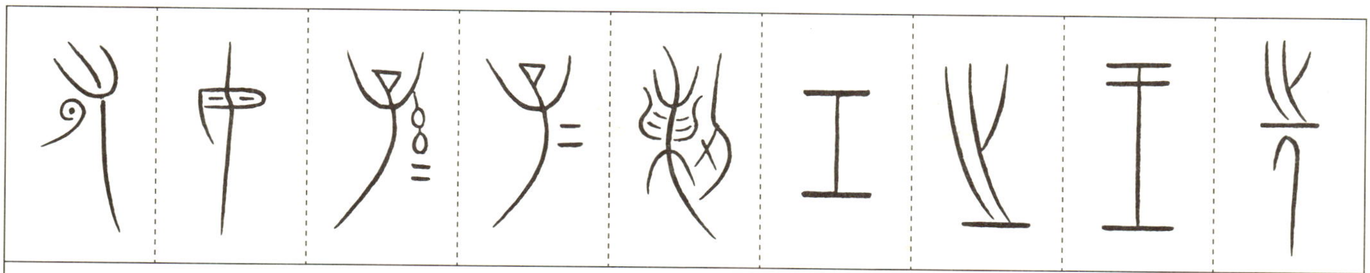

| | | | | | | | | |
|---|---|---|---|---|---|---|---|---|
| 有 | 母（毋） | 孫孫 | 子子 | 剌（烈） | 工（功） | 之 | 王 | 先 |

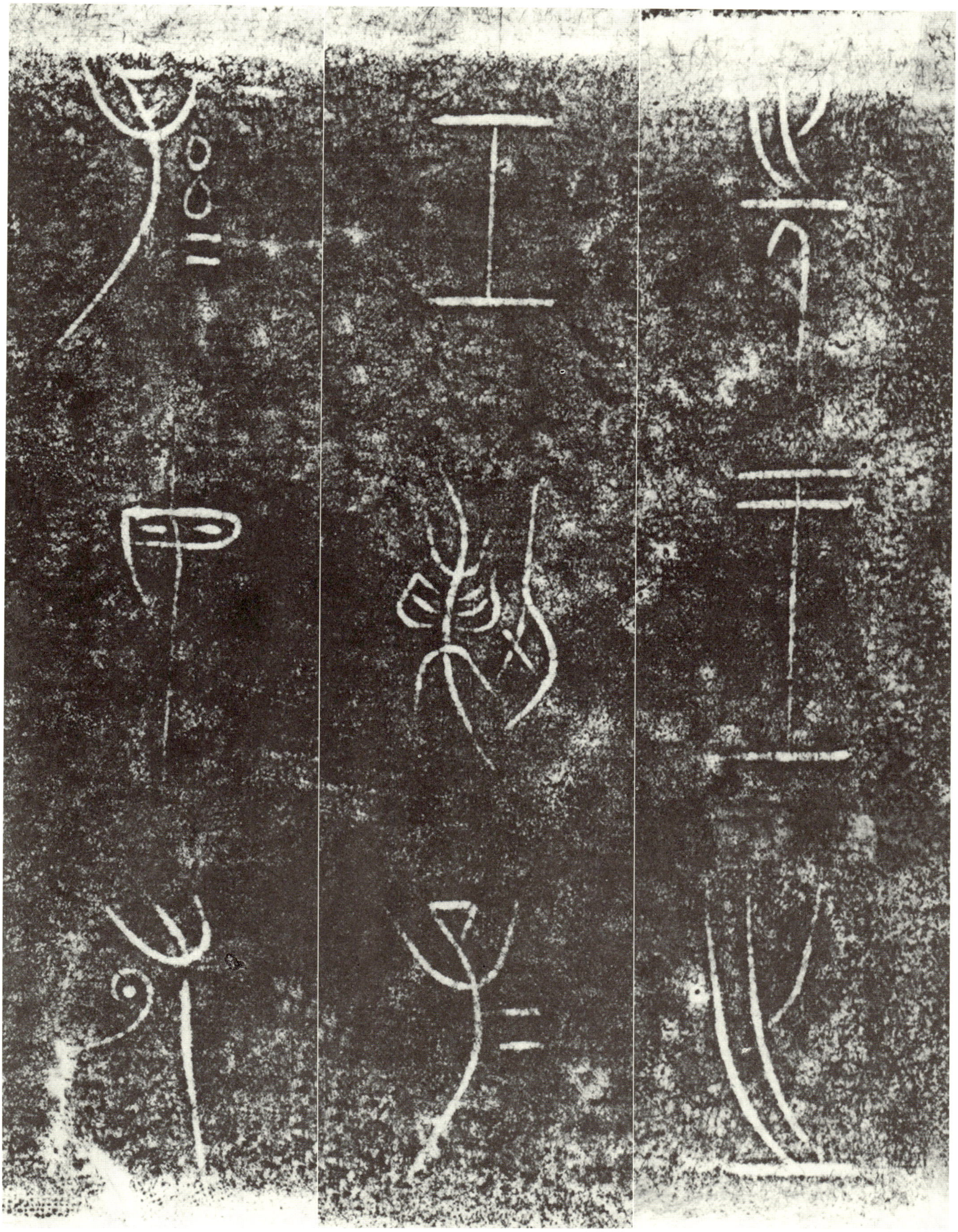

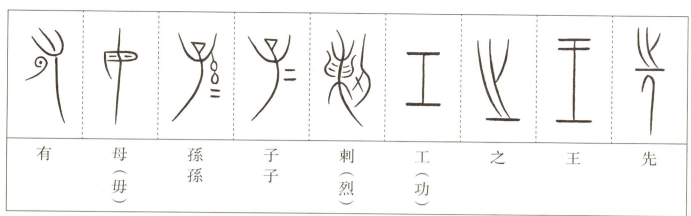

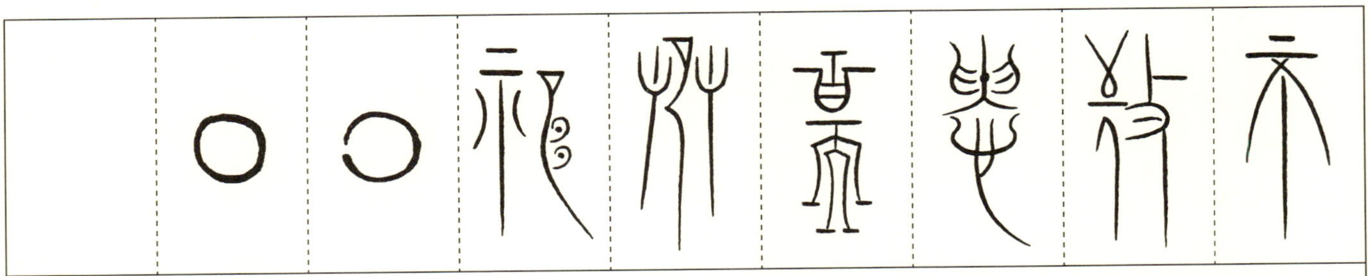

| | | | | | | | | |
|---|---|---|---|---|---|---|---|---|
| | | | 祀 | 承 | 祗 | 寭（寅） | 敬 | 不 |

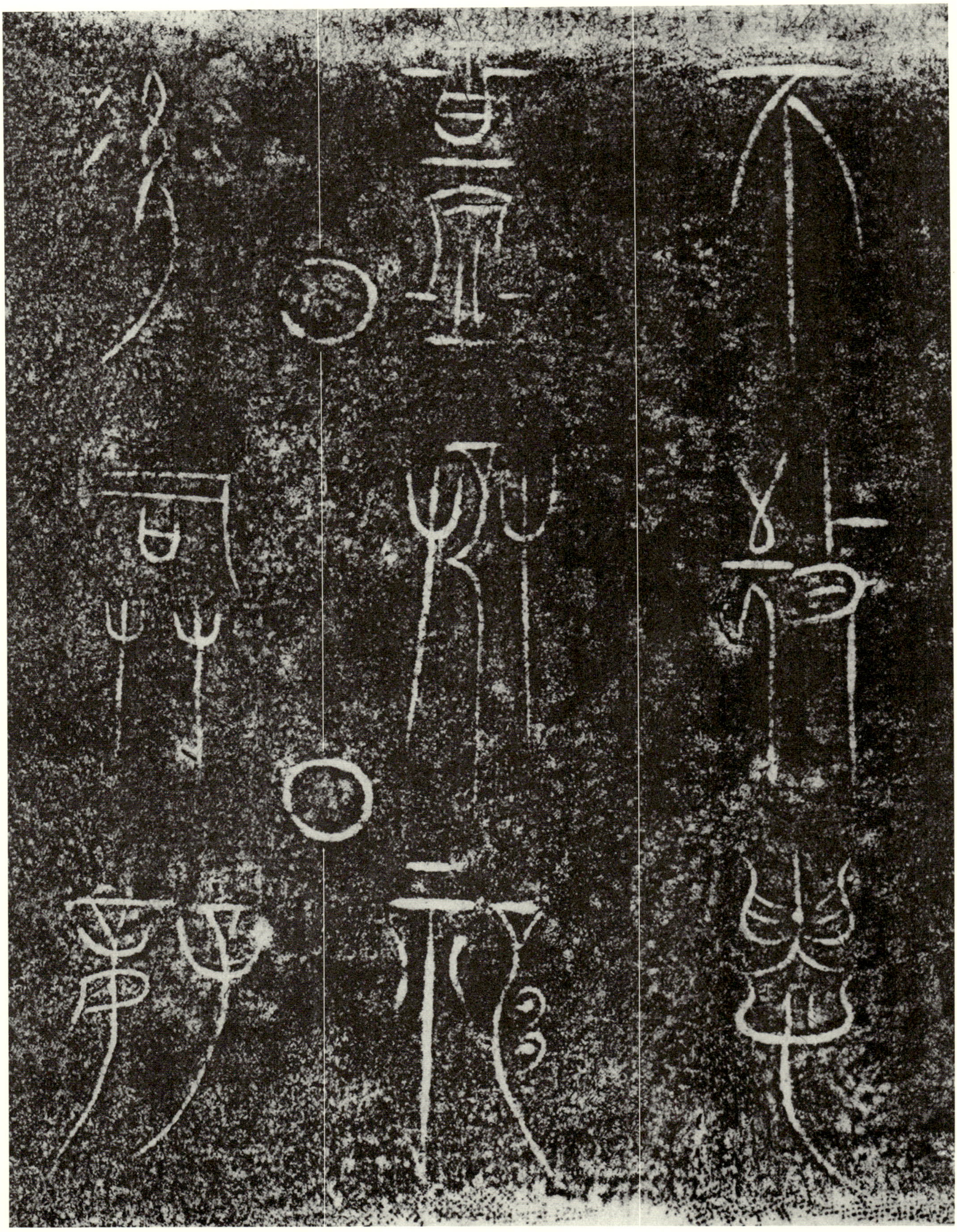

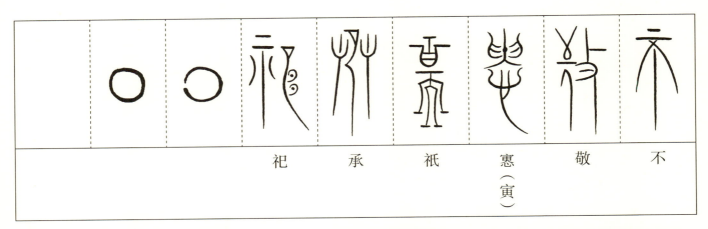

# 编后记

近几年，战国中山三器铭文受到书法爱好者的极大关注，以「中山篆」创作的书法作品，在很多书法大展上亮相，有的还获得大奖，喜欢中山篆的人越来越多。

二〇一七年秋天，河北省中山国文化研究会在石家庄举办了「中山篆全国书法邀请展」，引起了轰动。很多书法爱好者表示喜欢中山篆，想学习中山篆。

学习书法，当从碑帖入手。中山三器出土已有四十余年，恩师张守中先生《中山王嚳器文字编》一九八〇年由中华书局出版后，二〇一一年又由人民美术出版社出版（重订版），对中山篆在海内外传播起到了非常大的推动作用。而作为书法爱好者临习用的中山三器铭文字帖一直未能面世。

通过一年的努力，我很荣幸的完成了这项工作。

感谢河北博物院提供图片资料、感谢院领导在工作中给予的大力支持。感谢河北省文物考古研究院为我观摩大鼎铭文提供了诸多方便。感谢恩师张守中先生在此书编撰过程中给予的鼓励和帮助并题写书名。感谢夫人在这项工作上的全力配合。

水平所限，不妥之处，希望大家多提意见。

郝建文

二〇二〇年二月于河北博物院